ДМИТРИЙ МЕДВЕДЕВ

ЧЕРЧИЛЛЬ: ЧАСТНАЯ ЖИЗНЬ

РИПОЛ
КЛАССИК

Москва, 2008

УДК 821.161.1
ББК 84(2Рос=Рус)-44
   М42

Медведев, Д.

М42   Черчилль: Частная жизнь / Д. Медведев. — М. :
РИПОЛ классик, 2008. — 384 с.

   ISBN 978-5-386-00897-0

Книга, которую вы держите в руках, посвящена одной
из величайших личностей в истории XX века. Еще при
жизни имя Уинстона Черчилля стало легендой, превратившись в источник многочисленных слухов и вымыслов.
Впервые за многие годы, российские читатели могут
познакомиться с реальными фактами из частной жизни
великого политика.

Автор открывает Черчилля совершенно с неожиданной
для читателя стороны. Гениальный политик, амбициозный
юноша и блестящий писатель, верный муж и любящий
отец, талантливый художник и бесстрашный авиатор —
все это Уинстон Черчилль.

УДК 821.161.1
ББК 84(2Рос=Рус)-44

ISBN 978-5-386-00897-0

Он человек был в полном смысле слова.
Уж мне такого больше не видать.

У. Шекспир. «Гамлет». Действие I, сцена 2

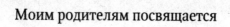

Моим родителям посвящается

Глава I.

ПОД ЗНАКОМ СТРЕЛЬЦА

Рожденный в Бленхейме

В понедельник 25 мая 1874 года в родовом поместье герцога Мальборо было оживленно. Бленхеймский дворец встречал молодоженов — лорда Рандольфа Черчилля и американку Дженни Джером. Несмотря на скверную погоду и сильную грозу, население обычно сонного городка Вудсток, расположенного в окрестностях Бленхейма, облачилось в парадные костюмы и высыпало на улицы встречать новобрачных. Не дожидаясь приезда гостей, мэр города собрал всех жителей на площади перед «Медвежьим отелем» и зачитал праздничное приветствие с пожеланием «благополучия всем членам благородного дома Черчиллей», а также «многих лет безоблачного счастья» молодоженам. Когда же виновники торжества въехали в город, радости местных жителей не было конца. Как восторженно писал корреспондент газеты «Oxford Times», «...они распрягли лошадей, и, взвалив на себя повозку, провезли ее по узким улочкам через весь город прямо к дворцу»[1].

О приезде высокопоставленных гостей местным жителям сообщили лишь за сутки, но даже в спешке и суматохе они успели украсить улицы многочисленными флагами, недвусмысленно подчеркнув особую важность предстоящих торжеств. Повод для веселья и, правда, был особенный. Одним из новобрачных был второй сын седьмого герцога Мальборо Рандольф Генри Спенсер Черчилль. Будущий отец премьер-министра происходил из древнего аристократического рода, уходившего своими корнями в далекое прошлое.

Согласно некоторым данным, Черчилли вели родословную от Гитто де Лиона, младший сын которого, Вандриль де Лион, лорд де Курсель, 4 октября 1066 года вступил на землю Туманного Альбиона в составе войск герцога Нормандского и принял участие в легендарной битве при Гастингсе. Впоследствии фамилия Курсель (de Courcil) была изменена сначала на Чирчиль (de Chirchil), а по прошествии еще нескольких десятилетий на Черчилль (Churchill)[2]. Самым же известным представителем нового семейства стал генерал-капитан Джон Черчилль, первый герцог Мальборо (1650—1722), одержавший яркие победы в битвах при Рамилле, Уденарде, Мальплакете и Бленхейме.

Как бы это ни казалось странным сегодня, но со смертью первого герцога Мальборо род Черчиллей вообще мог прекратить свое существование. По стечению обстоятельств у великого полководца не оказалось прямых наследников мужского пола. Все его владения и титул перешли старшей дочери Генриетте, которая вышла замуж за дальнего предка леди Дианы — Чарльза Спенсера, графа Сутерландского. Возможно, Мальборо так и продолжали бы именовать себя Спенсерами, если бы не четвертый герцог, сумевший в 1817 году убедить короля Георга III о целесообразности возвращения их первоначального имени. С тех пор фамилия Мальборо стала сдвоенной, а их великий потомок Уинстон войдет в историю под инициалами WSC — Winston Spencer Churchill.

Кстати, использование тройного имени не ограничивалось одними лишь геральдическими особенностями Соединенного Королевства, этого же требовали практичность и удобство. Весной 1899 года, после публикации романа «Саврола», Уинстон стал получать многочисленные письма, хвалившие на разный лад его талант романиста. Объем корреспонденции был настолько велик, что вызвал подозрение даже у такого любителя похвалы, как Черчилль. Пытаясь разобраться, что же стоит за подобной хвальбой, он наткнулся на удивительный факт. Оказалось, что на другой стороне Атлантического океана проживает писатель, носящий такие же имя и фамилию — Уинстон Черчилль.

Чтобы в дальнейшем избегать подобной путаницы Уинстон-английский написал своему двойному тезке следующее письмо:

«МИСТЕР УИНСТОН ЧЕРЧИЛЛЬ ПРОСИТ МИСТЕРА УИНСТОНА ЧЕРЧИЛЛЯ ОБРАТИТЬ ВНИМАНИЕ НА ОДНУ НЕМАЛОВАЖНУЮ ДЕТАЛЬ, КОТОРАЯ КАСАЕТСЯ ИХ ОБОИХ. ЧИТАЯ МЕСТНУЮ ПРЕССУ, ОН ОБНАРУЖИЛ, ЧТО МИСТЕР УИНСТОН ЧЕРЧИЛЛЬ (АМЕРИКАНСКИЙ. – Д. М.) ГОТОВИТ К ПУБЛИКАЦИИ СВОЮ НОВУЮ НОВЕЛЛУ „РИЧАРД КАРВЕЛ", КОТОРАЯ НЕПРЕМЕННО БУДЕТ ПОЛЬЗОВАТЬСЯ БОЛЬШИМ УСПЕХОМ КАК В АНГЛИИ, ТАК И В АМЕРИКЕ. МИСТЕР УИНСТОН ЧЕРЧИЛЛЬ (БРИТАНСКИЙ. – Д. М.) ТАКЖЕ ЯВЛЯЕТСЯ АВТОРОМ ОДНОЙ НОВЕЛЛЫ, КОТОРАЯ В НАСТОЯЩЕЕ ВРЕМЯ ПО ЧАСТЯМ ПУБЛИКУЕТСЯ В „MACMILLAN'S MAGAZINE" И ГОТОВИТСЯ К ПРОДАЖЕ ПО ОБЕИМ СТОРОНАМ АТЛАНТИЧЕСКОГО ОКЕАНА. КРОМЕ

ТОГО, ОН ПРЕДПОЛАГАЕТ ИЗДАТЬ 1 ОКТЯБРЯ ДРУГУЮ КНИГУ, ПОСВЯЩЕННУЮ ЗАВОЕВАНИЮ СУДАНА. ОН НЕ СОМНЕВАЕТСЯ, ЧТО МИСТЕР УИНСТОН ЧЕРЧИЛЛЬ, ПРОЧИТАВ ДАННОЕ ПИСЬМО, УВИДИТ ОГРОМНУЮ ОПАСНОСТЬ В ТОМ, ЧТО ЕГО РАБОТЫ МОГУТ БЫТЬ ПЕРЕПУТАНЫ С ДРУГИМ МИСТЕРОМ УИНСТОНОМ ЧЕРЧИЛЛЕМ. ДЛЯ ТОГО ЧТОБЫ В БУДУЩЕМ НАСКОЛЬКО ЭТО БУДЕТ ВОЗМОЖНО ИЗБЕГАТЬ ПОДОБНЫХ ОШИБОК, МИСТЕР УИНСТОН ЧЕРЧИЛЛЬ РЕШИЛ ПОДПИСЫВАТЬ ВСЕ СВОИ СТАТЬИ, КНИГИ И ДРУГИЕ ПЕЧАТНЫЕ РАБОТЫ „УИНСТОН СПЕНСЕР ЧЕРЧИЛЛЬ"»[3].

Американец ответил не менее запутанным письмом, из которого, однако, можно было понять, что он благодарит своего британского однофамильца за проявленную заботу об их имени.

В декабре 1900 года оба Черчилля встретятся в Бостоне. Отметив первое знакомство в одном из местных ресторанов, американский Уинстон поведет своего нового друга по окрестностям. Во время оживленной беседы английский Черчилль сделает еще одно предложение, но оно, похоже, окажется менее заманчивым для американского тезки.

— Почему бы тебе не пойти в политику? Я, например, собираюсь стать премьер-министром Великобритании. По-моему, было бы очень забавно, если одновременно со мной тебя выбрали бы в Президенты США[4].

Несомненно, что уже в те годы Черчилль мечтал о премьерстве. Причем совершенно независимо от своего происхождения, которое, как казалось, должно было предоставить ему все необходимое. Принадлежность известному роду хотя и была важным, но далеко еще не определяющим фактором успешной карьеры.

Во-первых, Мальборо никогда не считались состоятельными, и высшей свет прекрасно об этом знал. Если даже занимавший в то время пост премьер-министра Бенджамин Дизраэли с иронией заметил:

— Они недостаточно богаты, чтобы быть герцогами[5].

Большая часть их доходов уходила на содержание недвижимости и материальное обеспечение детей — младшего сына Рандольфа и его шестерых сестер. Чтобы свести концы с концами, пришлось даже пойти на крайние меры, выставив на аукцион Кристи кое-что из фамильных драгоценностей и продав банкиру Фердинанду де Ротшильду часть земельных угодий. Молодое поколение (восьмой герцог Мальборо) пошло еще дальше и распродало часть картинной коллекции, включая Мадонну Рафаэля и портрет Карла I кисти Ван Дейка, которые сегодня находятся в Национальной галерее.

Не следовал из принадлежности известному роду и высокий пост. На протяжении нескольких поколений ни один из потомков великого Джона так и не смог добиться больших успехов. Первым, кому это удастся сделать, станет дедушка Уинстона, седьмой герцог Мальборо, успевший побывать и лордом-председателем Тайного совета, и вице-королем Ирландии. Его сын, Рандольф, преуспеет еще больше. После окончания подготовительной школы он отправится в одну из самых привилегированных частных школ Великобритании — Итон, где получит своеобразное прозвище Скаг, характеризующее его как человека «своенравного, самоуверенного, ленивого, нахального и надменного».

Другие же будут более снисходительны, считая Рандольфа «веселым и обаятельным проказником»[6].

После окончания Итона отец Уинстона поступает в Оксфорд, где из-за своеобразного строения глазных яблок, расположенных чуть-чуть навыкате, получает новое прозвище Крыжовник. Помимо учебы, которой Рандольф старался себя не утруждать, он запомнится оксфордским учителям охотой на лис, шумными обедами в клубе «Мирмидоны», а также большими попойками, сопровождаемыми, как правило, различного рода проделками и нахальными выходками. В 1874 году, за два месяца до своей свадьбы, Рандольф проведет безликую предвыборную кампанию, в ходе которой ему удастся получить место в палате общин. За три дня до приезда с женой в Бленхейм он выступит в нижней палате парламента с первой речью, положив начало своей яркой, но слишком короткой политической карьере.

В целом лорд Рандольф являл собой пример личности сложной и противоречивой. С одной стороны, это был человек незаурядных способностей, живого ума и великолепного дара оратора, в полной мере унаследованного его сыном. Выступления Рандольфа, всегда отличавшиеся большим остроумием, были наполнены искрометным юмором, колкими замечаниями и резкими выпадами в адрес противников. Исповедуя идеи «демократического торизма», отец Уинстона создаст в лагере тори свою собственную «Четвертую партию», доставившую немало хлопот как главе либералов Уильяму Гладстону, так и лидеру консерваторов в палате общин Стаффорду Норткоту. В отличие от своих современников, лорд Рандольф быстро поднимется по крутой политической лестнице, став в 1885 году государственным секретарем по делам Индии, а в 1886 году канцлером казначейства.

Несмотря на стремительный взлет, на политическом олимпе лорд Рандольф смог удержаться всего шесть месяцев. И если назначение на пост министра финансов стало возможным благодаря его положительным качествам, то столь короткое пребывание в должности из-за его недостатков. К ним в первую очередь следует отнести чрезмерный эгоизм, отсутствие последовательности в собственных действиях, а также слабость к наслаждениям и радостям плоти. Как признается однажды близко знавший его лорд Дерби:

— При всей неотразимости он ведет весьма сомнительный образ жизни, вряд ли достойный настоящего джентльмена. Мне иногда кажется, что его разум помутился[7].

Отец Уинстона часто говорил о своей скоропостижной кончине*.

На вопрос одного из друзей, как долго он собирается руководить палатой общин, он смело ответит:

— О, что-нибудь около шести месяцев.

---

* Аналогичных же взглядов придерживался и его сын, долго считавший, что ему отпущено не больше 45 лет, поэтому нужно было торопиться, чтобы много успеть. В день двадцатипятилетия Уинстон признается своему американскому другу Бурку Кокрану: «Сегодня мне исполнилось двадцать пять. Даже трудно представить, как мало времени мне осталось».

(Sandys C. «Churchill Wanted Dead or Alive». P. 89.)

— А что же будет потом?!

— Потом? Вестминстерское аббатство, — недолго думая, произнес Рандольф[8].

В другой раз он скажет своей матери:

— Я буду Цезарем или никем![9]

Не став Цезарем, Рандольф словно сам обрек себя на бесцельное существование.

Если с английскими корнями сэра Уинстона все более или менее определенно, то американская ветвь до сих пор является предметом многочисленных споров. Некоторые исследователи утверждают о наличии отдаленного родства между Черчиллем и представителями американского истеблишмента — четырьмя президентами США: Франклином Рузвельтом, Улиссом Грантом и двумя Джорджами Бушами, а также Аланом Шепхардом, первым американцем, совершившим суборбитальный космический полет[10].

Не последнее место также занимают и спорные данные о происхождении матери Уинстона Дженни Джером от индейцев-ирокезов. Косвенно это подтверждают смуглый цвет ее кожи и черные как смоль волосы. Упоминая же о главном носителе индейской крови, большинство исследователей обычно имеют в виду бабушку Дженни по материнской линии Клариссу Виллкокс. Согласно семейной легенде она появилась на свет в результате изнасилования ее матери индейцем-ирокезом[11]. Несмотря на полное отсутствие документальных свидетельств, сам Уинстон будет свято верить в семейную легенду о своем нетривиальном происхождении. Уже на закате своей жизни он не без гордости в голосе признается кандидату в президенты США Адлаю Стивенсону:

— Я сам — Союз англоязычных стран[12].

Отец Дженни, Леонард Джером, также был не менее примечательной личностью. Начав свою адвокатскую карьеру в заштатном городишке, он, не без помощи Уолл-стрита и биржевых спекуляций, быстро сумел сколотить огромное состояние, обосновавшись со временем в Нью-Йорке.

Будущий дедушка премьер-министра не шел ни в какое сравнение с бесцветными обитателями Пятой авеню. Кроме того что он играл на бирже, он был еще американским консулом в Триесте, совладельцем «New York Times» и Тихоокеанской почтовой пароходной компании, а также успел несколько раз переплыть Атлантику на небольших яхтах. Помимо своей активной предпринимательской деятельности Леонард также увлекался музыкой, женщинами, картами и скачками. Отсюда и имя его дочери, названной в честь легендарной Дженни Линд (сопрано и по совместительству его любовницы).

Мать Уинстона была удивительно красива собой — жгучая черноглазая брюнетка со смуглой кожей. Уже с детства она отличалась независимостью суждений и чрезмерной расточительностью. Как иронично заметил один из ее знакомых, «Дженни смело можно отнести к такому типу женщин, для которых иметь меньше сорока пар туфель означает прозябать в нищете»[13].

Юные годы мать Уинстона провела в Париже. Дженни часто посещала всевозможные музеи и выставки, играла на рояле, ездила верхом. Возможно, она так и осталась бы на берегах Сены, если бы не суровый нрав князя Отто фон Бисмарка, сумевшего «железом и кровью» объединить германские народы и, с немецкой педантичностью пройдя от Эльзаса до Парижа, обратить в прах красоту и роскошь империи Наполеона III.

Спасаясь от прусских завоевателей, Дженни найдет себе прибежище на другой стороне Ла-Манша, там же она обретет новую семью и смысл жизни. 12 августа 1873 года, во время Королевской регаты на острове Уайт, Дженни познакомится с перспективным молодым человеком Рандольфом Черчиллем. Молодые люди полюбят друг друга с первого взгляда. В течение трех дней они успеют повальсировать на вечернем банкете, «случайно» встретиться друг с другом на прогулке, а также отобедать в обществе матери Дженни и ее старшей сестры. На третьи сутки Рандольф предложит своей новой знакомой руку и сердце, получив от нее нежный поцелуй в качестве согласия.

Как и следовало ожидать, Мальборо скептически отнесся к предстоящей свадьбе. В беседе с Рандольфом он презрительно отозвался о будущем родственнике, назвав Леонарда «вульгарным» и не слишком щепетильным в делах человеком[14]. Помимо личной неприязни ситуацию осложнял и финансовый вопрос. Проведя в 1873 году неудачную биржевую сделку, Джером, как назло, оказался на мели. К тому же его совершенно не устраивало британское законодательство. Только спустя девять лет после означенных событий в 1882 году в Соединенном Королевстве будет разработан специальный закон, защищающий финансовые интересы женщин в случае развода. До этого же представительницы прекрасного пола не обладали никакими правами на имущество своего мужа — одно из наиболее ярких и непонятных противоречий викторианства — эпохи, во главе которой стояла женщина.

Для практичного Джерома, исповедующего прогрессивные экономические взгляды Нового Света, подобное отношение к женщинам было неприемлемым. Что же касается брака Дженни и Рандольфа, то здесь компромисс был найден всего за неделю до свадьбы. От Леонарда молодожены получили в приданое 50 000* фунтов стерлингов, дающие им 2 000 фунтов годового дохода. При этом одна половина от общей суммы и дохода принадлежала Рандольфу, другая — Дженни. Еще 1 100** фунтов годового дохода гарантировал предоставить герцог Мальборо. Он также уплатил долги своего сына и предоставил молодоженам небольшой особняк в Лондоне.

Церемония бракосочетания состоялась 15 апреля 1874 года в часовне английского посольства в Париже, где за шестьдесят лет до этого проживал великий герцог Веллингтонский после победы при Ватерлоо. Несмотря на принадлежность новобрачных именитым фамилиям, свадьба прошла в непривычно скромной для того времени обстановке. Официальность по-

---

* В настоящее время эта сумма эквивалентна 2,5 миллиона фунтов стерлингов. — *Примеч. авт.*

** Что эквивалентно 150 тысячам современных фунтов стерлингов. Для таких мотов, какими являлись Рандольф и Дженни, это означало, что их расходы всегда будут превышать доходы. — *Примеч. авт.*

ложения и небольшое число гостей составили разительный контраст пышным свадебным церемониям XIX века. Среди присутствующих не оказалось даже родителей Рандольфа, посчитавших необязательным являться на праздник. Вместо этого они отправили своему сыну письмо, в котором упрекали его, говоря, что он «выбрал невесту без присущей ему рассудительности»[15].

После бракосочетания молодожены провели медовый месяц на континенте. Затем вернулись в Лондон, где их закружил вихрь праздников и удовольствий — обычные составляющие великосветских приемов и раутов. Этот фееричный карнавал, растянувшийся на двадцать лет, станет их образом жизни, пока прогрессирующая болезнь Рандольфа не превратит этот брак в жестокий фарс.

В конце лета 1874 года новобрачные решили ненадолго оставить Лондон и поселиться в Бленхеймском дворце. Старый замок не нравился жизнерадостной американке. По сравнению с любимым Парижем Бленхейм казался ей чопорным и старомодным. Кроме «тоскливой скуки» домашнего распорядка у Дженни также сложились напряженные отношения со свекровью, о властном характере которой ходили легенды. «Она железной рукой управляла дворцом, — вспоминала мать Уинстона. — От шороха ее юбок трепетал весь Бленхейм»[16]. У Дженни также не заладилось еще и с тетушкой Бертой, любимыми хохмами которой было подкладывание ломтиков мыла в блюдо с сыром или размещение склянок с чернилами над дверными проемами.

В довершение всего Дженни была в положении, что также заставляло умерить страсть к развлечениям и веселью. На воскресенье 29 ноября в Бленхейме был назначен грандиозный бал. За пять дней до этого леди Рандольф неудачно упала во время прогулки. В субботу же, 28-го числа, после как она проехала на пони по ухабистой дороге, у нее начались сильные боли. Несмотря на все это, торжество состоялось, и Дженни на нем блистала.

В середине праздника леди Рандольф почувствовала предродовые схватки. Ее попытались отвести в спальню, но боли сделались настолько сильными, что роженицу пришлось разместить в первой попавшейся комнате, оказавшейся дамской раздевалкой. В этой комнате, среди мехов, муфт, горжеток и многочисленных шляпок с перьями, после восьмичасовых родов без хлороформа, в половине второго ночи 30 ноября 1874 года, в день Святого Андрея, появился на свет Уинстон Леонард Спенсер Черчилль. Это был рыжий ребенок с вздернутым, тупым носом, который он унаследовал от своих предков Мальборо. Делясь впечатлениями со своей тещей, лорд Рандольф гордо признавался:

— Мальчик очень красив, по крайне мере, так говорят все. У него темные глаза и волосы. К тому же он очень здоровенький, несмотря на преждевременное рождение[17].

Появление будущего премьер-министра не обошла вниманием и пресса. Так лондонская «Times» и «Oxford Journal» отметили в своих номерах: «30 ноября во дворце Бленхейм леди Рандольф Черчилль преждевременно разрешилась от бремени сыном», а «Oxford Times» добавляла: «В честь данного события на местной церкви был устроен веселый колокольный перезвон»[18].

Спустя 80 лет размышляя над первой фазой человеческой жизни, Уинстон признается своему лечащему врачу:

— Что бы ни говорили, но дети рождаются слишком странным способом. Не знаю, и как только Бог смог до этого додуматься[19].

Свое же появление на свет будущий премьер-министр отметил неистовым криком, на что шокированная герцогиня Фрэнсис воскликнула:

— Я сама произвела на свет немало детей, и все они имели прекрасные голосовые данные. Но такого ужасающего крика, как у этого новорожденного, я еще никогда не слышала[20].

От одной мысли, что этому ребенку достанется все состояние Мальборо, матери Рандольфа становилось не по себе. Она слезно будет умолять свою невестку Консуэлу Вандербильт:

— Вашей наипервейшей обязанностью является родить ребенка. И это обязательно должен быть мальчик, ибо мне невыносимо думать, что герцогом станет этот выскочка Уинстон. Кстати, вы еще не беременны?[21]

Не трудно представить, как изменилась бы история Великобритании, если бы Уинстон и вправду унаследовал титул. Во-первых, он не смог бы заседать в нижней палате парламента — палате общин, переключив всю свою безграничную энергию на палату лордов, обладающую гораздо меньшей законодательной властью. Главное же, что, будучи герцогом, он вряд ли смог бы стать первым министром королевы. Маркиз Солсбери был последним представителем палаты лордов, кто занимал десятый дом по Даунинг-стрит. Все десять премьеров, сменившие друг друга на столь ответственном посту начиная с 1902 года (начало карьеры Уинстона) и заканчивая 1955 годом (уход Черчилля из большой политики), были представителями палаты общин.

Сегодня уже ни у кого не вызывает сомнения тот факт, что Черчилль родился семимесячным. Однако в 1870-е годы в английском обществе ходило немало слухов, что «раннее появление на свет Уинстона больше вызвано не его торопливостью, а тем же качеством лорда Рандольфа»[22]. «Что, если еще до брака родители Черчилля вступили в интимную связь?» — гадали британские аристократы. Однако имеющиеся факты говорят об обратном. Сохранилось множество свидетельств, как тщательно готовились молодожены к рождению ребенка. К моменту его предполагаемого появления в январе 1875 года Черчилли планировали, что ремонт лондонского особняка на Чарлз-стрит должен быть закончен. Косвенно преждевременное рождение Уинстона подтверждает и личная переписка его отца, в которой не раз можно прочитать, как несчастен был Рандольф, доверившись услугам местного доктора.

В рождении Черчилля все было примечательно — общество, родители, время и конечно же место — единственное сооружение в Англии, которое, не являясь собственностью королевской семьи, именуется дворцом. И по сей день Бленхейм продолжает сохранять свой необычный статус, совмещая одновременно функции официальной резиденции, музея и национального монумента.

Легенда гласит, что королева Анна, вдохновленная успехами Джона Черчилля в борьбе с Людовиком XIV, даровала ему древнее королевское поместье Вудсток. В разные времена там располагались дворы саксонских и нормандских королей, а также правителей династии Плантагенетов — Этельреда Неготового и Альфреда Великого. Начиная с Генриха I каждый монарх считал своим долгом посетить эти места.

К началу XVIII века старый замок на территории Вудстока превратился в руины. Поэтому королева Анна дополнительно к поместью также выделила финансовые средства на строительство нового дворца. На декоративной доске, помещенной над Восточными воротами, можно прочитать следующее: «Данный дом был построен для герцога Джона Мальборо и его жены герцогини Сары архитектором сэром Ванбруком в период между 1705 и 1722 годами и стал возможен благодаря необычайной щедрости монарха. Королевское поместье Вудсток, а также грант в 240 000 фунтов стерлингов для постройки дворца были пожалованы Ее Величеством королевой Анной и легализированы решением парламента».

Правда же была куда более прозаична. Строительство Бленхейма стало причиной многочисленных интриг и споров, нисколько не уступающих по своей напряженности перу Николо Макиавелли.

Первые разногласия, возникшие уже до начала непосредственного строительства, были связаны с выбором будущего архитектора. Жена первого герцога Мальборо Сара предложила кандидатуру сэра Кристофера Рена — великого творца кафедрального собора Святого Павла. Несмотря на знакомство жены с одним из лучших архитекторов своего времени, Мальборо решил пригласить более близкого ему сэра Джона Ванбрука, работавшего в паре со своим ассистентом Николасом Хоксмуром.

Строительство дворца, который решили назвать в честь первого крупного сражения, выигранного генералом Мальборо 13 августа 1704 года при маленькой деревушке в Баварии, было начато в 1705 году. В связи с тем, что хозяин замка, проводивший в военных кампаниях большую часть своего времени, не мог принимать непосредственного участия в строительстве, все переговоры с сэром Джоном легли на плечи Сары. Зная гораздо лучше своего мужа об ограниченности финансовых средств, выделенных на данное строительство, она старалась по возможности сдерживать грандиозные идеи Ванбрука. И без того натянутые отношения между герцогиней и архитектором закончились в конце концов крупной ссорой и отстранением последнего от участия в данном проекте. Когда же наконец в 1725 году дворец был открыт для публики, Мальборо не только не пригласили Ванбрука на торжественную церемонию, но даже запретили ему входить в парк, окружающий дворец.

Не менее волнующе выглядела и история с финансированием, которое предполагалось полностью осуществить за счет королевской казны. Пожаловав первоначально 60 тысяч фунтов, королева Анна продолжала выделять средства по ходу строительства. Подобная щедрость со стороны королевы Анны объяснялась не только военными заслугами Мальборо, но и той дружбой, которая сложилась у нее с его женой. В первые годы правления королевы Сара занимала должность хранителя королевских драгоценностей и обладала огромной политической и светской властью. Со временем отношения между королевой и ее подданной стали портиться, взаимное уважение все чаще подменяли нелепые ссоры, которые в 1711 году привели к окончательному разрыву. После конфликта финансирование на постройку дворца было прекращено, сами же Мальборо, оказавшись в опале, были вынуждены покинуть пределы страны и поселиться на континенте. Строительство Бленхейма было продолжено только после смерти королевы Анны в 1714 году.

Несмотря на все финансовые дрязги и отстранение архитектора Ванбрука, дворец, занимающий площадь около семи акров, предстал пред публикой как грандиозное творение человеческого духа, продолжая вот уже как три столетия удивлять посетителей своим пантагрюэльевским размахом. Чего стоит одна площадка перед парадным входом, где может с легкостью разместиться полк солдат. А на вопрос, сколько комнат во дворце, первый герцог Мальборо с некоторой беззаботностью отвечал:

— Точно не знаю, но недавно я подписал счет на покраску тысячи оконных рам![23]

Некоторым Бленхейм казался слишком помпезным и громоздким. Например, Вольтер называл творение Ванбрука «грудой камней»[24]. В отличие от великого философа, Черчилль любил этот замок, ставший свидетелем его рождения. Упоминая о нем, он писал: «Это итальянский дворец в английском парке. Сочетание столь разных, но в отдельности привлекательных стилей производит потрясающий эффект. Дворец строг в своей симметричности и завершенности, здесь нет насильственно навязанного контраста, нет неожиданной разделяющей линии между первозданностью и свежестью парка, с одной стороны, и помпезностью архитектуры — с другой»[25].

Легко представить, какое влияние оказывала атмосфера старого замка на воображение маленького Уинстона. Все апартаменты дышали памятью великого предка-полководца. Сцены великих битв, запечатленные на громадных картинах и гобеленах, всеобщая атмосфера роскоши и великолепия.

Сегодня дворец открыт для публики, но, даже несмотря на все современные нововведения — аттракционы, мини-поезд «Уинстон Черчилль», сувенирные лавки, — Бленхейм по-прежнему остается пусть и огромным, но загородным домом. А все эти новшества, навеянные XXI веком, не более чем результат проникновения бизнеса во все сферы человеческой деятельности.

Викторианское детство

В 1880 году Дженни произвела на свет еще одного мальчика — Джека. Несмотря на прибавление в семействе, леди Рандольф уделяла немного времени воспитанию молодого поколения. Куда больше ее волновали участие в различных приемах, банкетах, литературных проектах и всевозможных обществах. Своего отца дети будут видеть еще реже. В конце 1930-х годов во время одного из семейных ужинов в Чартвелле Уинстон с грустью в голосе признается своему сыну:

— Сегодня вечером у нас с тобой состоялся продолжительный и живой разговор, длившийся значительно дольше, чем мое общение с отцом на протяжении всей нашей совместной жизни.

Как верно заметит биограф Черчилля Рой Дженкинс, «...в этом определенно состоит величайшая ирония, что спустя более ста лет после своей смерти лорд Рандольф войдет в историю, как отец»[26].

В целом в подобном отношении не было ничего удивительного — няньки, гувернантки, кормилицы и учителя составляли вполне обычную практику для того времени. Согласно историку Ральфу Мартину, «в большинстве аристократических британских семей между поколениями лежала пропасть сдержанности, охраняемая рамками благопристойности»[27].

Листая подшивки журналов и газет той эпохи, можно встретить удивительные советы. Например, солидный журнал «The World» в одном из своих номеров за ноябрь 1874 года рекомендовал великосветским дамам «держаться подальше от детской, успокаивая себя тем, что у вас есть малыш. Пусть гувернантка приведет детей пару раз в гостиную, чтобы с ними можно было поиграть, как с милыми котятами»[28].

Следуя таким добрым советам, мамы, как правило, виделись с детьми несколько минут в день, а их мужья вообще старались не сталкиваться со своими отпрысками, что не могло не доходить порой до курьезов. Так, один из современников королевы Виктории признавался, что за всю свою жизнь беседовал лишь раз (!) с собственным отцом. Другой викторианец оказался немало шокирован, когда, похвалив няню за то, что у нее такие чистенькие детки, с удивлением узнал, что это его собственные чада.

Несмотря на отсутствие родительской ласки, Уинстон был не совсем одинок в детские годы. После рождения его передали кормилице миссис* Эверест. Это была незамужняя женщина 42 лет. Происходила она из графства Кент, и одним из самых сильных ее влияний на Уинстона станет любовь к данной земле, которую она называла не иначе как «садом Англии».

С первых же дней знакомства миссис Эверест проникнется к своему воспитаннику глубокой симпатией и нежной любовью, которые будут взаимны. Спустя четверть века Черчилль сядет за свой первый и единственный роман «Саврола», где и воздаст должное этой добродушной женщине:

«Сразу после рожденья он был отдан на воспитание кормилице, окружавшей его преданной заботой и ла-

---

* В связи с тем, что не сохранилось никаких достоверных сведений о мистере Эвересте, можно предположить, что приставка «миссис» является в данном случае всего лишь данью уважения, а не атрибутом семейной жизни. Последнее обстоятельство шло вразрез с правилами викторианской эпохи, согласно которым незамужних дам зрелого возраста, исполняющих обязанности нянь и гувернанток, было принято называть «мадам». — *Примеч. авт.*

ской. Странная вещь — любовь этих женщин. Возможно, это единственная бескорыстная любовь на свете. Ведь насколько естественна любовь матери к сыну — такова ее материнская природа, юноши к своей девушке — это тоже может быть объяснено, собаки к хозяину — тот ее кормит, мужчины к другу — он стоял рядом в моменты сомнений. Во всех этих случаях есть разумное толкование. Но любовь приемной матери к ребенку, заботу о котором ей поручили, на первый взгляд кажется совершенно необъяснимой. Это явление одно из немногих доказательств, что природа человечности гораздо выше банального утилитаризма, и что мы всегда можем надеяться на благоприятную судьбу»[29].

На протяжении всей своей жизни Черчилль сохранит добрую память об этом светлом человеке, сыгравшем огромную роль в его детские годы.

В декабре 1876 года седьмой герцог Мальборо получит назначение на пост вице-короля Ирландии. С главой семейства в Дублин также переедут Рандольф, Дженни, маленький Уинни и миссис Эверест. Родители Уинстона и здесь продолжат вести шумную светскую жизнь, по-прежнему посещая различные банкеты, балы и приемы. Дженни найдет Ирландию «очень приятной, полной развлечений и разнообразных занятий». Больше всего ей понравится охота.

Как это ни парадоксально, но именно с Ирландией и будут связаны первые воспоминания великого британца. Вот его дедушка открывает памятник лорду Го. В окружении огромной толпы и группы солдат, облаченных в алые мундиры, герцог Мальборо громогласно произносит:

— ...И залпом всесокрушающего огня он рассеял вражеские ряды!

Как напишет впоследствии сам Черчилль, данная речь станет его первым осмысленным воспоминанием[30].

Не соглашаясь со своим отцом, его сын Рандольф*, автор двух первых томов официальной биографии, заметит:

— Когда папе исполнилось пятьдесят пять (именно в этом возрасте Уинстон писал мемуары «Мои ранние годы». — *Д. М.*), его память была по-прежнему цепка и точна, хотя и давала иногда сбои. Так, например, она изменит ему с первым воспоминанием, которое произошло не в 1878 году, когда ему только исполнилось четыре года, а в феврале 1880 года, всего за несколько недель до отъезда Мальборо из Ирландии[31].

Какими бы ни были первые воспоминания Черчилля, влияние Дублина в любом случае трудно переоценить. Ведь именно здесь Уинстон познакомится с искусством и политикой, которым и посвятит всю оставшуюся жизнь. В обоих случаях знакомство начнется с трагедии. То перед самым началом театральной премьеры сгорит театр, а вместе с ним и директор, то, испугавшись фениев — членов тайного ирландского общества, посвятивших себя освобождению Ирландии,

---

* В семье Черчиллей стало традицией называть детей именами дедов, внуков — именами отцов и так далее. Так своего сына Уинстон назовет Рандольфом, а тот в свою очередь своего сына — Уинстоном.

Дмитрий Медведев

ослик Черчилля станет брыкаться и уронит своего наездника на землю. В результате чего Уинни получит несколько ушибов и сотрясение мозга[32].

От дальнейших происшествий Уинстона спасет все та же политика, неожиданно вмешавшаяся в 1880 году в его беззаботную жизнь. В ходе парламентских выборов партия консерваторов во главе с Дизраэли потерпит сокрушительное поражение. Новый кабинет назначит нового вице-короля Ирландии, вынудив герцога Мальборо сложить с себя полномочия и вернуться обратно в Англию.

Незадолго до отъезда Черчиллей из Ирландии перед Уинстоном, как он сам потом выразится «нависнет угроза образования», воплотившаяся в «зловещей фигуре гувернантки»[33]. Желая оградить впечатлительного Уинни от неприятных переживаний, миссис Эверест решит пройти с ним предварительный курс по книге «Чтение без слез». Однако учебник так и не оправдает своего названия. В течение нескольких дней она безуспешно будет показывать ручкой на различные буквы и слоги, пытаясь добиться от Уинстона их произношения. Когда же «роковой день» настанет, Черчилль не придумает ничего лучше, как выбежать из дома и спрятаться в близлежащих кустах. Так для Уинстона начался пятнадцатилетний период его образования, наполненный «тяжким трудом, потом, слезами», а иногда даже и «кровью».

3 ноября 1882 года, за четыре недели до своего восьмого дня рождения, Уинстон поступил в приготовительную школу Сент-Джордж, расположенную в Аскоте. Черчилль плохо отнесся к такому покушению

на свою личную свободу. Ведь к тому времени он был обладателем поистине замечательных игрушек — паровоза, волшебного фонаря и огромной коллекции оловянных солдатиков. С началом же образования весь детский мир с его сказочными персонажами и детскими баталиями рушился, словно карточный домик. Уинстон станет слезно умолять своих родителей повременить с учебой, но в данном случае «с моим мнением считались не больше, чем с желанием появиться на свет»[34].

Когда Уинстон приехал в Сент-Джордж, все ученики были на прогулке, мальчика познакомили с будущим преподавателем. Когда они остались наедине, учитель достал тоненькую книжечку в зеленовато-коричневой обложке и произнес:

— Ты раньше никогда не занимался латынью, не правда ли?

— Нет, сэр, — прозвучал настороженный ответ.

— Это латинская грамматика, тебе нужно выучить вот этот параграф. Я зайду через полчаса и проверю, что ты выучил.

Когда учитель вышел из класса, Уинстон медленно придвинул к себе учебник и, заглянув в него, увидел:

Mensa	—	стол
mensa	—	О, стол
mensam	—	стол
mensae	—	стола
mensae	—	к столу или для стола
mensa	—	столом, со столом или из стола

В его голове тут же промелькнуло: «Боже мой! Что бы это все могло значить? Где здесь смысл? Все это полнейшая ерунда. Единственный выход — зазубрить наизусть». Когда учитель вернулся, Уинни нехотя произнес все, что успел запомнить.

Увидев, что ответ произвел благоприятное впечатление, Черчилль набрался смелости и решил спросить:

— А что это все значит, сэр?

— Что написано — то и значит. *Mensa* — стол. *Mensa* есть существительное первого склонения. Всего существует пять склонений, ты выучил единственное число первого склонения.

— Но все же что это значит? — не унимался Уинстон.

— *Mensa* — означает «стол», — стал раздражаться наставник.

— Тогда почему *mensa* означает «о, стол»? И вообще, что значит «о, стол»?

— *Mensa*, «о, стол», — это звательный падеж.

— Но почему «о, стол»?

— «О, стол» ты будешь говорить в том случае, если станешь обращаться к столу.

— Но я никогда не буду разговаривать со столом, — тут же выпалил Уинстон.

— Если ты будешь мне дерзить, то тебя накажут, и можешь мне поверить, сделают это самым суровым образом[35].

Но, Черчилль не придаст данным словам большого значения. За два года учебы в Сент-Джордже ему придется не раз испытывать на себе всю строгость викторианского образования.

Не обойдется, правда, и без положительных моментов. Именно в Аскоте Уинстон впервые увлечется чтением. Сначала отец подарит ему «Остров сокровищ». Затем Уинни буквально проглотит все сочинения Райдера Хаггарда, а легендарные «Копи царя Соломона», которые он будет считать хроникой реальных событий, перечитает свыше десяти раз. После беллетристики Черчилль переключится на военную историю, заказав себе красочно иллюстрированный труд генерала Уиллиса Гранта «История гражданской войны в Америке». К тому же за годы своего пребывания в Сент-Джордже Уинстон выучит наизусть отрывки из произведений Байрона, Лонгфелло, Маколея и Милтона.

И все это на фоне неутешительных успехов по основной учебной программе. В своем первом отчете в декабре 1882 года директор школы сообщит родителям Черчилля, что их сын по успеваемости занял последнее место в классе. К тому же «он — вечная причина всех беспорядков», «постоянно попадает в какие-то переделки», поэтому мало надежды, что «он научится вести себя как должно»[36]. К аналогичному выводу придет и леди Рандольф, после возвращения Уинстона на рождественские каникулы. Делясь впечатлениями с мужем, она будет шокирована громкими и вульгарными речами их старшего сына[37].

Дурное влияние Уинстона не замедлит распространиться и на его брата. Когда коллега лорда Рандольфа по «Четвертой партии» сэр Генри Драммонд Вульф спросит младшего сына леди Рандольф: «Хороший ли ты мальчик?», то Джек ответит:

— Да, но мой старший брат учит меня быть непослушным и озорным[38].

Несмотря на многочисленные письма, в которых Уинстон неизменно указывал, что «абсолютно счастлив»[39], с первой школой ему и впрямь не повезло. Спустя почти пятьдесят лет он признается:

— Как же я ненавидел эту школу и какую беспокойную жизнь я провел там в течение двух лет![40]

На тот момент Сент-Джордж была одной из самых дорогих и привилегированных лондонских школ. Всего несколько классов по десять человек в каждом, большой плавательный бассейн, площадки для игры в гольф, футбол и крикет. Все преподаватели, магистры гуманитарных наук, исполняли свои обязанности в специальных мантиях и квадратных головных уборах. Готовя своих выпускников для поступления в Итон, они вели обучение по так называемой итонской модели, уделявшей основное внимание не столько образованию, сколько воспитанию. Недаром спустя семьдесят с лишним лет после означенных событий Черчилль называл свою первую школу не иначе как «штрафная каторга»[41].

Сохранились записки искусствоведа Роджера Фрая*, учившегося в Сент-Джордже вместе с Уинстоном. Он вспоминал, как каждый понедельник, после

___

* Предположительно данные заметки были использованы писательницей Вирджинией Вульф, изобразившей в одном из своих романов учебное заведение, похожее на Сент-Джордж.

общей линейки, провинившихся мальчиков вели в библиотеку и подвергали порке. В результате данной экзекуции «попки несчастных превращались в кровавое месиво». Остальных же школьников в воспитательных целях сажали около открытой двери, чтобы они, «дрожа от страха, слушали вопли» своих одноклассников.

Фрай был одним из старост и наблюдал все эти издевательства в непосредственной близости. Позже он утверждал, что директор получал от данных наказаний «сильнейшее садистское наслаждение»[42].

Сам Уинстон вспоминал:

— Я уверен, что ни один из итоновских студентов или тем более учеников Хэрроу никогда не подвергался такой жестокой порке, которую привык устраивать наш учитель[43].

Пройдут годы, и восемнадцатилетний Черчилль вернется в Аскот, чтобы отомстить бывшему директору, но тот не доставит ему такого удовольствия, скончавшись в ноябре 1886 года от сердечного приступа в возрасте тридцати восьми лет.

Каким бы ни было поведение учителя, сам Черчилль также не станет утруждать своего наставника в поиске причин для недовольства. С первых же дней пребывания в Сент-Джордже Уинстон проявит весь спектр своего независимого, упрямого и непокорного нрава, не только выходя за рамки дозволенного, но также стараясь отвечать по мере возможности на жестокие экзекуции преподавателя. Так после очередного наказания за кражу сахара из кладовки Черчилль в клочья разорвет любимую соломенную шляпу главного обидчика[44].

Не прибавила популярности Уинстону и его своеобразная манера учиться — акцентируя внимание только на интересных для себя дисциплинах. Позже, вспоминая об этом в своих мемуарах, он напишет: «Учителям не составило труда разглядеть во мне одновременно как отсталого, так и не по годам развитого ребенка. В их распоряжении имелось достаточно средств, чтобы заставить меня учиться, но я был упрям. Если какой-либо предмет не возбуждал моего воображения, то я просто не мог его изучать. За все двенадцать лет, что я провел в учебных заведениях, ни одному преподавателю не удалось заставить меня написать даже стих на латыни или выучить хоть что-нибудь из греческого языка, исключая алфавит»[45].

Долго так продолжаться, конечно, не могло. Случайно заметив следы от побоев на теле своего любимого Уинни, миссис Эверест тут же сообщит леди Рандольф о безнравственном поведении директора школы мистера Герберта Снейда-Киннерсли. Забрав своего первенца из школы, родители устроят его осенью 1884 года в менее фешенебельную, но гораздо более спокойную частную подготовительную школу в Брайтоне. Учеба здесь оставит у Черчилля «приятные впечатления, контрастирующие с воспоминаниями о первом школьном опыте». И хотя в первом семестре Уинстон по-прежнему был одним из самых последних в классе, это не особенно расстраивало его преподавателей, относившихся с «пониманием и добротой» к своим подопечным[46].

Впоследствии Черчилль значительно подтянется по многим дисциплинам. Он станет первым по клас-

сической литературе и займет прочную позицию по
остальным предметам. В середине 1885 года Уинстон
проявит большой интерес к чтению местных газет.
К тому времени его уже волновало буквально все —
захват бельгийцами Конго, демонстрация рабочих в
далеком Чикаго, изобретение Даймлером автомобиля, а также возведение статуи Свободы в Нью-
Йорке.

В отличие от успехов в учебе, поведение Черчилля
по-прежнему оставляло желать лучшего. Спустя три
месяца после прибытия в Брайтон он немного повздо-
рит с одним из своих одноклассников, который набро-
сится на него с ножом. Уинстону крупно повезет: он
отделается легким ранением — нож войдет в грудь
лишь на пять миллиметров, не задев жизненно важные
органы. Как потом выяснится, Черчилль сам спрово-
цировал нападение, хорошенько врезав своему това-
рищу в ухо[47]. Неудивительно, что после подобных ин-
цидентов в графе поведения у него значилось: «Общее
количество учеников в классе — тридцать. Место в
классе — тридцатое»[48].

За годы учебы и неизбежного взросления отношение родителей к Уинстону не сильно изменилось. Леди Рандольф была все той же любимой «звездой на
расстоянии», способной как немного покритиковать,
так и внимательно выслушать, дав стоящий совет.
Иногда она была и не прочь пошутить, принимая от
него такие забавные письма, как «Думаю, ты рада
моему отсутствию. Никаких криков от Джека, никаких жалоб. Небеса спустились, и на земле воцарился
порядок» или «Джек шлет тебе свою любовь и

6 666 666 666 666 666 666 666 поцелуев, а я в два раза больше!»[49].

Что же до лорда Рандольфа, то между ними по-прежнему была ледяная стена отчужденности и равнодушия. Анализируя подобные отношения спустя годы, невольно задаешься вопросом — не послужило ли подобное отторжение и безразличие мощнейшим стимулом к достижению поставленных целей? Преуспеть как можно больше, преуспеть во всем, доказать себе, отцу и всем окружающим, что ты не забитый и одинокий ребенок, что ты Герой и Личность. Уинстон сам косвенно подтвердит это, когда спустя тридцать пять лет, во время работы над биографией своего великого предка, первого герцога Мальборо, напишет: «...у великих людей часто было несчастное детство. Тиски соперничества, суровый гнет обстоятельств, периоды бедствий, уколы презрения и насмешки, испытанные в ранние годы, необходимы, чтобы пробудить беспощадную целеустремленность и цепкую сообразительность, без которых редко удаются великие свершения»[50].

После таких строк становится понятным вселенское черчиллевское честолюбие с его безграничной жаждой славы и стремлением к успеху. Однажды после прогулки майским воскресным вечером 1880 года с будущим премьер-министром лордом Розбери сэр Чарльз Дилк запишет в своем дневнике: «Я пришел к заключению, что Розбери самый амбициозный человек, которого я когда-либо встречал». Перечитывая же данные строки спустя годы, он сделает на полях заметку: «До тех пор, пока не познакомился с Уинстоном Черчиллем»[51].

Однажды Уинстон признается своей матери:

— Если я не преуспею, для меня это будет катастрофой! Неудачи разобьют мне сердце, ведь амбиции — моя единственная опора[52].

И Черчилль сделает все от него зависящее, чтобы достичь как можно большего, он пойдет напролом, ломая условности и правила, воспитывая в себе железную волю и превращая непрерывный труд в один из своих самых верных и постоянных союзников.

Отметив некоторые психологические особенности нашего главного героя, самое время вернуться к его учебе в Брайтоне. В 1886 году в его жизни произойдет первое серьезное испытание. Уинстон никогда не отличался крепким здоровьем, его постоянно мучили простуды, «жуткие нарывы», зубная боль и близорукость, которую он старался тщательно скрывать. Как всегда заботливая, миссис Эверест предупреждала его:

— Дорогой Уинни, прошу тебя, не отмахивайся, когда плохо себя чувствуешь. Вовремя сделанный стежок может спасти от большой прорехи[53].

Пропустив советы няни мимо ушей, весной 1886 года Уинстон слег с пневмонией. Спустя всего четыре дня после начала заболевания температура у него поднялась до 40,2 градуса, полностью отказало правое легкое. Не на шутку перепугавшиеся родители тут же примчались к постели своего старшего сына. В течение трех дней Уинстон в бреду продолжал бороться за жизнь, и только на седьмые сутки ему стало легче.

Во избежание рецидива личный доктор семьи Черчиллей мистер Роуз прописал своему маленькому пациенту покой, обильное питание, а также «избегать сквозняков и переохлаждения». Только спустя несколько месяцев Черчилль окончательно встанет на ноги и обратится к родителям с просьбой:

— Вышлите мне немного наличных, потому что я в очередной раз оказался банкротом[54].

21 июня 1887 года Уинстон примет участие в праздновании «золотого юбилея» королевы Виктории, ставшего одним из самых масштабных событий десятилетия. На торжественную церемонию в Лондон съедутся многочисленные главы государств, включая королеву Гавайев и наследного принца Японии. Кроме того, своим присутствием Викторию почтят шерифы всех пятидесяти двух графств Англии, мэры ведущих городов, а также различные представители всех 30 миллионов квадратных километров Британской империи.

Делясь своими впечатлениями, леди Рандольф, восторженно напишет в своих мемуарах: «Я редко видела Лондон таким праздничным: синее небо, яркое солнце, пестрые флаги и взволнованная, но терпеливая толпа, равномерно рассредоточившаяся по бесчисленным улочкам. Как жена бывшего члена кабинета министров, я получила хорошее место внутри Вестминстерского аббатства. Зрелище было великолепным и впечатляющим. Изумительно красивые платья и мундиры казались еще ярче и прекраснее в мягком церковном полумраке с лучами летнего солнца, струившегося сквозь старинные витражи окон. Королева, являвшая собой славу и преемственность английской истории, сидела одна в середине огромного нефа. Это была маленькая и трогательная фигурка, окруженная пышным собранием и сотнями глаз, пристально следивших за каждым движением ее стареющего тела»[55].

Находясь уже на закате своей политической карьеры и жизни, Черчилль будет вспоминать о королеве Виктории как о «символе Британской империи и духе своей эпохи»[56]. Два поколения, два века, две личности соединились в тот день в единое целое. И если время королевы Виктории стало постепенно сходить на «нет», то Черчилль только начинал свой путь, приведший его спустя полвека к «Звездному часу».

Жребий брошен

Торжества Британской империи совпали с не менее значимыми событиями и в жизни самого Уинстона. Летом 1887 года Черчиллю пошел тринадцатый год — самое время, чтобы подумать о дальнейшем месте учебы. Согласно английским традициям после подготовительной школы аристократические отпрыски поступали в закрытые средние школы. На протяжении уже нескольких столетий в Англии существует три наиболее престижные средние школы. Первое место занимает Итон, готовивший своих выпускников в Оксфорд. За ним идут Хэрроу и Винчестер.

Настал момент, когда и перед родителями Уинстона встал вопрос, какую альма-матер выбрать. Согласно все тем же традициям члены одного аристократического рода учились, как правило, в одной школе. Для

Мальборо таким учебным заведением был Итон. Однако родители Черчилля не торопились с выбором. Темза и сырой климат Итона могли отрицательно сказаться на слабых легких Уинстона. После длительных размышлений Рандольф решит все-таки прервать полуторавековую традицию и остановить свой выбор на Хэрроу.

Подобное решение далось нелегко. Единственное, что его утешило, так это, в Хэрроу учился лорд Байрон, и еще статистика — почти шестьдесят выпускников данной школы заседали на тот момент в палате общин, причем большинство из них являлись членами его собственной партии. В любом случае, по какой бы карьерной лестнице ни пошел Уинстон, ему полезно будет уже в детские годы познакомиться с будущими вершителями судеб Соединенного Королевства.

Уинстону новая школа понравилась. Что и не удивительно, ведь и Винчестер, и Итон отличались значительно более строгими требованиями к вступительным экзаменам. Черчилль уже начал готовиться к летним каникулам, как ему тут же сообщили еще одну новость — долго наслаждаться отдыхом не придется: для поступления в Хэрроу его будет готовить частный преподаватель. Уинстон отреагировал немедленно: «Я не возражаю против наставника, но при одном условии — никаких домашних заданий. Это идет вразрез с моими принципами. Я никогда не занимался на каникулах и не горю желанием начинать сейчас»[57].

Несмотря на все старания как учителя, так и ученика поступление в Хэрроу не обойдется без курьезов. Спустя годы Уинстон будет вспоминать: «Только мне исполнилось двенадцать лет, как я оказался на него-степриимной территории экзаменов, по которой мне придется путешествовать в течение последующих семи лет. Экзамены всегда превращались для меня в огромное испытание. Те из предметов, которые вызывали пиетет у моих преподавателей, мне нравились меньше всего. Я бы предпочел, чтобы меня спрашивали по истории, поэзии и сочинениям, а экзаменаторы, наоборот, требовали латынь и математику. Причем вопросы, которые они мне обычно задавали, оказывались, как правило, далеки от тех, на которые я мог дать вразумительный ответ. Неудивительно, что после такого подхода мне так и не удалось произвести должного впечатления»[58].

16 марта 1888 года Черчилль приехал в новую школу для сдачи своего первого экзамена по латыни. Получив экзаменационный лист, Уинстон стал готовиться к ответу. Вначале он написал в верхнем углу страницы свою фамилию, затем поставил цифру 1 — номер вопроса. После продолжительных размышлений Уинни решил для большей важности заключить данную цифру в круглые скобки — (1). Спустя два часа на листке появились лишь чернильные пятна и большая клякса. В таком виде экзаменационный лист и лег на стол директору школы мистеру Дж. Уэллдону. Последний счел подобный ответ достаточным и зачислил Уинстона в список будущих учеников[59].

Данная история будет неполной, если не упомянуть о предварительной беседе директора школы с лордом Рандольфом. Еще в октябре 1887 года, то есть за полгода до вступительных экзаменов, Уэллдон дал свое согласие на зачисление Уинстона в школу, сказав родителю:

— Когда ваш сын здесь появится, я смогу быть ему полезным[60].

Спустя сорок с лишним лет Черчилль будет с иронией вспоминать эти события, однако в 1888 году ему было не до смеха. Неубедительное выступление на экзамене настолько расстроило его детскую психику, что сразу же по возвращении в Брайтон он слег с простудой.

Что же представляло собой новое учебное заведение, которое Черчилль прославит спустя всего несколько десятилетий?

Школа Хэрроу была основана в 1572 году на хэрроуском холме богатым землевладельцем Джоном Лайоном, проживавшем в расположенной неподалеку деревне Престон. Известный своей уникальной методикой воспитания молодежи, Джон получил личное одобрение на открытие школы от Елизаветы I. Некоторые исследователи отмечают, что специальный акт королевы способствовал не столько основанию, сколько второму открытию Хэрроу-скул, функционирующей почти два с половиной века начиная с 1324 года. Как бы там ни было, но после своего первого (или второго) открытия школа Хэрроу стала пользоваться большой популярностью.

Главным предметом в новой школе была выбрана латынь, а главным спортивным увлечением — стрельба из лука. На первоначальном этапе большинство учеников, среди которых преобладали местные жители, учились бесплатно. Ситуация резко изменится в

1700 году с приездом в Хэрроу молодых людей из других графств. К началу XIX века число учеников увеличится в шесть с половиной раз с 69 до 470. Существенным изменениям подвергнется и учебная программа — крикет вытеснит стрельбу из лука, а список дисциплин пополнится математикой, французским и музыкой. Примерно на этот же период приходится и сочинение первых хэрроуских песен, знаменитых не только в данном учебном заведении, но и по всей Англии.

После поступления в Хэрроу Уинстона зачислили в самый младший класс, специализировавшийся на изучении английского языка. Комментируя подобный выбор, Черчилль не без иронии заметит:

— Мы считались слишком безнадежными, поэтому английский казался единственным, на что мы были способны.

Новым учителем Черчилля стал Роберт Сомервелл — «восхитительный человек, перед которым я в большом долгу». Описывая спустя годы учебный процесс, Уинстон будет вспоминать: «У мистера Сомервелла была своя специально разработанная система. Он брал достаточно длинное предложение и разбивал его на составные части, используя при этом красные, синие и зеленые чернила. Субъект, глагол, существительное! У каждого был свой цвет и группа. Это было похоже на натаскивание, и мы занимались этим ежедневно»[61].

Именно с этого анализа простых предложений начнется любовь Уинстона к слову и формированию собственного литературного стиля, который в 1927 году сэр Артур Конан Дойл назовет «самым лучшим среди наших современников»[62]. А в 1953 году Шведская академия отметит его заслуги Нобелевской премией по литературе, предпочтя кандидатуру британского политика Эрнесту Хемингуэю*.

Уже с детских лет у Черчилля сложится особое отношение к английскому языку, который он называл «одним из самых великих источников вдохновения и силы. В мире не существует больше предмета, обладающего столь изобильной и живительной властью». Оскорбить язык, как и оскорбить Англию, было для него святотатством. Делясь своими соображениями по вопросу языковой подготовки молодежи, Уинстон как-то заметит:

— Я убежден в том, что все молодые люди должны изучать английский язык. Особенно умные могут продолжить совершенствоваться в латинском для почета и в греческом для удовольствия. Но единственное, за что бы я их порол, так это за незнание английского языка. Причем здорово порол бы[63].

Уже в те годы Сомервелл смог разглядеть в тринадцатилетнем Уинстоне большие задатки по композиции и составлению предложений. В архиве Хэрроу и сегод-

---

* В 1953 году на рассмотрение Нобелевского комитета были представлены две кандидатуры — Уинстон Черчилль и Эрнест Хемингуэй. Предпочтение было отдано Черчиллю — «За высокое мастерство произведений исторического и биографического характера, а также за блестящее ораторское искусство, с помощью которого отстаивались высшие человеческие ценности». Огромный вклад Хемингуэя в литературу будет отмечен на следующий год. — *Примеч. авт.*

ня можно найти письменную работу четырнадцатилетнего Черчилля, описывающую предполагаемую
битву с Россией. Данный очерк, включающий в себя
шесть карт и подробное описание военных баталий,
станет одним из самых ранних предсказаний Первой
мировой войны. Уинстон даже укажет точную дату начала военных действий — 1914 год. Единственное, в
чем ошибется будущий глава Адмиралтейства, станет
определение воюющих сторон — Англия будет сражаться против Германии, на стороне Российской империи[64].

В отличие от учебы, поведение Черчилля не сильно
изменилось со времен Сент-Джорджа и Брайтона. Все
такой же своевольный, дерзкий и независимый. Если
бы не покровительство его кузена Дадли Мэджорбэнк-
са, ему пришлось бы гораздо хуже. Обычно одноклас-
ники называли Уинстона невежей, скрытным, скоро-
спелкой, болтуном и наглецом.

Однажды его поймают за битьем стекла в одной
из школьных мастерских. В другой раз в местной газете «Harrowian» Черчилль напишет разгромную
статью о школьной администрации, намекая на то,
что «прогнило что-то в Датском королевстве». Боясь
навлечь на себя беду со стороны руководства, Уинстон предусмотрительно подпишется не одним, а
двумя псевдонимами: Джуниус Джуниор де Профун-
дис и Правда. Несмотря на все предосторожности,
для директора школы не составит большого труда
вычислить, кто среди учеников мог написать столь
вызывающий очерк. Пригласив Черчилля к себе в

кабинет, мистер Уэллдон пригрозит своему воспитаннику:

— Если еще раз такое повторится, то мне ничего не останется, как исполнить свой печальный долг и высечь вас.

Как и следовало ожидать, Уинстон пропустил данный совет мимо ушей, выбрав в качестве следующей проказы сталкивание школьников в местный бассейн. Вспоминая впоследствии о природе столь странного увлечения, он признается:

— Что бы ни говорили, но это было очень забавно — подкрасться к какому-нибудь голому приятелю, а лучше недругу и толкнуть его в воду. Признаюсь, я частенько проделывал эту шутку с парнями моего возраста или поменьше. У меня это даже вошло в привычку.

Обычно все сходило Уинни, но один случай запомнится ему надолго. Как обычно, заметив невысокого парня, он, тихо подкравшись, швырнул его в воду. Не успел Черчилль насладиться приятным моментом, как жертва быстро вылезла из бассейна и не предвещающей ничего хорошего походкой направилась к своему обидчику. Уинстон захотел спастись бегством, но парень быстро нагнал его и, крепко обхватив, швырнул в самую глубокую часть бассейна. Выбравшись из воды на другой стороне водоема, Черчилль очутился в толпе своих одноклассников, которые только и говорили:

— Ну ты и влип! Ты хоть знаешь, чего натворил? Ты столкнул Эмери*, он учится в шестом классе. К тому

---

* Пройдут годы, и Черчилль вместе с Леопольдом Эмери будут плечом к плечу сражаться в англо-бурской войне, а также работать на протяжении многих лет в кабинете министров.

же он староста, великолепный спортсмен и лучший игрок футбольной команды.

Понимая, что он и вправду выбрал не самый удачный объект для шуток, Уинстон решил принести свои извинения:

— Прости меня, но я принял тебя за четвероклассника. Ты ведь такой маленький.

Увидев, что данная тирада не произвела должного впечатления, он тут же добавил:

— Мой отец — а он великий человек — тоже маленький.

Раздался всеобщий хохот, на этом инцидент и был исчерпан[65].

Не все выходки Уинстона заканчивались столь безобидно. Однажды несколько школьников затолкают его в постель и обольют сначала горячей, а потом холодной водой. Черчилля спасет учитель, проходивший мимо и решивший вмешаться в данный конфликт. Но даже спасенный, Уинстон своей «рокочущей» дикцией будет обличать обидчиков, поклявшись, что когда-нибудь всенепременно «будет великим, а они так и останутся никем»[66].

Ну и конечно же какой настоящий мальчишка без военной славы и подвигов. Так, когда в 1890 году лорд и леди Рандольф снимут загородный дом неподалеку от Ньюмаркета, Уинстон все свободное время потратит на постройку «берлоги» — небольшой крепости с тростниковой крышей, соломенным полом, неглубоким рвом и откидным мостом для входа. Для защиты крепости Черчилль также обзаведется тяжелой артиллерией — огромной деревянной катапультой, стрелявшей зелеными яблоками. Сегодня уже трудно сказать насколько эффективно было новое орудие в защите от непрошеных гостей, но однажды Уинстон все же умудрился попасть из него в безобидную корову.

В обустройстве «военной базы» Черчиллю помогали его младший брат, а также несколько кузенов, гостивших неподалеку. Один из участников этих событий, Шейн Лесли, вспоминает, что уже в те годы Черчилль проявил командирский характер. Объединив под своим началом нескольких ребят, Уинстон составит свой собственный «Военный кодекс», в котором будут только два правила: он бессменный генерал и ни о каких продвижениях по службе не может быть и речи[67].

Старое здание Хэрроу станет свидетелем не только первых литературных успехов и ребяческих проказ будущего премьер-министра, именно здесь он впервые заговорит о своем предназначении. Летом 1891 года между Черчиллем и его одноклассником Мюрландом Эвансом состоится следующий диалог.

— Ты собираешься пойти в армию? — спросит Мюрланд.

— Возможно, — ответит Уинстон.

— Может, ты собираешься сделать карьеру в политике? Пойти по стопам твоего знаменитого отца?

— Не знаю, по это более чем вероятно. Ты же знаешь, что я не боюсь выступать на публике.

— Похоже, ты не слишком-то и уверен в своих намерениях и желаниях, — не унимался Мюрланд.

— Зато я уверен в своем предназначении. Мне постоянно снятся об этом сны.

— Что ты имеешь в виду? — спросит удивленный Мюрланд.

— Я вижу огромные перемены, которые вскоре произойдут в нашем спокойном мире. Великие потрясения, ужасные битвы, война, масштабы которой ты не можешь себе и вообразить. И могу тебя уверить, что Лондон будет в опасности.

— Что ты такое говоришь, мы навсегда защищены от вторжения еще со времен Наполеона.

— Я вижу намного дальше тебя. Я смотрю в будущее. Наша страна подвергнется страшному нападению, какому именно сказать не могу, но я заранее предупреждаю тебя об этом нашествии. Говорю же тебе, я возглавлю оборону Лондона и спасу его и всю Англию от катастрофы.

— Так ты будешь генералом, возглавившим войска?

— Не знаю, будущее расплывчато, но главная цель видна ясно. Я повторяю, Лондон будет в опасности и я, занимая высокий пост, спасу нашу столицу, спасу нашу империю![68]

В Хэрроу перед Уинстоном встанет вопрос о выборе будущей профессии. В то время перед отпрыском знатных фамилий были открыты три двери — церковь, юриспруденция и армия. Карьеру бизнесмена даже никто не рассматривал, так как выходцы из аристократических семейств считали позорным посвящать свою жизнь торговле и финансам. Для карьеры юриста или священника необходимо было знание классических наук. В первую очередь это касалось латинского, который для Уинстона так и останется «мертвым» языком, и математики — «запутанной

Страны чудес», живущей по своим канонам и правилам.

Окончательный выбор был сделан летом 1889 года. Лорд Рандольф как раз зашел в детскую, где Уинни вместе со своим младшим братом Джеком разыгрывали военную баталию. Вооружение оловянной армии достигло к тому времени полутора тысяч боевых единиц. Британские солдатики под командованием Уинстона вели ожесточенные бои с вражеской армией под командованием Джека. Лорд Рандольф, наблюдавший около двадцати минут за происходящим сражением, в конце концов спросил своего старшего сына:

— Уинстон, а не хотел бы ты стать военным?

Только подумав о том, как это было бы замечательно командовать какой-нибудь армией, без промедления ответил:

— Да!

В течение многих лет Черчилль наивно полагал, что его отец сделал данное предложение на основе своей интуиции и жизненного опыта, но, как ему рассказали впоследствии, лорд Рандольф отлично понимал, что его сын просто не способен стать юристом[69].

В то время Черчилль был и вправду не против того, чтобы сделать карьеру на военном поприще. Он всегда проявлял интерес к военному делу, считая его «быстрой дорогой к продвижению и великолепным способом для персонального отличия»[70]. Однажды Уинстон признается своему другу:

— Я хочу стать политиком или солдатом[71].

Став первым, Черчилль так и останется в душе прожженным воякой.

Анализируя данную особенность великого человека, известный журналист Альфред Гардинер будет рассуждать:

— В течение всей своей жизни Уинстон постоянно играет роль — героическую роль, даже не отдавая себе в этом отчета. При этом он одновременно и актер, и зритель, изумленный своим собственным исполнением. Он видит себя мчащимся вперед сквозь дым сражения, торжествующим победу грозным воителем, взоры его легионеров устремлены на него и полны веры в победу. Его герои — Наполеон, Мальборо, Агамемнон. Он любит авантюру и сражение больше жизни, даже больше той идеи, ради которой сражается[72].

В детские годы Черчилль с превеликим удовольствием заставлял своего брата и кузенов маршировать на плацу, проводя с ними «строевые занятия». Став взрослым, несмотря на свою министерскую работу и выступления в палате общин, Уинстон не пропустит ни одного военного учения, на которое его будут приглашать. И не важно, выбирался ли для этих целей туманный Альбион: сборы английской армии в 1908 и 1910 годах — или континент: сборы немецких войск в 1906 и 1909 годах и французов в 1907 году.

В детские годы в его голове то и дело рождались фантазии о сражении на шпагах с французскими солдатами, об освобождении бедного короля Карла I и конечно же о защите любимой Британии от посягательств Наполеона Бонапарта. Неудивительно, что фехтование станет одним из любимых видов спорта семнадцатилетнего Уинстона. В марте 1892 года Черчилль попросит своего отца посетить чемпионат по фехтованию среди учащихся государственных школ, на котором он был одним из участников. Лорд Рандольф откажется, посчитав проходившие одновременно с данным чемпионатом лошадиные скачки в Аскоте куда важнее. Кстати, лошадь Рандольфа тогда проиграет, его же сын, напротив, займет первое место. Как вспоминает один из очевидцев, «своей победой Уинстон был обязан коротким и бесстрашным атакам, застававшим противников врасплох»[73].

В сентябре 1889 года Черчилля перевели в специальный армейский класс. Оставалось только определиться, куда поступать дальше — в Королевскую академию Вулвич, где готовили артиллеристов и военных инженеров, или в Королевскую военную академию Сэндхерст, специализирующуюся на подготовке пехотинцев и кавалеристов. Принимая во внимание скромные успехи Уинстона в алгебре и геометрии, выбор пал на Сэндхерст.

В июле 1892 года состоятся первые вступительные экзамены, оказавшиеся провальными для нашего героя. Проходной балл для кавалерии составит 6 457, для пехоты 6 654, Черчилль же наберет всего 5 100. Огорченный отец заметит в беседе с герцогиней Мальборо:

— Если Уинстон провалит и следующие экзамены, мне ничего не останется, как отдать его в бизнес к Ротшильду или Касселю[74].

В ноябре последует второй провал, но о нем Черчилль узнает, только придя в сознание после несчастного случая.

Одна из сестер Рандольфа — леди Уимборн предоставит своим племянникам комфортабельное поместье в Бурнмуте, чтобы они смогли в дружеской обстановке встретить предстоящее Рождество. Это поместье площадью пятьдесят акров располагалось в сосновом лесу, равномерно спускающемся к побережью Ла-Манша. Посередине лесного массива имелась глубокая расщелина с переброшенным через нее длинным мостом.

В один из дней восемнадцатилетний Черчилль, его четырнадцатилетний кузен и двенадцатилетний брат Джек решили сыграть в догонялки. Минут через двадцать после начала игры запыхавшийся Уинстон стал перебираться по мосту на другую сторону «ущелья». Оказавшись на середине, он вдруг с ужасом обнаружил, что попал в ловушку: с одной стороны ему путь преградил кузен, с другой — Джек.

Не желая сдаваться в плен, Уинстон едва не распрощается с жизнью. В его голове промелькнет «грандиозная» идея — спрыгнуть на одно из деревьев и, ухватившись за ствол руками, соскользнуть вниз, ломая по пути мелкие ветки и тормозя, таким образом, падение. «Я посмотрел на ели. Прикинул. Поразмыслил. Перелез через перила. Мои юные преследователи замерли, пораженные столь странными действиями. Нырять или не нырять — вот в чем вопрос! Через мгновенье я уже летел вниз, расставив руки, чтобы обхватить верхушку дерева. Хотя идея и была верна, но исходные предпосылки оказались совершенно ошибочны»[75].

Промахнувшись с первым деревом, Уинстон камнем упал вниз с десятиметровой высоты. Результат оказался удручающим — три дня в коме, три месяца в постели, разорванная почка и перелом бедра*.

Увидев лежащего без сознания Черчилля, Джек и его кузен помчались за помощью. Добравшись до дому, они с ужасом сообщили леди Рандольф:

— Уинни спрыгнул с моста и ничего нам не отвечает.

Захватив с собой на всякий случай бутылку бренди, Дженни устремится на помощь к своему сыну. Рандольф прервет свой отдых в Дублине и первым же курьерским поездом отправится к бедному Уинни.

Как и следовало ожидать, поступок Уинстона вызвал негативную реакцию в высшем свете. Так, друг и компаньон Рандольфа по скачкам лорд Данрэвен с иронией заметит:

— Мальчишки всегда остаются мальчишками, но я не вижу необходимости, чтобы они считали себя птицами или обезьянами[76].

Были и более едкие комментарии, касавшиеся, правда, не столько Уинстона, сколько его отца:

— Говорят, с сыном Рандольфа произошел несчастный случай.

— В самом деле?

— Играл в игру «Следуй за своим лидером».

— Что ж, сам Рандольф вряд ли таким образом попадет в беду, — шутили острословы Карлтон клуба[77].

---

* О последней травме Черчилль узнает лишь спустя 70 лет, когда после перелома ноги в 1962 году в Монте-Карло ему сделают рентген и с удивлением обнаружат признаки старого повреждения.

После провала на втором вступительном экзамене отец заберет Уинстона из Хэрроу. Покидая в декабре 1892 года свою альма-матер, Черчилль без особых сожалений расстанется с привычным укладом школьной жизни. Быстро собрав свои вещи, он в первом же кебе отправится на железнодорожную станцию, не оставшись даже на «прощальный завтрак».

Должны будут пройти годы, прежде чем отношение к Хэрроу изменится. Так, например, давая оценку политического небосклона Великобритании в 1930-х годах, Уинстон скажет:

— Все как обычно. Хэрроу гордится Эмери, Гортом и мной, Итон — капитаном Рэмси и королем Бельгии, а Винчестер — Освальдом Мосли*.

Со временем в мировоззрении Черчилля Хэрроу станет не просто учебным заведением, а превратится в хранителя британских традиций. Например, всегда высоко оценивая старые школьные песни, Уинстон будет замечать:

— Мне кажется, что эти песни являются самым большим сокровищем Хэрроу. В Итоне совершенно точно нет ничего подобного. У них в наличии только одна песня, да и то про греблю, которая хотя и является хорошим упражнением, но плохим спортом и еще худшим предметом, чтобы ей посвящали стихи[78].

С началом Второй мировой войны мнение о Хэрроу снова изменится. Осенью 1940 года, когда немец-

---

* Освальд Мосли (1896—1980) — основатель Британского союза фашистов. — *Примеч. авт.*

кая авиация плотной сетью окутает туманный Альбион, администрация школы откажется от эвакуации, вызвав восхищение у своего бывшего ученика. Глубоко тронутый данным поступком, Уинстон решит навестить бывшую школу, откуда он в такой спешке уехал сорок восемь лет назад. Начиная с 1940 года Черчилль станет почти ежегодно посещать Хэрроу, принимая непосредственное участие в песенных фестивалях.

Как правило, тексты песен оставались неизменны на протяжении многих десятилетий. Лишь только после каких-либо значимых событий добавлялись новые куплеты. В случае с Черчиллем традиционные куплеты дополнялись трижды.

Во время его первого (после 1892 года) визита 18 декабря 1940 года:

Nor less we praise in sterner* days
The Leader of our Nation
And CHURCHILL's name shall win acclaim
From each new generation.
While in this fight to guard the Right
Our country you defend, Sir.

* В первоначальном варианте первой строки стояло слово *darker* (темные), однако Уинстон попросил его заменить на *sterner* (суровые), заметив при этом: «Давайте не будем говорить о темных днях. Это не темные, это великие дни, в которых наша страна когда-либо жила. И мы должны благодарить Господа за то, что нам позволили сделать эти дни памятными в истории нашей нации». (Выступление в школе Хэрроу от 29 октября 1941 года. Цит. по Churchill W. S. «Winston Churchill's Speeches», p. 308.)

Here grim and gay we mean to stay,
And stick it to the end, Sir*.

В честь его восьмидесятилетия 30 ноября 1954 года:

Sixty years on — though in time growing older,
Younger at heart you return to the Hill:
You, who in days of defeat ever bolder,
Let us to Victory, serve Britain still**.

И в день его девяностолетнего юбилея 30 ноября 1964 года:

We who were born in the calm after thunder
Cherish our freedom to think and to do;
If in our turn we forgetfully wonder,
Yet we'll remember we owe it to you***.

---

* Не меньше мы хвалим в суровые дни
Лидера нашей нации
И имя Черчилля будем громко приветствовать
С каждым новым поколением.
Пока в этой битве за правое дело
Нашу страну защищаете Вы, сэр,
Здесь, веселые и непреклонные, мы собираемся
оставаться
И держаться до конца, сэр.

** Шестьдесят лет прошло — и хотя со временем став старше,
Сердцем моложе, Вы вернулись на этот холм:
Вы, кто в дни поражений оставались храбрым,
Вели нас к победе и продолжаете до сих пор служить
Британии.

*** Мы, кто рожден в тишине после бури,
Дорожим своей свободой мыслить и действовать;
И если нас охватят вдруг сомнения,
Мы не забудем, что обязаны этим Вам.

Но все это будет спустя годы. В 1892 же году перед Уинстоном откроются двери нового учебного заведения. Забрав своего старшего сына из Хэрроу, лорд Рандольф отправит его в Лексэм-Гарденс-Эрлскорт в Лондоне на курсы к капитану Вальтеру Генри Джеймсу, специализировавшемуся на натаскивании нерадивых учеников для поступления в Сэндхерст. Утверждали, что его муштра только «круглого идиота» не берет, ведь капитан Джеймс только отлично знал не все вопросы, которые могли быть заданы на вступительных экзаменах, но и великолепно разбирался во всех нюансах учебного процесса.

Уинстон произведет не слишком лестное впечатление на будущего наставника. В беседе с Рандольфом Вальтер заметит:

— Ваш сын слишком невнимателен и чрезмерно заносчив. К тому же он постоянно поучает своих преподавателей, заявляя им, что его познания в истории настолько обширны, что он не желает продолжать дальнейшую учебу в данной области[79].

Затем, сделав небольшую паузу, добавит:

— Мне даже не верится, что он и вправду прошел курс обучения в Хэрроу — скорее всего, он его просто обошел![80]

Если бы Уинстон оплошал и на этот раз, лорду Рандольфу ничего не оставалось бы, как отдать своего сына Натану Ротшильду. Страшно подумать, как могла измениться судьба Британии и всего мира, если бы Черчилль не сдал свой третий экзамен в Сэндхерст. К счастью, жесткий подход капитана Джеймса оказался эффективным, и 10 августа 1893 года Уинстон, выдержав вступительные экзамены и с третьей попытки, поступил в класс кавалерии. Чтобы стать пехотинцем ему не хватило 18 баллов. Уинстона опять подвела латынь, зато по истории он заслуженно занял первое место.

Уинстон был вне себя от счастья. Желая с каждым поделиться своей радостью, он не без гордости скажет директору Хэрроу мистеру Уэллдону:

— Сэр, рад Вам сообщить, что экзамены пройдены. Теперь я кавалерист!

— Я очень рад твоему успеху и глубоко убежден, что ты заслужил его. Теперь, я надеюсь, ты поймешь, что значит тяжелый труд, — поздравит Уэллдон своего уже теперь бывшего ученика[81].

Пройдут годы, и Черчилль, сделавший своим девизом фразу «Ни один человек не имеет право на лень»[82], станет воплощением тяжелого труда. Тогда же, в августе 1893 года, ему хотелось лишний раз доказать себе и отцу, на что он способен. Однако лорд Рандольф не оценит заслуг своего сына. Его реакция станет ушатом холодной воды для восемнадцатилетнего юноши.

— Я немало удивлен твоему ликованию и торжеству по поводу Сэндхерста. Существовало два пути поступления в академию — заслуживающий уважения и наоборот. Ты, к несчастью, выбрал второй вариант и, похоже, очень доволен этим.

— Но, папа...

— Первым постыдным моментом твоего поступления стало то, что ты не попал в класс пехотинцев. Во всем виноват твой небрежный стиль работы. Я еще ни от одного преподавателя не слышал, чтобы они положительно отзывались о твоей учебе.

— Я, я... — начнет было Уинстон.

— Я уверен, — резко прервет его отец, — если тебе не помешать вести жизнь праздную, бессмысленную и бесплодную, ты превратишься в обычного светского бездельника — одного из тех сотен незадачливых выпускников привилегированных школ, которыми кишит высший свет. Если это произойдет, то винить в своих бедах тебе придется только себя[83].

Трудно сказать, что вызвало столь негативный отклик со стороны лорда Рандольфа. Скорее всего, причина была в прогрессирующей болезни. В 1890-х годах отец Уинстона стал забывчивым, нервным и раздражительным. Во время одной из бесед со своей матерью, герцогиней Фрэнсис, Рандольф возмутится:

— Все результаты Уинстона, как в Хэрроу, так и в Итоне, доказывают его полную негодность и в качестве ученика, и в качестве сознательного труженика[84].

И это притом что его сын никогда не учился в Итоне.

Не последнюю роль в столь негативной оценке сыграла и личная обида. Черчилль-старший уже успел договориться об устройстве Уинстона в элитный 60-й стрелковый полк, обратившись за помощью к самому герцогу Кэмбриджскому, первому кузену королевы Виктории и в течение сорока лет бессменному главнокомандующему Британской армией. Теперь же ему следовало ретироваться, признав, что его сын недостаточно умен для пехотинца. К тому же он никак не рассчитывал на лишние траты. Согласно правилам того времени, курсанты военных учебных заведений должны были сами оплачивать свое обмундирование. При этом учеба на кавалериста обходилась гораздо дороже, нежели на пехотинца. Что и неудивительно, ведь помимо мундира и оружия также приходилось содержать грума, двух строевых лошадей, одного или двух гунтеров (охотничьих лошадей), а также обязательный набор лошадей для игры в поло.

Обращает на себя внимание суровость, с которой готовили будущий свет британской армии. Подъем в шесть утра, через сорок пять минут первые занятия, продолжавшиеся с небольшими перерывами на ланч и обед до четырех часов дня. Затем у курсантов было свободное время — они могли заняться спортом, чтением или просто погулять по живописным окрестностям. Отбой приходился, как правило, на одиннадцать часов вечера. Главными предметами были приобретение теоретических навыков по картографии, тактике, фортификации, военной администрации, полковому счетоводству, освоению стрелкового и артиллерийского вооружения, а также юриспруденция. Не последнее место занимали физические упражнения в гимнастическом зале, стрельба, копание окопов, строевая подготовка, марширование и верховая езда.

Черчилль приступил к занятиям 1 сентября 1893 года. Несмотря на столь напряженный график, учеба в Сэндхерсте ему нравилась. Он находил ее «в высшей степени практически направленной»[85]. Уинстон любил стрельбу, испытывал особый интерес к фортификации и тактическим учениям, а также был увлечен военным хозяйствованием. Через мистера Бейна, снабжавшего книгами лорда Рандольфа, он закажет себе «Военные операции» Хэмли, «Заметки о пехоте, кавалерии и артиллерии» Крафта, «Огневую тактику пехоты» Мейна, а также целый ряд других исторических работ, связанных с Гражданской войной в США, франко-немецкой и русско-турецкой войнами. Таким образом, к концу обучения у него соберется небольшая библиотека по целому ряду базовых военных дисциплин.

Настал момент, когда и учеба в Сэндхерсте подходила к концу. Последние выпускные экзамены были сданы в декабре 1894 года. Черчилль закончил военную академию вполне успешно, став двадцатым из ста тридцати выпускников. 20 февраля 1895 года Уинстон получил звание младшего лейтенанта и был зачислен в элитный 4-й гусарский полк Ее Величества.

Новый, 1895 год станет определяющим в жизни Черчилля. 24 января, не дожив трех недель до своего сорок шестого дня рождения, скончается его отец. Как заметит близко его знавший лорд Розбери:

— Не было никакого финального занавеса, ни достойного ухода в отставку. Отец Уинстона умирал публично, дюйм за дюймом[86].

Последний период в жизни лорда Рандольфа станет особенно тяжелым. Его выступления в парламенте, прежде яркие и выразительные, превратились теперь в тяжелое испытание как для самого оратора, так и для его публики. Перед слушателями стоял высохший, сгорбившийся старик, который, судорожно сжимая подготовленные заметки, постоянно запинался, замолкал, снова начинал что-то бормотать, потом опять останавливался, мучительно вспоминая, о чем он сейчас говорил. Уже спустя годы, описывая состояние своего отца, Уинстон с дрожью в голосе будет вспоминать:

— Трудно было себе даже представить, что этот лысый и бородатый человек с трясущимися руками и бледным лицом, сморщенным от боли лбом и дрожащим голосом был тем самым дерзким лидером, который неодолимо двигался к власти сквозь шторма и бури 1886 года[87].

Летом 1894 года лорд Рандольф решит отправиться со своей женой в кругосветное путешествие. Не стоит и говорить, что это было не самое лучшее решение, учитывая его физическое состояние. Но Дженни ничего не боялась. Рандольф нуждался в ней, как никогда прежде, и ни одна сила в мире не могла ее остановить.

27 июня супруги Черчилль отплыли на корабле «Мажестик» в родной город матери Уинстона — Нью-Йорк. Поступок Дженни произвел огромное впечатление на высший свет. Ее сестра Леони восторженно вспоминает:

— Никто, кроме Дженни, не согласился бы отправиться с ним в кругосветное путешествие. Но она никогда ничего не боялась. Так, однажды в каюте, когда Рандольф достал откуда-то заряженный револьвер и принялся ей угрожать, она без колебаний выхватила из его рук оружие, а самого толкнула на кровать. Дженни — одна из самых храбрых женщин, которых я знаю[88].

Это путешествие и вправду было не из легких. Описывая данную поездку, Уинстон напишет в биографии лорда Рандольфа: «Свет его разума становился день ото дня все тусклее и туманнее. Его физические силы оставались в норме до Бирмы, когда же они покинули ее, перемена в состоянии была настолько неожиданна, насколько и фатальна. Путешествие было прервано, и в последние дни 1894 года Рандольф достиг Англии, слабый и беспомощный умом и телом, словно дитя»[89].

В следующем месяце отец Уинстона скончается. Узнав о его смерти, племянник Дженни Шейн Лесли воскликнет:

— Крушение аэроплана всегда оставляет более жуткое впечатление, нежели перевернувшийся на улице дилижанс. Рандольф упал с метеоритных высот[90].

Уинстон был потрясен еще больше:

— Все мои мечты о совместной деятельности с ним, о вступлении в парламент на его стороне и с его поддержкой растаяли словно дым. Теперь мне оставалось лишь следовать его целям и отстаивать его память[91].

В 1906 году Черчилль напишет двухтомную биографию своего отца, еще больше канонизировав его образ. Однако не эта работа (между прочим, одна из лучших в его раннем творчестве) покажет нам истинный характер взаимоотношений между отцом и сыном. Должно будет пройти сорок лет, прежде чем Уинстон признается в своих чувствах.

Разбирая в 1960-х годах архив отца, сын Уинстона Рандольф найдет в его бумагах интересный документ под грифом «Частная статья». Данный текст, представляющий по своей сути вымышленный рассказ, написанный Черчиллем в 1947 году, проливает новый свет на психологические особенности его взаимоотношений с лордом Рандольфом.

Краткое содержание этого произведения, получившего впоследствии название «Сон», выглядит следующим образом. В один из зимних вечером 1947 года Уинстон решит сделать в художественной студии в Чартвелле копию с портрета своего отца. Только он попытается перенести на холст завиток усов лорда Рандольфа, как все его тело неожиданно содрогнется, словно по нему пробежал необычный импульс. Обернувшись, Уинстон увидит в стоящем напротив кожаном красном кресле фигуру отца.

Дальше между ними состоится диалог, фактически и определивший основное развитие сюжета. Рандольф начнет расспрашивать своего сына о том времени, в котором он очутился. После общих вопросов — какой сейчас год, продолжают ли существовать монархия, бега и закрытые клубы — они плавно перейдут к политике. Уинстон поведает своему отцу о власти лейбористов, национализации угольной и железнодорожной промышленности и назначении женщин на министерские должности. Затем он поделится своими впечатлениями о глобальных переменах:

— Пап, добившись демократии, мы не имеем ничего, кроме войн. Англо-бурская, Первая мировая, Вторая мировая...

Главной же темой, косвенно просматривающейся практически в каждом слове диалога, становятся взаимоотношения между отцом и сыном, который сознательно умалчивает обо всех своих успехах и достижениях.

Кульминации рассказ достигает в заключительных словах лорда Рандольфа, которые словно в зеркале отразили весь спектр эмоций, испытываемых Уинстоном в отношении отца — от глубокого почитания до желания быть значимым в его глазах.

— Уинстон, ты мне поведал ужасные вещи. Я бы никогда не поверил, что такое возможно. Я рад, что не дожил до этого времени. Пока я слушал твой рассказ, мне показалось, что ты неплохо разбираешься в этих вопросах. Я никогда не думал, что ты пойдешь так далеко. Конечно, сейчас ты уже слишком стар, чтобы рассуждать о подобных вещах. И почему ты только не пошел в политику? Ты бы смог принести нам много пользы и даже сделать себе имя.

Сказав это, лорд Рандольф поднес спичку к своей сигарете, появилась яркая вспышка, и его образ исчез[92].

До недавнего времени большинство историков сходились во мнении, что лорд Рандольф умер от сифилиса. Этой же точки зрения придерживался и сам Уинстон. В конце 1990-х годов американским доктором Джоном Мазером на основе большого количества архивных материалов и медицинских записей лечащих врачей был проведен подробный анализ истории болезни лорда Рандольфа. В ходе данного исследования было установлено, что предполагаемая причина смерти отца Уинстона заключалась в левосторонней опухоли мозга, неоперабельной, если учесть возможности медицинской науки того времени[93].

Спустя всего два с половиной месяца после смерти лорда Рандольфа, 2 апреля, скончалась бабушка Уинстона по материнской линии мисс Леонард Джером. Через три месяца произошла еще одна трагедия: 3 июля от острого перитонита умерла любимая няня мисс Эверест, о которой Уинстон скажет, что это был «самый дорогой и самый близкий друг в первые двадцать лет моей жизни»[94]. Об ее тяжелом состоянии Черчиллю сообщили лишь за сутки. Он тут же примчался к постели умирающей и нанял для ухода за ней сиделку. Но было уже поздно. Успев попрощаться со своим любимым Уинни, она впала в кому и, не приходя в сознание, скончалась на следующее утро. Черчилль организовал ее похороны, заказал два венка — от себя и леди Рандольф, а также воздвиг на собственные средства надгробную плиту. Своей матери он скажет:

— Распалось еще одно звено, связывающее нас с прошлым[95].

Потеряв трех близких людей и закончив военную академию, Уинстон вступил во взрослую жизнь.

Глава II.

СИЛА СУДЬБЫ

Солдат удачи

С поступлением в 4-й гусарский полк Ее Величества в жизни Черчилля начнется новый этап. Впереди его будут ждать смертельные опасности и легкие ранения, нелепое пленение и дерзкий побег, военная слава и литературный дебют. Главным же станет ощущение жизни во всем ее многообразии и великолепии: «Вспоминая те времена, я не могу не поблагодарить Высшие силы за то, что они дали мне жизнь. Все дни были хороши, и каждый следующий лучше предыдущего. Взлеты и падения, опасности и путешествия, постоянное чувство движения и иллюзия надежды. Вперед, молодые люди всей земли! Вы не должны терять ни минуты. Займите свое место на передовой по имени жизнь. С двадцати до двадцати пяти — вот это годы! Не соглашайтесь с положением вещей. Поднимайте великие стяги и атакуйте орды врагов, постоянно собирающиеся против человечества. Победа достанется лишь тем, кто осмелится вступить в бой. Не принимайте отказ, не отступайте перед неудачей, не обманывайте себя личным успехом и пустым признанием. Земля создана, чтобы быть завоеванной молодостью. Лишь покоренная она продолжает свое существование»[96].

Примечательно, что Уинстон напишет эти строки, находясь на рубеже эпох в своей политической карьере: позади — четверть века министерских должностей, включая пятилетний период в Министерстве финансов, впереди — десять «пустынных» лет забвения и звездный час Второй мировой. Но это все будет в XX веке, а в XIX столетии двадцатилетний лейтенант Черчилль готовил себя к завоеванию мира. И на это у него были все основания.

В то время жизнь в британской армии имела определенную цикличность. Семимесячный летний период, наполненный тренировками и различного рода маневрами, чередовался с пятимесячным периодом отдыха. Зная, что на будущий год 4-й гусарский полк переедет в Индию, а там про военную славу придется забыть и вовсе, Черчилль принялся искать место для применения своей безграничной энергии. Его выбор остановился на Кубе, раздираемой партизанской войной между кубинскими повстанцами и испанскими колонизаторами.

Отлично понимая, чем могла обернуться подобная жажда приключений, леди Рандольф смотрела куда менее оптимистично на излишнюю активность своего сына. Однажды Уинстон ей самоуверенно скажет:

— Я решил ехать!

Она строгим голосом ему ответит:

— Вместо «я решил» гораздо благоразумнее было бы сначала посоветоваться со мной. Хотя, возможно, со временем опыт научит тебя такту, одной из важнейших составляющих в нашей жизни[97].

Последнее, похоже, меньше всего волновало двадцатилетнего Черчилля. Впереди его ждал Новый Свет.

По пути на Кубу Уинстон посетит США. Делясь своими впечатлениями с братом, он скажет:

— Джек, Америка — великая страна, где практичность ставится во главу угла, заменяя американцам романтику и внешнюю привлекательность. Они больше напоминают огромного здоровяка, презирающего твои сокровенные чувства, возраст и традиции, но при этом с таким непосредственным добродушием решающего свои дела, что им могут позавидовать более старые нации[98].

Пройдет пять лет, и Уинстон, избранный к тому времени в палату общин, снова поедет в США с лекционным туром. Представлять его перед американской аудиторией будет не кто иной, как Марк Твен. В своей приветственной речи он произнесет:

— Уинстон Черчилль — американец по матери и англичанин по отцу. Разумеется, такое сочетание не могло не произвести на свет удивительного человека. И если до недавнего времени наши страны, совместно участвующие в войнах, были родственны в грехе, то теперь мы объединились и в добродетели[99].

Несмотря на разницу в возрасте и мировоззрении, у Черчилля сложатся хорошие отношения с американским классиком. Твен подарит своему новому другу 25-томное собрание сочинений, подписав на каждом томе: «Быть добродетельным — благородно. Учить же других быть добродетельными — еще благороднее и гораздо менее хлопотно»[100].

В отличие от США, которые произвели на молодого гусара огромное впечатление, Остров свободы оставил его равнодушным. Черчилль грезил о масштабных сражениях, кубинцы же о партизанской войне. В течение нескольких дней Уинстон в составе мобильного отряда под командованием генерала Вальдеза бесцельно бродил по местным лесам, ища повстанцев. 30 ноября 1895 года, в день, когда Уинстону исполнился 21 год, их корпус попал в засаду. В ходе перестрелки одна из пуль попала в стоящую рядом с Черчиллем лошадь. Остановив свой взгляд на убитом животном, Уинстон подумал: «А ведь пуле не хватило всего лишь трех десятков сантиметров, чтобы долететь до моей головы»[101]. Война оказалась гораздо серьезнее, чем предполагал молодой выпускник Сэндхерста.

Отбившись от партизан, отряд Вальдеза продолжил свой путь. Ночью на них снова нападут кубинцы. Проснувшись от выстрелов, Уинстон с удивлением обнаружит, что одна из пуль застряла в его шляпе, прикрывавшей лицо во время сна. Снова чудом избежав гибели, Черчилль подумает, что для большей безопасности нужно вылезти из гамака и продолжить сон на земле. Заметив же, что между ним и линией огня спит очень толстый офицер, полностью закрывавший его от пуль, он решит не совершать лишних телодвижений и останется мирно лежать на своем прежнем месте. На следующий день корпус, к которому был приписан Черчилль, присоединится к основным силам, фактически ознаменовав конец приключений[102].

Уже во время своей первой кампании Уинстон проявит чудеса самообладания, отмеченные как его сослуживцами, так и официальными властями — за проявленную храбрость ему будет пожалована почетная испанская награда Cruz Rosa — Красный крест. Подобное поведение станет весьма характерным для Черчилля. И совершенно не важно, будет ли идти речь о сражениях на северо-западной границе в Индии или в раскаленных песках Омдурмана, в окопах Первой мировой или в кожаном кресле премьер-министра во время Битвы за Англию, — его бесстрашие всегда останется неизменным.

Для большинства подобная смелость казалась врожденной, однако это было не так. Уинстон никогда не был суперменом. Однажды, когда его в детстве забросали мячами из-под крикета, он в страхе убежал от своих обидчиков, спрятавшись за огромным деревом. Воспоминание о данном эпизоде будет тяготить Черчилля в течение многих лет. Он решит больше никогда не давать себе слабину, каждый раз побеждая собственный страх. Об этом очень точно написал Ф. М. Достоевский в своем гениальном романе «Бесы»: «Я, пожалуй, сравнил бы его с иными прошедшими господами, о которых уцелели теперь в нашем обществе некоторые легендарные воспоминания. Сомнения нет, что эти легендарные господа способны были ощущать — и даже, может быть, в сильной степени — чувство страха, иначе были бы гораздо спокойнее и ощущение опасности не обратили бы в потребность своей природы. Но побеждать в себе трусость — вот что, разумеется, их прельщало. Беспрерывное упоение победой и сознание, что нет над тобой победителя, — вот что их увлекало»[103].

В течение многих лет хорошо знавший Уинстона Брендан Брекен признавался:

— Он так безукоризненно управлял своим страхом, что многие верили в его бесстрашие. На самом деле он всегда был полон сомнений и фобий. Но, в отличие от других, он умел их контролировать[104].

Все это будет потом, в 1896 же году неудовлетворенный характером партизанской войны Уинстон вернулся в свой полк, полным ходом готовившийся к отплытию в Индию. Активность, проявленная молодым лейтенантом вызвала неодобрительный отзыв в британской прессе. В одном из своих номеров «Newcastle Leader» писала: «Все предполагали, что мистер Черчилль отправился на отдых в Западную Индию. Провести же свой отпуск в битвах и сражениях чужих войн — немного экстраординарное поведение, даже для него»[105].

Пока журналисты упражнялись в остроумии, а солдаты собирали вещи, Черчилль стал выходить в свет, используя свободное время для налаживания старых и создания новых связей. Уинстон без особого энтузиазма смотрел на предстоящее путешествие. Отправиться с «неудачным» полком в Индию было для него «крайне непривлекательным». Черчилль негодовал, что вся его служба ограничится армейскими бараками, турнирами по поло и учебными стрельбищами. Своей матери он признается:

— Ты и представить себе не можешь, насколько невыносим для меня подобный образ жизни[106].

11 сентября 1896 года 4-й гусарский полк покинул Саунтгемптонский порт и на борту парохода «Брита-

ния» отплыл в Индию. После трех недель утомительного путешествия 1 октября они достигли индийского города Бомбей, откуда отправились в 36-часовой переход до конечной точки своего назначения, небольшого городка Бангалор. Во время высадки в Бомбее Уинстон так торопился сойти на берег, что вывихнул себе плечо.

Эта травма, встреченная сначала «крепким словцом», спустя два года спасет ему жизнь, когда во время кавалерийской атаки под Омдурманом лейтенант Черчилль вместо положенной сабли будет пользоваться десятизарядным маузером. Рассуждая о превратностях судьбы, Уинстон напишет: «Вряд ли в наших силах предсказать, когда за провалом скрывается успех. Не будем же забывать, что каждое наше несчастье может спасти нас от чего-то более ужасного, а каждый промах и просчет окажет в будущем бо́льшую помощь, чем хорошо продуманное решение»[107].

Как Черчилль и предполагал, пребывание в Бангалоре было не слишком утомительным и достаточно комфортабельным. Уинстон поселился в «прекрасном бело-розовом дворце посреди цветущего розового сада»[108]. Для содержания дома ему также полагались дворецкий, лакей, грум, садовник, сторож и водонос. Кому-то жизнь в Индии могла показаться райским наслаждением, но только не Черчиллю. Спустя всего месяц он напишет своей матери, что «жизнь здесь просто до отупения скучна, а все наслаждения далеко выходят за рамки норм, принятых в Англии»[109].

Чтобы хоть как-то разнообразить свободное время, Уинстон погружается в чтение. В Бангалоре он штудирует восьмитомную «Историю упадка и разрушения Римской империи» Гиббона, двенадцатитомную «Славную революцию» Маколея, «Республику» Платона и «Богатство народов» Адама Смита, «Конституционную историю Англии» Генри Хэллама и «Письма к провинциалу» Блеза Паскаля. Постепенно список книг расширяется, он внимательно читает сочинения Шопенгауэра, Дарвина, Сен-Симона, Аристотеля и Рошфора. Леди Рандольф также присылает ему ежегодные журнальные обзоры общественной жизни Туманного Альбиона за последние 100 лет.

Мирное существование окажется для Черчилля намного опасне, нежели пребывание на фронте. В декабре 1896 года Уинстон повредит колено. В марте, свалившись с пони, сильно ушибет руку. В апреле попадет под неожиданный обстрел. Пуля, ударившись о стальную мишень, разорвется и рикошетом отлетит в сторону Черчилля, задев одним из осколков его руку*.

Чтобы окончательно не пострадать от мирной жизни, будущий премьер-министр решит снова попытать счастье на войне. Летом 1897 года он возьмет отпуск и

---

* Опасности мирной жизни будут преследовать Уинстона и позже. То он неудачно упадет с лошади в Англии, то попадет под автомобиль в Америке. Однажды Черчилль чудом избежит гибели от руки собственного телохранителя Вальтера Томпсона. Во время их путешествия на поезде в Вашингтон Вальтер решит прочистить свое оружие, которое случайно выстрелит. Пуля, насквозь пробив стену, попадет в купе Уинстона. К счастью, на тот момент его не окажется на месте. — *Примеч. авт.*

отправится в Лондон, где примет участие в торжествах по случаю юбилея королевы Виктории. Из лондонских газет Уинстон узнает, что на северо-западной границе Индии начинается мощное восстание племен патанов, бунервалов и мохмандов. Для подавления восстания формируется Малакандская действующая армия под командованием генерала сэра Биндона Блада. С последним Черчилль уже имел честь встречаться и заблаговременно забронировал себе место в предстоящей военной кампании. Узнав о восстании, он поспешил напомнить Бладу о его обещании. Ответ генерала был по-военному краток — «Очень сложно. Мест нет. Беру корреспондентом. Постараюсь все устроить. Б. Б.»[110].

Одухотворенный предстоящим сражением, Уинстон скажет своей матери:

— Я верю в свою звезду, верю в свое предназначение здесь. Даже если я ошибаюсь, что из того! Я намерен сыграть эту игру до конца, и если я проиграю, значит, мне не светило выиграть и все остальное[111].

По ходу путешествия в Индию он договорится с местной газетой «Pioneer» о публикации военных обзоров с «горячей точки». Одновременно с «Pioneer» леди Рандольф также организует публикацию писем сына в газете «Daily Telegraph».

Добравшись до фронта, Черчилль с удивлением обнаружит, что ситуация оказалась гораздо серьезнее, чем он предполагал. В своей первой книге, повествующей о Малакандской полевой армии, он напишет: «По всей афганской границе каждый дом превратился в крепость, каждая деревня — в фортификацию. Каждый житель с самых ранних лет, когда он уже достаточно силен, чтобы бросить камень и до последнего вздоха, пока у него есть силы нажать на курок, превратился в солдата»[112].

Будущий премьер-министр войдет в состав бригады под командованием генерала Джеффриза. Согласно приказу сэра Биндона Блада ранним утром 16 сентября 1897 года отряд Джеффриза выйдет из своего укрепления и направится в сторону Мамундской долины, расположенной в устье реки Вателай. Достигнув означенного места, силы англичан рассредоточатся: 35-й Сикхский полк двинется к коническому холму, а кавалерия останется внизу, продолжая контролировать долину и поддерживать связь с основными силами.

Уинстон решит присоединиться к сикхам. Отдав свою лошадь, он отправится вместе с пехотой вверх по склону холма. Взобравшись на вершину, отряд с Черчиллем подвергнется нападению. Из различных укрытий станут выбегать мохманды, послышатся военные кличи, засверкают сабли. Схватив ружье, Уинстон примется отстреливаться. Делясь впоследствии своими впечатлениями с леди Рандольф, он будет вспоминать:

— Я ничуть не волновался и почти не испытывал страха. Когда дело доходит до смертельной опасности, волнение отступает само собой. Я подхватил ружье, которое выпало из рук какого-то раненого солдата, и выстрелил раз сорок. Не могу утверждать точно, но мне кажется, что я попал в четырех человек. По крайне мере, они упали[113].

Вспоминая же про оружейный обстрел, Уинстон заявит:

— Пули, да они даже не достойны упоминания. Я не верю, что Господь создал столь великую личность, как я, для столь прозаичного конца[114].

В течение следующих двух недель Черчилль примет участие в сражениях при Домадоле, Загайи и Агре. Причем последние дни станут самыми опасными, особенно после того, как один из сослуживцев чуть не застрелит его, совершенно забыв про заряженный револьвер[115].

Как и следовало ожидать, действия Уинстона произведут благоприятное впечатление на старших по званию. В официальный отчет о проделанной экспедиции будет вписано: «Генерал Джеффриз похвалил смелость и решительность лейтенанта 4-го гусарского полка У. Л. С. Черчилля за оказание полезной помощи в критический момент сражения». Кроме того, за участие в Малакандской кампании Уинстона наградят медалью Индии, а также значком «Пенджабский фронтовик»[116].

Военная слава и первые медали не скроют от Черчилля всех ужасов колониальной войны. В письме к своей бабушке, герцогине Мальборо, Уинстон напишет: «Я часто задаю себе вопрос — имеют ли британцы хоть малейшее представление о том, какую войну мы здесь ведем? Само слово „пощада" давно забыто. Туземцы жестоко пытают раненых и безжалостно уродуют тела убитых солдат. Наши солдаты также не щадят никого, будь то невредимый или раненый»[117]. Своему сослуживцу Реджинальду Барнсу он признается, какое неизгладимое впечатление произвели на него действия пехотинцев Сикхского полка, когда они бросили раненого туземца в печь для мусора, где тот сгорел заживо[118].

После расформирования Малакандской армии Уинстон был вынужден снова вернуться в тихий Бангалор, где даже дожди служили развлечением. Единственное, что его утешало, так это новые слухи о якобы готовящемся военном походе в Судан. Шутка ли, вторая египетская экспедиция — спустя сто лет после первой! Этого Черчилль никак не мог пропустить. Оставалось только в очередной раз выехать из провинциального Бангалора и попасть в состав вооруженных сил, расположенных в Северной Африке.

Приступив к осуществлению задуманного, Уинстон столкнется с враждебным к себе отношением. Многим был не по душе «культ энергии и славы», исповедуемый молодым лейтенантом. За его спиной все чаще стало раздаваться:

— Да кто такой этот малый? Почему он принимает участие во всех военных кампаниях, совмещая журналистику и службу в армии? С какого рожна генералы должны к нему хорошо относиться и вообще как он умудряется получать столько отпусков в своем полку? Вы посмотрите на большинство — они только и делают, что работают, работают да работают, а в результате даже на дюйм не сдвинулись в своих желаниях и целях. Нет, это уж слишком. Может, он и добьется успеха, но сейчас младший офицер Черчилль должен познать всю рутинность и монотонность военной жизни!

Были и куда более откровенные высказывания. Уинстона в лицо называли «саморекламщиком», «охотником за медалями», «искателем славы» и т. д. и т. п.[119] Главным же было то, что подобное, мягко говоря, неблагоприятное отношение, испытывал к нему не кто-нибудь, а сам главнокомандующий египетскими войсками генерал Герберт Китченер. Поэтому неудивительно, что на заявку Уинстона об участии в новой экспедиции ему было отказано. Для кого-то это могло прозвучать как приговор, но только не для Черчилля. Он спокойно взял очередной отпуск и 18 июня 1898 года отплыл из Бомбея в Лондон.

Прибыв 2 июля в столицу, Уинстон начинает задействовать все имеющиеся в его распоряжении ресурсы. Сначала он обращается за помощью к своей матери:

— Я знаю, ты со своим влиянием в обществе сможешь мне помочь. Сегодня век напористых и пробивных, и мы просто обязаны быть самыми находчивыми и предприимчивыми[120].

Леди Рандольф использует все свое очарование, чтобы в личной беседе с генералом Китченером склонить последнего на их сторону. Но сирдар остается непреклонным.

Получив отказ во второй раз, Уинстон обращается за помощью к премьер-министру лорду Солсбери. Но даже он окажется бессильным. На просьбу первого министра королевы Китченер ответит с вежливостью дипломата и твердостью генерала:

— Сэр, к моему глубокому сожалению, все места уже заняты. Но даже если что-то и появится, я подыщу другую кандидатуру.

Нужно было обладать самоуверенностью Черчилля, чтобы и на отказ премьер-министра не опустить руки и продолжить борьбу. Непоколебимый в своей решимости принять участие в суданской кампании, Уинстон обращается к близкому другу своего отца, генерал-адъютанту сэру Ивлину Вуду.

Сохранилось письмо, где Вуд упоминает о предстоящей помощи:

ДОРОГАЯ ДЖЕННИ*!

СИРДАР ОТКАЗАЛСЯ ВЗЯТЬ МИСТЕРА ЧЕРЧИЛЛЯ К СЕБЕ. Я ПИШУ, ЧТОБЫ УВЕРИТЬ ТЕБЯ, МЫ ПРИМЕМ ЗНАЧИТЕЛЬНЫЕ МЕРЫ В ДАННОМ ВОПРОСЕ. Я ПОЗВОНЮ ТЕБЕ ЗАВТРА ПОСЛЕ СВОЕЙ ВЕЛОСИПЕДНОЙ ПРОГУЛКИ В 9 ИЛИ 10 ЧАСОВ.

ТВОЙ ЛЮБЯЩИЙ, ИВЛИН ВУД[121].

Что же это были за «значительные меры», которые смогли бы повлиять на зачисление Уинстона в состав суданской экспедиции? Дело все в том, что генерал Китченер отвечал только за командование египетскими войсками. Принимая во внимание масштабность предстоящей кампании, на помощь египтянам также были высланы британские экспедиционные войска. Последние подчинялись Военному министерству и находились вне сферы влияния сирдара. Именно это противоречие между Киченером и военным ведомством и предложил использовать сэр Ивлин Вуд.

«Значительные меры» оказались успешными. Спустя всего две недели Черчилль был приписан к 21-му

---

* Немного фамильярное обращение, учитывая нормы того времени.

уланскому полку, в котором как раз незадолго до этого скончался один из младших офицеров.

Из Военного министерства Уинстон также получил официальную бумагу, в которой значилось:

> «ВЫ ПРИПИСАНЫ СВЕРХШТАТНЫМ ЛЕЙТЕНАНТОМ В 21-Й УЛАНСКИЙ ПОЛК, ПРИНИМАЮЩИЙ УЧАСТИЕ В СУДАНСКОЙ КАМПАНИИ. СЕЙЧАС ВЫ ДОЛЖНЫ ОТПРАВИТЬСЯ В КАИР И ОТРАПОРТОВАТЬ О СВОЕМ НАЗНАЧЕНИИ КОМАНДИРУ ПОЛКА. ВЫ ДОЛЖНЫ ПОНИМАТЬ, ЧТО ВСЕ РАСХОДЫ НА ПРЕДСТОЯЩУЮ ОПЕРАЦИЮ ОПЛАЧИВАЮТСЯ ИЗ ВАШИХ ЛИЧНЫХ СРЕДСТВ И В СЛУЧАЕ ВАШЕГО РАНЕНИЯ ИЛИ СМЕРТИ НЕ ПОСЛЕДУЕТ НИКАКИХ ОБРАЩЕНИЙ К ДЕНЕЖНЫМ СРЕДСТВАМ БРИТАНСКОЙ АРМИИ»[122].

Позже Черчилль признается одному из своих друзей:

— Мне потребовалось немало усилий, чтобы принять участие в данной экспедиции. И если бы не смерть офицера, я бы вряд ли преуспел[123].

На самом деле кончина сослуживца была хотя и необходимым, но далеко не достаточным фактором. Связи также сыграли свою не менее значимую роль.

2 августа 1898 года Черчилль прибыл в 21-й уланский полк, расквартированный в Каире. На следующий день они отправились в далекий 2 240-километровый переход на юг в сторону столицы дервишей Омдурман. Делясь своими мыслями по поводу кампании, Уинстон напишет леди Рандольф: «Дней через десять начнется масштабное сражение, одно из самых суровых за последнее время. Меня даже могут убить, хотя я в это не верю. Я больше чем когда-либо убежден в своей неуязвимости»[124].

Предчувствия не обманут Черчилля ни в отношении предстоящей битвы, ни в отношении собственной неуязвимости. 2 сентября в раскаленных песках сойдутся две огромные силы — восьмитысячная армия англичан и восемнадцатитысячная армия египтян против шестидесятитысячной армии дервишей, которые, сделав ставку на численный перевес, выступят восьмикилометровым фронтом, пытаясь взять противника в кольцо. В распоряжении англичан будут восемьдесят пушек, пятьдесят пулеметов «максим» и прикрытие канонерскими лодками с Нила.

Взобравшись на один из холмов, Черчилль увидит под собой армию противника. Дервиши издадут боевой клич, жутким ревом долетевший до ушей Уинстона. В его голове промелькнет: «Боже мой! Я стал свидетелем того же, что видели крестоносцы много веков назад»[125]. Битва началась.

В ходе сражения Китченер решит бросить 21-й уланский полк в лобовую атаку на Омдурман. В ответ халиф Абдулла отправит на защиту своей столицы четыре полка. Совершенно не ведая, что численность противника возросла, 21-й уланский полк перейдет в наступление*.

Сначала в поле их зрения будет лишь сотня дервишей, медленно отступавших к обстрелянной канонер-

---

* Данная атака, ставшая последней в истории британской кавалерии, будет настолько же бесполезной, насколько и запоминающейся. Из 310 кавалеристов пострадает каждый четвертый. Для сравнения: в ходе всего сражения при Омдурмане со стороны англо-египетских войск пострадало около 480 человек. — *Примеч. авт.*

скими лодками столице. Но вдруг неожиданно, словно восстав из земли, пред ними появятся подоспевшие войска халифа.

Британские эскадроны с криком врежутся в бесчисленные ряды противника. От сильного удара многие из всадников вместе с конями рухнут на землю. Завяжется кровавая бойня.

Оказавшись в самом центре событий, Черчилль вспоминает:

— Дервиши сражались самоотверженно — резали лошадям жилки, рубили поводья и стремянные ремни. Они расстреливали наших солдат в упор, закидывали острыми копьями, выпавших из седла безжалостно рубили мечами, пока те не переставали подавать признаков жизни[126].

Вторгшись в ряды противника, Уинстон столкнется с двумя дервишами. Словно не обращая никакого внимания на царивший вокруг хаос, Черчилль вскинет свой десятизарядный маузер и примется отстреливаться. Позже он будет утверждать, что умудрился убить «трех определенно и двоих вероятнее всего». Учитывая, что всего в ходе данной атаки погибло 23 дервиша, Уинстон мог немного приукрасить свои результаты. Хотя это вряд ли меняет общую картину с мужественно сражающимся потомком герцога Мальборо на первом плане.

Атака продлилась всего 120 секунд, зато какие это были секунды! Кровь и пот, стоны раненых и бравые кличи кавалеристов, шальные пули и стальные лезвия, изуродованные тела людей и животных, удушающая пыль и безжалостно палящее солнце — все перемешалось в единый комок нервов, страха и возбуждения. Что касается Черчилля, то он, как всегда, был цел и невредим. Спустя две недели он скажет не без гордости полковнику Яну Гамильтону:

— Ни один волосок не упал с моей лошади, ни одна ворсинка не слетела с моего мундира. Немногие могут похвастаться тем же[127].

В ходе дальнейших боевых действий дервиши будут оттеснены еще дальше в пустыню, где у них уже не найдется ни сил, ни возможностей перегруппировываться и начинать новое контрнаступление. Битва при Омдурмане подойдет к концу. Англичане и египтяне потеряют 48 человек убитыми, 428 человека будут ранены, противник — 9 700 и 25 000 человек соответственно. Еще 5 000 дервишей будут захвачены в плен.

Храброе поведение англичан во время сражения омрачится лишь бесчинствами и зверствами, последовавшими после. В первую очередь это относится к жестоким надругательствам над ранеными, а также осквернению могилы Махди. Останки последнего бросят в Нил, а череп в качестве военного трофея доставят в Каир.

После падения Омдурмана всякое сопротивление со стороны дервишей практически прекратится. В своих мемуарах Черчилль иронически заметит: «Поражение противника было настолько полным, что бережливый Китченер решит отказаться от дорогих услуг кавалерии»[128].

Спустя всего три дня после сражения 21-й уланский полк повернет на север и начнет свой путь домой. За участие в суданской кампании Уинстон будет награжден медалью Судана королевы Виктории и медалью Судана хедива* с планкой Хартум.

По пути в Лондон он заедет в Каир, где навестит в местном госпитале своего однополчанина Ричарда Молино. Тому требовалась срочная операция, и Черчилль согласится пожертвовать частью своей кожи ради спасения друга. Когда 20 января 1954 года Молино скончается, Черчилль скажет своему врачу:

— Он забрал мою кожу с собой — неплохой авангард в будущем мире[129].

5 мая 1899 года Уинстон подаст в отставку и с головою окунется в политическую жизнь Туманного Альбиона. В июне штаб консервативной партии предложит ему баллотироваться в избирательном округе Олдхем. Несмотря на большие надежды, первый опыт в политике закончится неудачей. Уинстону не хватит 1 300 голосов, чтобы пройти в парламент. Однако поражение в политике не особенно огорчит будущего премьер-министра, ведь уже в сентябре 1899 года вся Англия только и говорила о новой военной кампании, сулившей еще больше перспектив, нежели война в Индии или завоевание Судана.

Африканское путешествие, или Еще один миф о великом человеке

На протяжении нескольких десятилетий второй половины XIX века в южноафриканских колониях царил мир. Англия владела колониями в Натале и в

---

* Хедив — титул правителей Египта в XIX веке. — *Примеч. авт.*

районе мыса Доброй Надежды. Бывшие выходцы из Нидерландов — буры занимали Трансвааль и колонию Оранжевой реки. Открытие в 1886 году в бурских колониях золотых рудников привлекло к Трансваалю внимание британских чиновников с Уайтхолла, вызвав тем самым огромное недовольство у буров.

Со временем напряженность все более нарастала. А после того как Сесил Родс высказал в 1895 году пожелание распространить английский империализм на весь материк, построив единую железную дорогу между Каиром и мысом Доброй Надежды, юг Африки стал напоминать пороховую бочку, готовую взорваться в любой момент. Кризис разразился осенью 1899 года.

Черчилль, внимательно следивший за происходящими событиями, также решит принять участие в предстоящем конфликте. Правда, не в качестве солдата, а в роли журналиста. Просто удивительно, что такое небольшое в мировых масштабах военное столкновение, как англо-бурская война, будет освещаться великими мастерами слова, такими как Редьярд Киплинг, Эдгар Уэллес, Герберт Уэллс, Артур Конан Дойл, Лео Эмери и наш главный герой.

Описывая события с другого конца света, Уинстон решит не ограничиваться одним лишь пером — главным инструментом журналистов XIX столетия. Всегда питавший страсть ко всему новому, он захочет взять на вооружение технику будущего — видеокамеру. Своей идеей Черчилль поделится с дальним родственником и членом парламента Мюрреем Гутри:

— Да, кстати, по поводу кинематографа. По моим подсчетам, нам потребуется 700 фунтов. Каждый внесет половину.

— Как разделим обязанности?

— Ты отвечай за состояние дел в Англии, а я за все, что нам понадобится в Южной Африке.

— Хорошо! По рукам![130]

Однако данным планам так и не удастся осуществиться. За два дня до отъезда Уинстон с сожалением узнает, что одна из американских компаний уже отправила своих кинорепортеров. Сильная конкуренция с будущей родиной Голливуда могла закончиться финансовым крахом. Решив не рисковать, Черчилль сделает ставку на уже проверенные репортажи для лондонских газет. Как покажет дальнейшее развитие событий, Уинстон не ошибался: впереди его ждало нечто большее, чем слава военного оператора.

Перед отъездом в Южную Африку Черчилль посетит министра по делам колоний Джозефа Чемберлена, более известного в народе как Пробивной Джо и отец куда менее пробивного Невилла. В ходе беседы Чемберлен очень оптимистично отзовется о предстоящей военной кампании, заявив:

— Буллер*, скорее всего, приедет слишком поздно. На его месте я бы заблаговременно позаботился о том, чтобы пораньше прибыть на место действий.

---

* Главнокомандующий британскими вооруженными силами в англо-бурской войне. — *Примеч. авт.*

Своей фразой Чемберлен выразит мнение большинства англичан, считавших, что предстоящая война превратится в обычную прогулку. Вспоминая спустя десятилетия данный диалог, Черчилль следующим образом прокомментирует оптимизм колониального министра: «Давайте все-таки учить наши уроки. Никогда, никогда, никогда не верьте, что война будет легкой и гладкой. Любой государственный деятель, уступив военной лихорадке, должен отлично понимать, что, дав сигнал к бою, он превращается в раба непредвиденных и неконтролируемых обстоятельств. Старомодные военные министерства, слабые, некомпетентные и самонадеянные командующие, неверные союзники, враждебные нейтралы, злобная Фортуна, безобразные сюрпризы и грубые просчеты — вот что будет сидеть за столом совещаний на следующий день после объявления войны. Всегда помните, что, как бы вы ни были уверены в своей победе, война состоится только потому, что противник уверен в том же»[131].

Буквально через десять лет после написания (1930 год) данные слова оживут и будут звучать слишком громко и грозно, чтобы быть услышанными.

14 октября Черчилль на борту корабля королевской почты «Дунноттар Кастл» отплывет из Саутгемптона к мысу Доброй Надежды. Сохранится воспоминание третьего мужа леди Рандольф, Джорджа Корнуоллиса-Уэста, о внешнем виде Уинстона как раз перед отправкой на другой континент. Делясь впечатлениями со своей женой, Джордж как бы между прочим скажет:

— Кстати, видел сегодня Уинстона на Сент-Джеймс-стрит.

— Да, дорогой, — отрываясь от своего «Англосаксонского обозрения» произнесет леди Рандольф.

— Ты ему ничего не говори, но он мне напомнил молодого священника, отрекшегося от церкви: шляпа, странно закинутая на затылок, какое-то старое черное пальто и ужасный галстук. Он, конечно, хороший малый, ну очень уж неопрятный[132].

Но последнее, похоже, меньше всего будет беспокоить Уинстона. Отправляясь на другой континент, он среди прочего багажа захватит с собой восемнадцать бутылок виски, двадцать четыре бутылки вина, по шесть бутылок портвейна, вермута, коньяка и двенадцать бутылок лимонного сока.

Познакомившись с Черчиллем во время утомительного путешествия, корреспондент «Manchester Guardian» следующим образом описывает его манеру поведения:

— Уинстон просто удивительный человек. Он не питает никакого почтения к старшим по званию и положению, разговаривая с ними, словно со своими сверстниками. Он держится одиноко и с излишней самоуверенностью, недоступной другим. Я еще ни разу не встречал столь амбициозного, храброго и откровенно эгоистичного типа[133].

После 16 дней путешествия, 30 октября, пассажиры «Дунноттар Кастл» увидят землю. Когда стемнеет, они войдут в залив Тейбл и к десяти часам вечера прибудут в Кейптаун. Воспользовавшись свободной минуткой, Уинстон достанет бумагу и карандаш, чтобы написать несколько строк своей матери, как всегда совмещая описание обстановки с безграничной верой в собственную неуязвимость: «Мы недооценили военную силу и дух буров, и я сильно сомневаюсь, что одного армейского корпуса будет достаточно, чтобы сломить сопротивление. Так или иначе, нам предстоит жестокое, кровавое сражение, в котором мы, скорее всего, потеряем десять или двенадцать тысяч человек. Я же верю, что буду сохранен для будущих событий»[134].

Следующий, с кем Уинстон поделится своим предназначением, станет Джордж Клегг, служивший с ним на одном из бронепоездов во время осады Ледисмита. Однажды вечером, сидя у костра, Черчилль поведает ему о своих приключениях на военных полях Индии и Судана. Воспоминания Уинстона звучали настолько фантастично, что Клегг с его друзьями не верил и половине того, что говорил их новый знакомый. Офицеры полагали, что Черчилль хотел произвести впечатление, да и только. Никогда не отличавшийся особой застенчивостью, Уинстон громогласно произнес, заканчивая очередную историю:

— Поверьте моим словам, я стану премьер-министром Англии, до того как умру.

Данная реплика также получит свою долю смеха и едких комментариев. Но пройдут годы, и в 1940 году Джордж Клегг прочитает в газете «Natal Mercury» о назначении Уинстона Черчилля на пост премьер-министра. Старому вояке только и останется что воскликнуть:

— Ба! Да он сделал это![135]

Веря, что основу будущего составляет настоящее, Уинстон стал искать место для подвига, решив во что бы то ни стало прорваться в осажденный Ледисмит. Черчилль даже предложит 200 фунтов любому, кто согласится провести его через бурские укрепления, но, так и не дождавшись положительного ответа, отправится в расположенный неподалеку Эсткорт, где примет участие в одной из разведывательных операций на бронепоезде.

До поры до времени все шло нормально. Проведя удачную рекогносцировку, англичане стали возвращаться в Эсткорт. Проехав примерно с полпути, машинист заметил буров. Почувствовав что-то неладное, он тут же дал полный вперед. Раздались первые оружейные выстрелы. Состав быстро пролетел сквозь огонь неприятельских орудий и, выскочив на крутой спуск, с грохотом врезался в заранее уложенный на путях камень. Первый вагон с материалами для ремонта был подброшен в воздух и рухнул вверх дном на насыпь. Следовавший за ним бронированный вагон с дурбанской легкой пехотой проехал еще около ста метров и опрокинулся на бок. Третий вагон перекосило, и он также сошел с рельсов. Паровоз и задние вагоны легко тряхнуло, но они смогли устоять. После таких повреждений буры быстро сменили позицию и принялись вновь обстреливать пострадавших. На грозные залпы противника отвечала лишь маленькая семифунтовая пушка. Матросы умудрились сделать три выстрела, пока в ствол пушки не попал снаряд и она вместе с лафетом не была выброшена из вагона.

Уинстон, находившийся в одном из задних вагонов, перелез через стальной щит, спрыгнул на землю и побежал вдоль поезда к началу состава. Когда он пробегал мимо паровоза, у него над головой разорвалась шрапнель. «Неужели я все еще жив?»[136] Тут же из локомотива вылез машинист поезда Чарльз Вагнер. Его лицо было в крови от недавно полученного ранения. Он был гражданский служащий, и ему не платили за смерть среди одиноких холмов у разбитого локомотива. Когда же Вагнер попытался скрыться, в дело вмешался Черчилль:

— Ты что! Если останешься на посту, твое имя упомянут в официальном отчете, а тебе торжественно вручат медаль.

— Я хотел... — начал было Чарльз.

— Да ты пойми, — перебил его Уинстон, — в одном сражении пуля никогда не попадет дважды в одну и ту же голову[137].

То ли от страха, то ли вдохновленный такой речью, бедный машинист вытер кровь с лица, залез обратно в кабину и до конца сражения с мужеством исполнял свой долг.

Как и следовало ожидать, никакой награды Вагнер так и не получит. Черчиллю придется лично исполнить свое обещание. Спустя десять лет в 1910 году, когда Уинстон станет министром внутренних дел, он отыщет Вагнера и убедит короля вручить храбро сражавшемуся машинисту медаль принца Альберта первой степени — высшую награду в Великобритании для гражданских лиц. Второй инженер, Александр Стюарт, получит медаль принца Альберта второй степени. Впоследствии Вагнер передаст свою награду в Военный музей в Дурбане, где она и хранится до сих пор.

Несмотря на обстрел противника, Черчилль и еще несколько добровольцев примутся очищать пути от завала. Безрассудство, с которым Уинстон лез под пули, веря в свою неуязвимость, произведет сильное впечатление на его сослуживцев. Во время беседы с фельдмаршалом Волсли капитан Энтони Уэлдон скажет:

— Я беседовал с водителем поезда и путевым рабочим, они сходятся во мнении, что никто не вел себя отважнее и хладнокровнее, чем мистер Черчилль.

А капитан Джеймс Вили, принимавший участие в расчистке путей, добавит:

— Уинстон очень храбрый малый, правда и без царя в голове[138].

Когда дорога была свободна, англичане с ужасом обнаружили, что на ходу остался только один паровоз, который был не в состоянии вместить всех желающих. Командир поезда капитан Халдейн решил, что в принципе они смогут управиться и с одним вагоном. Он приказал машинисту трогаться, но так, чтобы пехота смогла спрятаться за металлическим корпусом локомотива. Поезд медленно двинулся вперед. Выехав на склон холма, он, быстро набирая скорость, покатился вниз. Большинство солдат, не успевавшие за составом, оказались беззащитными перед вражескими орудиями. Увидев, что противник открыт, буры усилили огонь. В ходе данной перестрелки пострадало около четверти всего экипажа.

Когда паровоз оторвался от неприятеля, Черчилль решил спрыгнуть и подождать отстающих. Увидев удивленное лицо Вагнера, он произнес:

— Я не могу оставить наших солдат на произвол судьбы. Встретимся в Эсткорте[139].

Поезд двигался дальше и вскоре совсем скрылся из виду.

Пока Черчилль продолжал играть героическую роль, перед ним появились двое буров. Правая рука Уинстона потянулась к пистолету, но вместо спасительного оружия наткнулась лишь на пустую кобуру. Десятизарядный маузер мирно лежал в кабине машиниста, где его Черчилль и оставил, когда помогал раненым забираться в поезд. Оставалось только одно — спасаться бегством. Один за другим вслед ему раздалось шесть оружейных выстрелов. Пять пуль пролетели мимо, шестая задела Уинстону руку. Понимая, что дальше так бежать небезопасно, он метнулся в сторону одного из холмов, надеясь найти там укрытие. Взобравшись по гребню, Черчилль выбежал как раз на неприятельского всадника. Позже он вспоминал: «Передо мной стояла Смерть, беспощадная угрюмая Смерть, со своим легкомысленным спутником — Случаем». Уинстон поднял руки вверх и решительным голосом закричал:

— Сдаюсь![140]

Спустя три года после означенных событий Лондон посетит делегация бурских генералов. Черчилль, тогда уже член парламента от консервативной партии, будет представлен главе делегации, генералу Луису Боте. После официальной части Уинстон познакомит собравшихся со своими приключениями в Южной Африке. Когда он дойдет до кульминационного момента пленения, Бота неожиданно воскликнет:

— Разве ты меня не узнаешь? Ведь это же я брал тебя в плен!

Всегда склонный к излишней драматизации, Уинстон с радостью признает в Луисе того всадника[141].

Впоследствии Бота и Черчилль станут близкими друзьями, но если их дружба и не вызывает никаких сомнений, то сказать то же про совместное участие в пленении не представляется возможным. По всей видимости, Луис Бота, не владевший в совершенстве английским, был просто неправильно понят своим другом. Генерал хотел сказать, что это он командовал тем округом, где произошел данный инцидент. Уинстон же превратил свое пленение в легенду, в которую поверил, и до конца жизни будет пытаться убедить в этом других.

Попав в плен, Уинстон оказался в очень щекотливом и, по правде говоря, опасном положении. По законам военного времени всякое гражданское лицо, принимающее активное участие во время сражения, приговаривалось к расстрелу. Если бы это было во времена Первой или Второй мировых войн, не прошло бы и десяти минут, как под грохот барабанов приказ был бы приведен в исполнение. Но один из буров ответит ему:

— Мы не каждый день ловим детей лордов[142].

18 ноября 1899 года кортеж с военнопленными достиг Претории, где их разместили в Государственной образцовой школе, временно преобразованной в тюрьму. Пленение станет мучительным испытанием для нашего главного героя. Позже он будет вспоминать: «Это были одни из самых монотонных и несчастных дней в моей жизни. Я был не в состоянии ничего писать или читать. Меня ничто не забавляло. Вся жизнь превратилась в бесконечную скуку. Когда солнце садилось и сумерки отмечали конец очередного злополучного дня, я, обычно прогуливаясь во дворе, только и думал, ка-

кой бы найти выход, чтобы силой или хитростью, сталью или золотом, вернуть себе свободу»[143].

Вместе с командиром бронепоезда капитаном Халдейном и сержантом Бруки Черчилль принялся разрабатывать план побега. В ходе длительного наблюдения было замечено, что во время обхода в определенные моменты часовые не могут видеть верхний край стены. Игра света и тени мешала постовым различать восточную сторону стены, превращавшуюся в результате светового контраста в сплошную темную полосу. Этим и решат воспользоваться беглецы.

Когда уже все детали будут обговорены, Черчилль сядет за письменный стол, положит перед собой листок бумаги и мелким, но разборчивым почерком примется писать прощальное письмо директору Государственной образцовой школы Луису де Сузе:

«СЭР, ИМЕЮ ЧЕСТЬ ВАМ СООБЩИТЬ, ЧТО, ПОСКОЛЬКУ Я НЕ ПРИЗНАЮ ЗА ВАШИМ ПРАВИТЕЛЬСТВОМ КАКОГО-ЛИБО ПРАВА УДЕРЖИВАТЬ МЕНЯ КАК ВОЕННОПЛЕННОГО, МНЕ НИЧЕГО НЕ ОСТАЕТСЯ, КАК СОВЕРШИТЬ ПОБЕГ. В СВЯЗИ С ТЕМ, ЧТО Я ТВЕРДО УВЕРЕН В ДОГОВОРЕННОСТЯХ, КОТОРЫЕ МНЕ УДАЛОСЬ ДОСТИЧЬ С МОИМИ ДРУЗЬЯМИ НА ВОЛЕ, ИСКРЕННЕ НАДЕЮСЬ, ЧТО ПОКИДАЮ ЭТО ЗДАНИЕ НАВСЕГДА. ПОЛЬЗУЯСЬ СЛУЧАЕМ, ТАКЖЕ ХОЧУ ОТМЕТИТЬ, ЧТО НАХОЖУ ВАШЕ ОБРАЩЕНИЕ С ПЛЕННЫМИ КОРРЕКТНЫМ И ГУМАННЫМ. ПОЭТОМУ, КАК ТОЛЬКО Я ВЕРНУСЬ В РАСПОЛОЖЕНИЕ БРИТАНСКИХ ВОЙСК, ТУТ ЖЕ ПОСТАРАЮСЬ СДЕЛАТЬ ОБ ЭТОМ ЗАЯВЛЕНИЕ. КРОМЕ ТОГО, МНЕ ХОЧЕТСЯ ВАС ЛИЧНО ПОБЛАГОДАРИТЬ ЗА ДОБРОЕ ОТНОШЕНИЕ, ПРОЯВЛЕННОЕ К МОЕЙ ПЕРСОНЕ. НАДЕЮСЬ, ЧТО ЧЕРЕЗ НЕКОТОРОЕ ВРЕМЯ МЫ СМОЖЕМ ВСТРЕТИТЬСЯ ВНОВЬ, ТОЛЬКО УЖЕ ПРИ СОВСЕМ ИНЫХ ОБСТОЯТЕЛЬСТВАХ. СОЖАЛЕЮ, ЧТО НЕ МОГУ ПОПРОЩАТЬСЯ С ВАМИ ЛИЧНО С СОБЛЮДЕНИЕМ ВСЕХ ФОРМАЛЬНОСТЕЙ»[144].

Галантные манеры уходящего века. Англо-бурская война станет последней джентльменской военной кампанией, когда отправлявшимся на фронт офицерам разрешалось брать с собой любимую еду, напитки, оружие и лошадей. Чтобы еще более скрасить пребывание благородных мужей на фронте, известный торговый дом «Фортнум и Мейсон», специализирующийся на изысканных продуктах питания и напитках, организует даже «Южноафриканскую военную службу» для снабжения фронта деликатесами. Как упоминается в одной из биографий, посвященных тому периоду, «...офицеры везли с собой наборы туалетных принадлежностей, отделанные серебром и золотом, антикварные ружья работы Перди или Уэстли-Ричардса, лучших гунтеров и седла, изготовленные такими мастерами, как Гордон с Керзон-стрит. Они брали с собой камердинеров, кучеров, грумов и егерей...»[145].

Джентльмен всегда остается джентльменом. И покидая без разрешения заведение де Сузе, Уинстон не мог не поблагодарить его за хорошее отношение к своим подопечным. Упомянув же про своих «друзей на воле», будущий премьер-министр попытался выгородить Халдейна и Бруки, пустив буров по ложному следу.

На следующий день, 12 декабря, дождавшись темноты и уловив подходящий момент, Черчилль с сообщниками подкрались к стене. Схватившись за верхний край, Уинстон быстро перелез через стену и, тихо спрыгнув в соседний сад, принялся ждать остальных. Примерно через час он услышал с противоположной стороны стены знакомый голос капитана Халдейна:

— Выбраться не можем. Охрана что-то заподозрила. Все пропало. Можешь перелезть обратно?

— Нет, я пойду один, — решительно ответил Черчилль[146].

Надвинув себе на лицо шляпу и неторопливо пройдя по ночным улочкам Претории, Уинстон вышел в пригород. В его кармане было 75 фунтов и четыре плитки шоколада. Все остальное — компас, карта и мясные кубики — осталось в карманах Халдейна. К тому же Черчилль ни слова не знал ни по-голландски, ни по-кафски.

Обнаружив исчезновение потомка герцога Мальбора, власти объявили всеобщую тревогу. Как вспоминает один из военнопленных Адриан Хофмайер:

— Побег Уинстона парализовал всю бурскую администрацию. Мне даже кажется, что в данной суматохе они совершенно забыли о войне[147].

По всем железнодорожным станциям и патрулям было разослано свыше трех тысяч сообщений с подробным описанием внешности и фотографиями беглеца. За Черчилля, живого или мертвого, было объявлено вознаграждение — 25 фунтов стерлингов.

Дерзкий побег породил множество всевозможных слухов, которые тут же были подхвачены местной прессой. Например, редакция «Standard and Diggers News» со знающим видом утверждала, что Уинстон бежал, переодевшись в женское платье[148].

Все эти домыслы и предположения составят лишь малую толику того, что действительно выпадет на долю этого побега. Со временем Черчилль подвергнется необоснованным обвинениям в предательстве своих друзей. Утверждали, что якобы это он бросил их на произвол судьбы, отправившись без еды, компаса и карт в многокилометровый пеший переход по вражеской территории.

Первые оскорбления прозвучат почти сразу же, в 1900 году, когда лорд Росслин в своих мемуарах «Дважды плененный» обвинит Уинстона в попрании договоренностей с сержантом Бруки и капитаном Халдейном. Последний, кстати, тут же поддержит своего старого друга, заявив:

— Я не держу на Уинстона никакого зла.

Черчилль также не станет молчать. 25 октября 1900 года во время своего выступления на ежегодном обеде клуба «Pall Mall» он заявит:

— Какое любопытное название «Дважды плененный». Вообще, это не самая сложная штука — попасть в плен. Это то же самое, если кто-то назовет свою книгу «Дважды обанкротившийся».

Тут раздастся всеобщий смех. Когда все успокоятся, Уинстон продолжит:

— Лично мне невыносимо, что какой-то человек, попавший благодаря своей недальновидности и неосмотрительности в грязь, начинает пачкать других, лишь бы только скрыть свое собственное бесчестье и позор[149].

В 1907 году Уинстон снова подвергся обвинениям, но и на этот раз Халдейн поддержит своего товарища по плену. Точка зрения последнего как-то резко изменится после 1912 года, когда обвинение против Черчилля выдвинет известный журнал «Blackwood's Magazine». Официальное слушание будет назначено на 20 мая 1912 года. 25 апреля Уинстон, занимавший в то время должность военно-морского министра, пригласит Халдейна к себе в Адмиралтейство. В ходе обсуждения окажется, что они по-разному трактуют некоторые факты. Как скажет Халдейн:

— Уинстон, я не согласен с обвинениями «Blackwood's Magazine», но и твою версию поддержать не могу.

Черчиллю ничего не останется, как подготовить специальный отчет[150] с подробным описанием своей точки зрения. Данным документом, кстати, воспользоваться так и не придется. После небольших размышлений редакция «Blackwood's Magazine» решит снять свои обвинения.

На этом история с побегом не заканчивается. Когда в 1930 году Черчилль опубликует мемуары «Мои ранние годы», Халдейн назовет изложенную в них версию «не более чем выдумкой». Он обвинит Уинстона в том, что, «увидев благоприятную возможность для бегства, он не смог устоять перед соблазном, подставив тем самым своих сотоварищей»[151].

Соглашаться ли с данными обвинениями? Скорее всего, нет. Во-первых, оказавшись на свободе, Черчилль в течение часа ждал своих сообщников, рискуя быть замеченным. Во-вторых, кто-то же все-таки должен был пойти первым, и если у остальных не получилось, не перелезать же ему обратно. Со временем Халдейн понял, что споры в данном случае вряд ли уместны. Когда в 1948 году выйдет его книга «Сага солдата», один из экземпляров он подарит Уинстону с дарственной надписью: «С глубоким восхищением от старого товарища по оружию»[152].

Но все это будет потом, а тем декабрьским вечером 1899 года Уинстона больше всего беспокоило, как выбраться с вражеской территории. Покинув пределы Претории, Черчилль направился в сторону железной дороги. Дойдя до ближайшей станции, он забрался в первый попавшийся товарный поезд, где и провел всю ночь. Боясь быть схваченным на одном из постов, ранним утром Уинстон покинул свое убежище. Когда вновь стемнело, он продолжил путь пешком. От восторга и возбуждения прошлой ночи не осталось и следа. Все больше стали сказываться усталость, недосыпание и отсутствие пищи. Уже впоследствии Черчилль вспоминал: «Быть изгоем, преследуемым, на арест которого выписан ордер, бояться первого встречного, ожидать тюремного заключения, бежать от дневного света, пугаться тени — все эти мысли вгрызались в мою душу и произвели такое впечатление, которое вряд ли удастся когда-нибудь стереть»[153].

После тридцати часов скитаний усталый и изможденный Черчилль увидел жилые дома. Рискуя быть схваченным, он принялся стучать в первую попавшуюся дверь. Раздался резкий голос:

— Wer ist da*.

Несмотря на внутреннее оцепенение, Уинстон собрался с мыслями и, понизив голос, сказал:

— Мне нужна помощь — со мной произошел несчастный случай.

Дверь медленно приоткрылась. Перед Черчиллем стоял немолодой человек с бледным лицом и больши-

---

* Кто там? (*голл.*) – *Примеч. авт.*

ми черными усами. Увидев его вопросительный взгляд, Уинстон стал импровизировать:

— Я местный горожанин. Со мной произошел несчастный случай, когда я хотел присоединиться к вооруженным силам в Комати Поорт. Во время переезда мы так резвились, что я случайно выпал из вагона. У меня такое ощущение, что я в течение нескольких часов был без сознания. К тому же, мне кажется, у меня вывихнуто плечо.

Выслушав Черчилля, хозяин пригласил его внутрь. Заведя Уинстона в маленькую комнату, он достал из стола револьвер и после продолжительной паузы произнес:

— Думаю, мне следует больше узнать об этом железнодорожном инциденте.

— Лучше я расскажу правду, — ответил Уинстон.

— По-моему, ты так и сделал, — медленно сказал незнакомец.

— Не совсем. Меня зовут Уинстон Черчилль, я военный корреспондент «Morning Post». Прошлой ночью я сбежал из Претории. Сейчас держу свой путь к границе. У меня есть деньги. Вы сможете мне помочь?

Последовала продолжительная пауза. Хозяин медленно встал из стола и, протянув Уинстону руку, произнес:

— Тебе крупно повезло, что ты постучался в эту дверь. Это единственный дом на тридцать километров, где тебя не арестуют.

«Я почувствовал себя как человек, которого только что вытащили из воды и сообщили, что он выиграл дерби!» — вспоминал Черчилль спустя годы[154].

Новый друг Уинстона, мистер Джон Ховард, был управляющим трансваальскими шахтами. За время своего пребывания в Южной Африке он настолько сроднился с местным образом жизни, что за несколько лет до войны превратился в полноценного гражданина Трансвааля. Когда же началась война, Джон отказался воевать против англичан. Несмотря на британский патриотизм, местные власти разрешили ему и еще нескольким помощникам остаться здесь и поддерживать угольные шахты в рабочем состоянии.

Ховард помог Черчиллю, спрятав его на несколько дней в заброшенных шахтах. Затем он переправил его в одном из товарных вагонов, следовавших на португальскую территорию. Добравшись до портового городка Лоренсо-Маркеш, Уинстон сел на пароход и 23 декабря прибыл в Дурбан.

Побег Черчилля произвел фурор в лагере англичан. Его встречали как народного героя. Не успев сойти с палубы «Индуны», он произнес перед собравшимися пламенную речь:

— С решимостью великой империи мы доведем наши решения до успешного конца. И под старым «Юнионом Джеком» настанет эпоха мира, богатства, свободы, равенства и хорошего правительства в Южной Африке[155].

Слова и слава Уинстона зазвучали еще громче на фоне неутешительных событий так называемой черной недели, когда британские вооруженные силы во всей полноте вкусили горечь унизительных поражений.

После побега Черчилль в который уже раз сменит перо на шпагу. Генерал Буллер как раз взялся за подготовку войск для помощи осажденному Ледисмиту. Видя, что прямая дорога через Коленсо хорошо защищена, Буллер выберет обходной маневр. На всем пути продвижения в сторону Ледисмита британцы встречали упорное сопротивление противника. Самое крупное сражение состоялось 24 января 1900 года при Спион-копе. Англичане потеряли в бою 1 733 человека. Позже Черчилль назовет эти дни «самыми опасными в моей жизни». Одна из пуль, продырявив шляпу, чуть не лишит его жизни.

Пройдет еще один месяц, прежде чем англичане войдут в осажденный город. Говоря словами Черчилля о битве при Эль-Аламейне, «это был не конец и даже не начало конца, скорее всего, это был лишь конец начала». Первая фаза Англо-бурской войны подойдет к концу. Черчилль вернется в Англию, где, приняв участие во всеобщих выборах, пройдет в нижнюю палату парламента, палату общин. В его жизни наступит новый период.

Нам же остается лишь удивляться, насколько сильно могла бы измениться мировая история в XX веке, если бы среди погибших в Скион-коп оказались трое участников данного сражения — бурский генерал Луис Бота, санитар-носильщик Мохандас Ганди и английский искатель приключений Уинстон Черчилль. В отличие от других, потомок герцога Мальборо, как никогда прежде, был уверен в своей неуязвимости. Когда его любимая девушка Памелла Плоуден потребует от него возвращения в Англию, Уинстон попросит ее не беспокоиться:

— Не волнуйся! У меня твердое предчувствие, что я создан для чего-то большего и буду сохранен[156].

Данный ответ будет более чем характерен для Черчилля, который и в годы Первой мировой войны бесстрашно лез под пули и снаряды, заявив одному из своих сослуживцев:

— Глупо укрываться от свиста пуль — если она вас не задела сейчас, считайте, что она уже пролетела мимо и предназначалась не вам[157].

Успокаивая же свою жену, он будет ей говорить:

— Пойми же меня, бессмысленно беспокоиться из-за этих мелочей. Это всего лишь шанс, или судьба. И наши шаги сбившихся с пути людей уже давно распланированы. Все, что нам остается, — это с головой окунуться в игру, просто и естественно приняв ее правила и передав свою жизнь в руки Господа[158].

Кому-то подобная безапелляционность в предсказании собственного будущего может показаться не только неубедительной, но и немного наигранной. Но такова природа всех великих людей. Вспомнить хотя бы Нельсона и Наполеона — двух великих оппонентов истории, перед которыми преклонялся сэр Уинстон. И если фильм «Леди Гамильтон» был любимой картиной Черчилля, то яркая жизнь французского императора в течение многих десятилетий вдохновляла его на подвиги. И по сей день на рабочем столе Уинстона в Чартвелле цветной фарфоровый бюст адмирала Нельсона мирно стоит рядом с мраморным бюстом Наполеона Бонапарта.

Говоря об оппонентах в истории, нелишним будет вспомнить и главного противника Черчилля*.

Гитлер также верил как в Schicksal (Судьбу), так и в Vorsehung (Провидение). Летом 1937 года он, выступая перед огромной аудиторией, прокричит:

— Когда я смотрю назад на прошедшие пять лет, то с уверенностью могу заявить — все это не одних лишь человеческих рук дело. Это чудо века, что вам удалось найти меня, удалось найти меня среди миллионов![159]

Несмотря на видимое сходство, вера Гитлера в корне отличалась от «веры в Судьбу» нашего главного героя. Если Черчилль считал себя лишь инструментом в руках Провидения, то фюрер наивно полагал, что это именно он — Создание высшего порядка и именно ему дано право контролировать Высшие силы.

Одним из плодов черчиллевской веры в Судьбу станет его теория исторического прогресса. Уинстон считал, что лишь благодаря великим людям колесница мироздания медленно, но верно движется вперед. Это так

---

* Широко известен тот факт, что, публикуя в 1937 году сборник своих статей «Великие современники», Уинстон вставит туда очерк «Гитлер и его выбор». Невольно возникает вопрос, как оценивал Черчилль деятельность нации № 1. В 1952 году, во время отдыха в загородной резиденции британского премьера в Чекерсе, Уинстона навестит его старый боевой товарищ Бернард Монтгомери. Прогуливаясь вокруг дома, фельдмаршал спросит Черчилля:

— Кстати, считаешь ли ты Гитлера великим человеком?

— Нет!

И затем, сделав небольшую паузу, добавит:

— Он совершил слишком много ошибок.

(Gilbert M. «Winston S. Churchill», V. VIII. P. 729.)

называемая «теория великого человека» окажет огромное влияние как на эпистолярное наследие, так и на поступки британского премьера. Каждая крупная работа Черчилля, будь то «Лорд Рандольф», «Мировой кризис», «Мальборо», «Вторая мировая война» или «История англоговорящих народов»* служила подтверждением его мировоззрения. Катехизисом же Уинстона, где он изложит основные тезисы, принципы и постулаты своей теории, станет его эссе «Массовые эффекты современной жизни», написанное в 1932 году.

Несмотря на мелкие огрехи, идеи Черчилля продолжают жить, вдохновляя все новых и новых последователей. Их привлекательность для любой сильной личности очевидна. Неудивительно, что Железная леди Великобритании с большим воодушевлением подхватит постулаты великого предшественника. В своем выступлении 9 мая 1990 года, посвященном пятидесятилетию со дня прихода Черчилля к власти, Маргарет Тэтчер скажет:

— Уинстон Черчилль драматичным образом показывает, что какие бы идеалы вы ни исповедовали, всегда имеется место для личности, для лидерства, для индивидуальности и решимости. История не раз демонстрировала нам, что судьба нации может быть изменена — как в лучшую, так и в худшую стороны — благодаря характеру и поступкам всего лишь одного человека[160].

---

* Данную работу вообще будут называть «Историей великих англоговорящих людей». Как скажет о данном сочинении Гарольд Никольсон, автор, «и книга доказывают, что великий человек в состоянии изменить ход истории».

Глава III.

ЛЮБОВЬ НАСТОЯЩАЯ И МНИМАЯ

Последний романтик Викторианской эпохи

Летом 1906 года леди Вемисс устраивала в своем лондонском особняке очередной званый обед. Среди приглашенных была молодая Вайолетт Асквит, дочь тогдашнего министра финансов и будущего премьер-министра Герберта Асквита. Когда все гости спокойно сели за стол, она стала оглядываться вокруг, надеясь увидеть что-то необычное. Вдруг ее взгляд остановился на мужчине, сидевшем рядом. Ему было лет тридцать, он мрачно смотрел вниз и очень выделялся среди всеобщей атмосферы веселья и непринужденности. Это был Уинстон Черчилль, занимавший в то время должность заместителя министра по делам колоний и воспринимавшийся большинством членов либеральной партии как одна из самых многообещающих фигур политического олимпа.

Почувствовав на себе пристальный взгляд Вайолет, Уинстон медленно поднял голову, повернулся к ней и скороговоркой спросил:

— Сколько вам лет?

— Девятнадцать, — раздался в ответ жизнерадостный голос мисс Асквит.

— А мне уже тридцать два, — как-то мрачно произнес Черчилль. — О, это безжалостное время! Проклятая смерть!

Затем последовал длинный монолог о тщетности бытия и бесплодности человеческих стремлений. Заканчивая свой спич, Уинстон произнес:

— Все мы черви, но мне хочется верить, что я светлячок!

Выплеснув свое пессимистическое настроение на молодую девушку, Черчилль оживился:

— Мне кажется, что каждое слово помимо своего значения обладает волшебной мелодией. Как вы считаете?

— Да, конечно, — вторила ему мисс Асквит.

Узнав, что ее новый собеседник не чужд прекрасному, Вайолет процитировала стихи своего любимого английского поэта Уильяма Блейка. Уинстон отреагировал немедленно:

— А я и не знал, что старый адмирал Блейк находил время для занятий поэзией.

И хотя Черчилль умудрился перепутать адмирала с поэтом, мисс Асквит была поражена. Вечером, делясь с отцом своими впечатлениями, она воскликнет:

— Сегодня я первый раз в своей жизни увидела гения.

Умудренный житейским и политическим опытом сэр Герберт спокойно ответит:

— Уинстон уж точно бы с тобой согласился. Но я не уверен, что ты найдешь кого-нибудь, кто разделил бы твое мнение. Хотя я отлично понимаю, о чем ты говоришь. Он не только замечательный, он уникальный человек[161].

С первых же минут беседы с Черчиллем Вайолет проникнется к нему необъяснимой симпатией, которая вскоре перерастет в более сильное чувство. К несчастью для нее, Уинстон окажется слишком спокоен и сделает все возможное, чтобы их отношения так и не вышли за рамки дружбы.

Подобный диалог и поведение с мисс Асквит были более чем характерны для Черчилля. В отличие от своей невероятно активной политической и общественной деятельности его отношения с женщинами будут подчеркнуто скромными и нарочито банальными. Например, во время посещения Нью-Йорка на рубеже веков, зимой 1900/01 года, когда Уинстону только исполнится двадцать шесть лет, он поразит друзей своим безразличием в отношении представительниц прекрасного пола. Один из свидетелей его американского турне вспоминает:

— Войдя в оживленную залу, Уинстон спокойно сел за стол и погрузился в свои мысли. Он даже не замечал тех женщин, которые могли бы ему понравиться.

Если же к нему кто-то и подходил, предлагая обратить внимание на какую-нибудь симпатичную девушку, то все они слышали примерно следующее:

— Возможно, она и красива для вас, но только не для меня[162].

Такое поведение имело несколько причин. Во-первых, Черчилль, как, впрочем, и его отец, никогда не любил танцевать. «Саврола не танцует», — писал он в своем единственном романе. Должны будут пройти десятилетия, прежде чем Уинстон изменит свое отношение к вальсам и полькам. В сентябре 1945 года он заметит в беседе с лордом Мораном:

— Я совершенно не танцевал в юности и должен признаться, что был совершенно не прав[163].

В 1947 году Черчилль отмечал Рождество в своем любимом Марракеше, его внимание привлекла одинокая фигура сидящей неподалеку женщины. Медленно вытащив сигару изо рта, поправив пиджак и расстегнув на нем пуговицу, чтобы казаться немножко стройнее, он грузной походкой направился к таинственной незнакомке. Встретившись с ней взглядом, Уинстон, немного понизив голос, произнес:

— Вы выглядите словно рождественская фея. Можно пригласить вас потанцевать?

Буквально уже через несколько секунд они плавно закружились под звуки «Голубого Дуная».

Черчилль так никогда и не узнает имя своей партнерши по вальсу, которую британские спецслужбы не преминут заклеймить иностранной шпионкой. Единственное, что ему останется, — мимолетное воспоминание и полученная вскоре после данного инцидента короткая телеграмма: «Я предпочту остаться неизвестной, но всю свою жизнь я буду гордиться, что танцевала с самим Уинстоном Черчиллем»[164].

Возвращаясь же к взаимоотношениям британского политика с прекрасным полом, следует сказать, что, всегда раскрепощенный в компании мужчин, среди женщин Уинстон был неуклюж и неловок. Он никогда не владел секретами светской беседы или разговоров не о чем, особенно если его собеседниками были юные леди. Как правило, все беседы с его участием превращались в длинные монологи, посвященные политике или проблемам государственного управления.

Не последнее место занимал и характер великого человека, всецело поглощенного собой и своими увлечениями.

В минуту откровенности он признается Клементу Эттли:

— Разумеется, я эгоист, а иначе в этой жизни ничего не добьешься.

Нельзя не согласиться с сэром Исайей Берлином, который, давая психологический портрет Черчилля, напишет: «Уинстон живет в своем собственном пестром мире, при этом совершенно не ясно, насколько он осведомлен о том, что происходит в душах других людей. Он совершенно не реагирует на их чувства, он действует самостоятельно. Уинстон сам воздействует на других, изменяя их соответственно с собственными желаниями»[165].

Или как считала вторая жена его двоюродного брата, девятого герцога Мальборо Глэдис Дикон:

— Уинстон совершенно не способен любить. Он всегда влюблен только в свой образ и свое отражение в зеркале. И вообще он всегда только за одного человека — за Уинстона Черчилля[166].

Уинстон отлично понимал все свои недостатки и критически оценивал собственное поведение. Сравнивая себя с кузеном Санни, Черчилль признавался:

— Он совершенно не похож на меня. Санни великолепно понимает женщин и мгновенно находит с ними общий язык. Гармония и спокойствие его души всегда и всецело связаны с чьим-то женским влиянием. А я туп и неуклюж в этом вопросе, поэтому мне приходится полагаться только на себя и быть самодостаточным. Тем не менее столь разными путями мы приходим к одному и тому же результату — одиночеству[167].

Неудивительно, что его общение с женщинами не отличалось громкими скандалами и бурными сценами. Первое упоминание о противоположном поле мы находим в письме семнадцатилетнего Уинстона к леди Рандольф. В ноябре 1891 года он пишет ей: «Отправиться домой — вот досада! Я только произвел впечатление на мисс Вислет. Еще десять минут и...»[168]

В начале 1894 года, будучи в гостях у лорда Хиндлипа, Черчилль познакомится с «очаровательной»[169] Полли Хэкет. Делясь впечатлениями с братом Джеком, он не без гордости скажет:

— Сегодня утром Полли согласилась со мной прогуляться, и мы отправились по Бонд-стрит.

Несмотря на большие надежды, общение Уинстона со своей новой знакомой будет больше напоминать, как выразился историк Норман Роуз, «детские сюсюканья»[170], нежели привычные отношения двух молодых людей.

Будучи курсантом военной академии Сэндхерст, Черчилль встретит свою вторую любовь — звезду оперетты Мейбл Лав. Уинстон часами будет дежурить у дверей Имперского театра, надеясь пробраться в гримерку или хотя бы попасть за кулисы. Всегда отличаясь излишней эмоциональностью, Черчилль станет ревновать к Мейбл весь Сэндхерст, но и эта любовь останется безответной. Хотя Мейбл и будет отвечать ему нежными письмами, она так и не решится пригласить своего страстного поклонника к себе.

Посещения Имперского театра не пройдут для Уинстона бесследно. Во время последнего семестра в военной академии Сэндхерст он примет участие в марше протеста против кампании за нравственность, организованной миссис Лорой Ормистон Чант. Эта дама, будучи заместителем директора частной психиатрической больницы и по совместительству членом совета Лондонского округа, начнет летом 1894 года яростную кампанию за очистку столичных концертных залов от нетрезвых посетителей и дам легкого поведения. Причем выберет в качестве главной мишени галерею Имперского театра, часто посещаемую курсантами Сэндхерста.

Глубоко «возмущенный нападками и инсинуациями миссис Чант»[171], Уинстон обратится в «Westminster Gazette» и «Daily Telegraph» с открытым письмом: «Создание благопристойного общества должно базироваться на улучшениях в социальной сфере и распространении образования, а не на происках различных ханжей и блюстителей нравов. Природа придумала великие и страшные наказания для всех любителей *roué and libertine** — намного более ужасные, чем меры, которые сможет принять любое цивилизованное государство».

Свое послание будущий премьер-министр закончит грозным предупреждением, что любая реформа, осуществляемая в виде репрессий, представляют собой

---

* Развратниц и распутниц. — *Примеч. авт.*

«опасные методы регулирования, ведущие, как правило, к ответным действиям»[172].

Несмотря на все возмущения со стороны молодежи, миссис Чант удастся добиться своего. В ходе длительных обсуждений будет принято решение о разделении баров и зрительных галерей полотняными занавесками. Как вспоминает впоследствии сам Черчилль, «...размещение штор позволило утверждать, что питейные заведения формально находятся вне галереи. Согласно строгой букве закона их настолько же удалили, как если бы переместили в другое графство. Теперь храмы Венеры и Бахуса, хотя и граничили друг с другом, были разделены, а их атака на человеческие слабости и пороки сможет осуществляться лишь в последовательной или переменной, но никак не в концентрированной форме»[173].

Самое интересное произойдет дальше. В первую же субботу после размещения «полотняных препон» в галерее соберется целая толпа молодых курсантов и университетских студентов. Один из них, подняв трость, примется дырявить тряпичные заграждения. Как по единому мановению три сотни человек набросятся на полотняные занавески, ломая деревянные рамы и разрывая в клочья ненавистную материю. В результате народного гнева вино, зрелища и любовные утехи снова соединятся в единое целое.

Когда недовольство достигнет высшей стадии, из толпы выскочит молодой человек в легком пальто, спешно одетом на вечерний костюм, и, взобравшись на сломанные рейки, закричит:

— Ребята! Сейчас мы уничтожили эти препоны, так проследим же, чтобы их не воздвигли вновь!

Находившийся в тот момент в Имперском театре корреспондент «St. James's Gazette» вспоминает об еще одном активисте:

— Среди всеобщего хаоса на обломки влез другой молодой человек и произнес речь, в которой предупредил собравшихся, что данные полотняные заграждения являются всего лишь иллюстрацией того, что они собираются сделать с советом данного округа[174].

Именно этим оратором и окажется наш главный герой.

Удивительно, что Уинстон, подробно описавший данный инцидент в своих мемуарах «Мои ранние годы», ничего не упоминает о первом выступающем. Вместо этого он предложит свою версию случившегося. По его словам, это именно он, оказавшись на обломках, шокировал присутствующих восторженными фразами типа: «Уважаемые дамы Имперского театра, я взобрался сюда ради Свободы. Вы видели, как мы сегодня смели эти баррикады. Не забудьте на следующих выборах убрать тех, кто их воздвиг».

Далее он вспоминает: «Эти слова были встречены восторженными аплодисментами. Мы все выбежали на улицу, размахивая обломками реек и клочками материи, словно символическими трофеями»[175].

Хвастаясь вечером перед своим братом, Уинстон скажет:

— Джек, просмотри газеты. Это я возглавил мятежников и прочитал перед огромной толпой восторженную речь![176]

Сегодня уже трудно утверждать, что произошло на самом деле. Определенно известно только одно — выступление Черчилля не останется незамеченным. Услышав о произошедшем инциденте, лондонский епископ в ужасе воскликнет:

— Я и представить себе не мог, что потомок великого Джона Мальборо будет пользоваться такой популярностью среди уличных девиц[177].

По всей видимости, представитель англиканской церкви слишком сгустил краски. Незаурядная активность, проявленная Уинстоном на баррикадах, имела в своей основе совершенно иные причины. Черчилль жаждал публичной деятельности и выступлений, а не общества дам легкого поведения.

В отличие от епископа первая речь Уинстона не произведет должного впечатления на юную Мейбл Лав. Через некоторое время после данного инцидента они тихо расстанутся.

Свою самую сильную любовь юношеских лет Уинстон встретит в Индии. В ноябре 1896 года Черчилль, молодой лейтенант 4-го гусарского полка, отправится на турнир по поло в Секундерабад, где и познакомится с дочерью британского резидента в Хайдарабаде Памелой Плоуден. Делясь своими впечатлениями с леди Рандольф, он будет восклицать:

— Должен признаться, она самая прекрасная девушка, какую я когда-либо видел! Она очень умна и красива! Мы собираемся вместе отправиться в Хайдарабад верхом на слоне[178].

Этой поездкой начнется многолетняя дружба, которая закончится только со смертью самого Уинстона.

Наблюдая, с какой стремительностью развивались их отношения, многие друзья и родственники будут полагать, что дело идет свадьбе. Как заметит ему леди Рандольф:

— Памела предана тебе, и если ты ее любишь так же сильно, я не сомневаюсь, что это лишь вопрос времени, когда вы поженитесь.

Несмотря на всеобщий ажиотаж, молодые люди не оправдают ожиданий высшего света, решив спокойно разойтись и остаться друзьями. Некоторые скептики, как, например, лорд Минто, генерал-губернатор Канады и близкий друг леди Рандольф, вообще будет считать, что их отношения так никогда и не выходили за рамки платонических[179].

Памела быстро разберется в характере своего возлюбленного. Именно ей будет принадлежать одна из самых известных характеристик противоречивого и сложного черчиллевского нрава. В 1905 году она скажет молодому Эдварду Маршу, пытавшемуся устроиться к Уинстону секретарем:

— Первый раз, когда вы встречаете Черчилля, вы видите все его недостатки, и только в течение всей оставшейся жизни вы начинаете открывать его достоинства[180].

Неудивительно, что она сразу же распознает в своем горе-женихе заклятого эгоиста. Памела даже намекнет ему, что он не способен на искреннюю привязанность к другому человеку, на что Уинстон ей ответит в своей характерной манере:

— И почему ты так думаешь? Я способен любить. К тому же мои чувства постоянны и не подвержены переменчивым любовным капризам, навеянным сиюминутным увлечением. Моя любовь глубока и сильна. Ничто не сможет ее изменить[181].

Как покажут дальнейшие взаимоотношения с его будущей женой Клементиной, Уинстон и вправду был способен на крепкую и верную любовь. В отличие же от своего возлюбленного, повинного разве что в чрезмерной любви к собственной персоне, Памела также была далеко не безгрешна. В высшем обществе за ней закрепилась репутация дамы кокетливой и очень капризной. Джек вообще считал подружку своего старшего брата «ужасной обманщицей» и даже обвинил в измене, заявив, что она «с тремя другими кавалерами ведет себя так же, как с Уинстоном»[182].

К 1900-м годам их чувства сильно охладеют. Летом 1902 года мисс Плоуден выйдет замуж за графа Виктора Литтона. Несмотря на разрыв, Черчилль признается своей матери:

— Я нисколько не сомневаюсь, Памела единственная женщина, с которой я смог бы прожить долгую и счастливую жизнь[183].

Они так и останутся друзьями. В мае 1940 года Памела, тогда уже леди Литтон, поздравит своего старого поклонника с новой должностью. В письме к нему она напишет: «Я всегда верила в тебя и знала, что когда-нибудь ты обязательно станешь премьер-министром». В ответной телеграмме Черчилль поблагодарит свою старую знакомую: «Спасибо тебе, дорогая Памела»[184].

После неудачных любовных отношений с мисс Плоуден Уинстон положил глаз на юную Мюриель Уилсон, происходившую из семьи крупных судовладельцев. Его новая избранница была недурна собой и баснословно богата. Что было немаловажно, особенно для Черчилля, всегда отличавшегося особой расточительностью и никак не желавшего усмирять себя в расходах. Главным финансовым правилом британского политика, которому он будет следовать всю жизнь, станет: «Если расходы превысили доходы — поступления должны быть увеличены»[185].

Впервые молодые люди познакомились еще в 1895 году, когда давняя подружка Уинстона по Сэндхерсту Полли Хэкет вышла замуж за Эдварда Уилсона, брата Мюриель. Спустя пять лет они продолжат свои отношения. В 1900 году Мюриель будет помогать Уинстону справиться с шепелявостью. Они частенько гуляли в саду ее дома, повторяя затейливые скороговорки, содержащие шипящие и свистящие звуки: «The Spanish ships I cannot see, for they are not in sight»[186].

Не привыкший долго ждать Черчилль предложит ей руку и сердце, но она ответит отказом. Современники утверждают, что причиной ее решения стало неверие в будущее своего жениха[187]. Весьма пессимистичный прогноз, учитывая последующие достижения нашего главного героя.

Несмотря на разрыв, Уинстон также сохранит с ней дружеские отношения. В 1906 году они совершат дорогостоящую поездку на автомобилях по Центральной Италии — Болонья, Равенна, Римини, Урбино, Перуджия и Сиена. В ходе путешествия Черчилль напишет леди Рандольф о «спокойной *banalité*» в их отношениях с Мюриель[188].

Спустя год после этой поездки высшее английское общество заговорит о якобы готовящейся свадьбе между подающим большие надежды молодым членом либеральной партии Уинстоном Черчиллем и девятнадцатилетней Хелен Ботой, дочерью бурского генерала Луиса Боты. Спустя шестьдесят лет Хелен Бота официально опровергнет данную информацию в своем интервью «Sunday Express»: «Это было очень маловероятно. К тому же не забывайте, что я из Трансвааля!»[189]

Третья неудача постигнет нашего главного героя осенью 1902 года. На этот раз его новой возлюбленной станет американская актриса Этель Бэрримор. Она была из семьи довольно известных в то время актеров, поэтому быстро поднялась по крутой лестнице славы и успеха. Ей даже посчастливилось сыграть на одной сцене с великим Генри Ирвингом.

Когда Уинстон откроет ей свои чувства и предложит узаконить их отношения, мисс Бэрримор ответит отказом*. На этот раз причиной станет политическая деятельность Уинстона. Позже Этель признается:

— Я никогда не считала себя способной к нормальному существованию в мире большой политики[190].

---

* В данном случае не сохранится никаких прямых доказательств того, что Уинстон и вправду сделал предложение молодой актрисе. В официальной биографии, написанной сыном Черчилля Рандольфом, не приводится ни одного источника, подтверждающего подобное предложение. На этот раз обычно очень дотошный Рандольф ограничивается фразой, что Этель Бэрримор лично поведала ему, что «была влюблена в Уинстона» и, когда ей исполнилось восемьдесят лет, он отправил ей поздравительную телеграмму. Судя по тому, что подобное заявление было сделано спустя десятилетия после означенных событий, сегодня сложно с большой уверенностью утверждать, что третье предложение вообще имело место. — *Примеч. авт.*

Какой бы ни была причина, но это был уже третий (или второй) отказ, полученный Черчиллем за два года. Уинстон так и не стал сердцеедом. Если у него и была любимая женщина, то ее звали Политика. Он совершенно не умел угождать представительницам прекрасного пола. По воспоминаниям современников и друзей, его отношения с женщинами были «неловки», «наивны», «романтичны» и «неуклюжи». Если Черчилль писал, что какая-то женщина «замечательна», то под этим подразумевалось лишь сочетание «благоразумия» и «целомудрия». Неудивительно, что его бабка, герцогиня Френсис Мальборо, рассуждая об амурных делах своего внука, сделала следующее заключение:

— Уинстон до сих пор не узнал, что значит женщина. Для меня очевидно, и я этому несказанно рада, что у него нет никакого опыта в любви[191].

Подобных же взглядов придерживались не только близкие Черчилля. Одна леди заявила Дэвиду Ллойд Джорджу:

— Я слышала, что еще никому не удавалось связать имя Уинстона с какой-либо определенной дамой. Про него говорят, что он не похож на дамского угодника и на женщин смотрит уж как-то очень странно.

— По-моему, вы сгущаете краски, — качал головой Дэвид.

— Говорю же вам, Уинстон стал бы в миллион раз популярнее, если бы выяснилось, что он ради женщины готов хоть чуточку поступиться своими интересами. Возможно, когда-нибудь такое и произойдет, в чем я очень сильно сомневаюсь[192].

Клементина

В жизни Черчилля было много встреч, мимолетных и длительных, важных и не очень. Были среди них и судьбоносные. Например, 9* мая 1940 года, когда занимавший еще в тот день пост премьер-министра Невилл Чемберлен пригласит в 10-й дом на Даунинг-стрит министра иностранных дел лорда Галифакса и военно-морского министра Уинстона Черчилля. В ходе беседы будет решаться судьба как ее основных участников, так и всего Туманного Альбиона. На следующий день король Георг VI вызовет Черчилля в Букингемский дворец и предложит ему сформировать коалиционное правительство, включающее в себя представителей трех партий. Наконец-то, спустя сорок лет после начала своей политической карьеры, Уинстон получил первый приз — правда, в условиях масштабного кризиса.

Что было дальше, хорошо известно, но нас сейчас интересуют события несколько другого рода. Летом

---

* Сам Черчилль в своем грандиозном шеститомном труде «Вторая мировая война» утверждал, что эта встреча — «определенно одна из самых важных в моей жизни» — пришлась на утренние часы 10 мая. (Churchill W. S. «Second World War». V. I. P. 523—524.) На самом же деле историческая беседа трех деятелей консервативной партии состоялась в половине пятого вечера 9 мая. Причиной данной неточности стал не злой умысел и не плохая память. Просто всегда, обладая обостренным пониманием истории, Черчилль хотел воедино соединить свое назначение на пост премьер-министра и начавшееся 10 мая масштабное наступление фашистских войск на Западном фронте.

1904 года во время одного из приемов, организуемых лордом и леди Крю в роскошном особняке на Карзон-стрит, Уинстон познакомится с девятнадцатилетней Клементиной Огилви Хозье. Мимолетная встреча, ничем не примечательная ни для самих участников, ни для других членов того бала, станет судьбоносной для Черчилля, а следовательно, и всей Британской империи, средоточием которой ему предстоит стать спустя тридцать шесть лет. Кто была новая знакомая Уинстона и почему их общение уже больше ста лет продолжает привлекать к себе столько внимания?

Клементина родилась 1 апреля 1885 году в семье полковника сэра Генри Монтагю Хозье и леди Бланч, старшей дочери десятого графа Д'Эйрли. Как и в случае с Уинстоном, ее появление на свет станет большой неожиданностью для родителей. Застигнутая прытью своей дочери врасплох, леди Бланч будет вынуждена рожать в гостиной дома номер 75 по Гросвенор-стрит.

Родители Клемми не утруждали себя соблюдением нравственных норм брака, а само понятие «семейной верности» было для них не более чем пустым звуком. Как вспоминала младшая дочь Черчилля Мэри:

— К концу своей жизни моя мать была убеждена, что не приходилась дочерью Генри Хозье.

И на это у Клементины были все основания. В обществе ходили слухи, что на момент расторжения брака у ее матери было девять (!) любовников[193]. Это же подтверждала и леди Бланч, открыто признававшаяся, что родила своих дочерей — Клементину и ее старшую сестру Кити — от капитана 12-го уланского полка Джорджа Миддлтона (1846—1892), известного больше по прозвищу Гнедой. Миддлтон прожил яркую, но слишком короткую жизнь. В 1892 году он разобьется насмерть, упав с лошади во время одного из забегов на скачках с препятствиями.

Не соглашаясь с леди Бланч, некоторые исследователи приводят имя другого возможного кандидата на отцовство — Бертрама Митфорда (1837—1916), известного в то время дипломата, работавшего в британских посольствах в России, Японии и Китае. В 1871 году Бертрам будет назначен послом в Санкт-Петербург, но вихрь лондонской жизни окажется для него намного дороже прекрасного творенья Петра. Вернувшись в Туманный Альбион, он получит один из министерских портфелей в правительстве Бенджамина Дизраэли с прекрасной возможностью начать политическую карьеру. Из последнего, кстати, так ничего и не получится. Лишившись поста так же легко, как он его и получил, Митфорд найдет свое истинное призвание — служение перу и бумаге. В 1890-е годы Бертрамом будут написаны несколько неплохих книг, посвященных тем странам, где ему довелось побывать атташе.

После многочисленных скандалов в 1891 году родители Клементины решат расстаться. Сэр Генри, всегда являвший собой пример человека крайностей, в припадке гнева отречется от своих номинальных детей. Оставшись одна, леди Бланч окажется в затрудненном финансовом положении. Она будет вынуждена покинуть фешенебельный район Лондона и переместиться в менее дорогие апартаменты в Кенсингтоне. Также ее новыми местами обитания станут Сифорд в

Сасексе и французский курорт Дьеп — столица казино и богатых англичан. Именно здесь Клементина выучит французский язык и будет давать частные уроки французского за два шиллинга и шесть пенсов.

Читая о многочисленных любовных похождениях как леди Бланч, так и леди Рандольф, нельзя не привести слова неподражаемого Роя Дженкинса: «Просто феноменально, что Уинстон и Клементина — эти отпрыски ветреных дам — создали один из самых знаменитых в мировой истории брачных союзов, известный как своим счастьем, так и своей верностью»[194].

Но вернемся к торжественному приему на Карзон-стрит. Уинстон приехал на него с леди Рандольф и готов был уже ввязаться в очередной спор по политическим вопросам, как его взгляд остановился на молодой девушке, скромно стоявшей в дверном проеме.

— Ма-ам, а кто эта прекрасная мисс?

— Я не знаю, но постараюсь что-нибудь про нее выяснить.

Спустя некоторое время Дженни вернулась с обнадеживающими новостями:

— Незнакомку зовут Клементина Хозье. Совершенно забыла, я ведь дружила с ее матерью леди Бланч. Не настолько, правда, хорошо, чтобы узнать Клементину, но достаточно, чтобы муж моей сестры сэр Джек Лесли стал ее крестным отцом.

Не успел Уинстон осознать услышанное, как Дженни тут же взяла его под локоть и подвела к дочери своей давней подруги.

Несмотря на всю предысторию и дружеские отношения родителей, молодые люди не произведут друг на друга особого впечатления. Встреча пройдет скромно, без лишних обещаний и обязательств. Черчилль молча уставился на юную девушку, чем ввел ее в краску. Как вспоминает впоследствии сама Клементина:

— Уинстон держался со мной слишком скованно. Он не только не решился пригласить меня потанцевать, но даже постеснялся проводить на ужин[195].

Ситуацию разрядит один из ее поклонников. Он пригласит Клемми на танец. Не пройдет и минуты, как она уже закружится в ритме вальса, отвечая загадочной улыбкой на нескромный вопрос своего партнера:

— И что вас потянуло вступить в беседу с этим ужасным типом Уинстоном Черчиллем?[196]

На этом все и закончилось, вернее, началось. Молодые люди расстались на четыре года, с головой окунувшись кто в политические дебаты палаты общин, кто в устройство личной жизни.

Вспоминали ли они об этой встрече? Если и да, то Уинстон, скорее всего, журил себя за внезапную скованность, Клемми же изумлялась, что не перевелись еще скромники в Соединенном Королевстве. Единственное, о чем они, похоже, никогда не думали, так это о том, что им придется встретиться вновь.

В марте 1908 года леди Сент-Хелье, больше известная за доброту и отзывчивость как Леди Санта-Клаус, организовывала в своем особняке — доме номер 52 на Портленд-плейс — званый обед, на который были приглашены одни из самых влиятельных людей того времени — военно-морской министр лорд Твидмаут, знаменитый оратор и адвокат Ф. Е. Смит со своей женой Маргарет, видный парламентский обозреватель сэр Генри Люси, писавший для «Punch», богатая американская наследница мисс Рут Мур, на деньги которой будет восстановлен Чекерс, ставший спустя тринадцать лет загородной резиденцией британских премьер-министров, а также западноафриканский колониальный администратор сэр Фредерик Лагард со своей женой Флорой Шоу, популярным в то время экспертом в области колониальной политики.

Был среди приглашенных и занимавший в то время должность заместителя министра по делам колоний тридцатитрехлетний Уинстон Черчилль. Он считал, что на вечере будет царить невероятная скука, поэтому решил предпочесть именитую компанию спокойному отдыху в теплой ванне. В дело вмешается его бессменный секретарь Эдди Марш, пристыдивший своего шефа. За десять лет до этого, в 1898 году, леди Сент-Хелье оказала молодому лейтенанту Черчиллю большую услугу, посодействовав с устройством в состав суданской экспедиции. Принимая во внимание это обстоятельство, Уинстону ничего не осталось, как засвидетельствовать почтение и явиться на мероприятие, променяв тем самым спокойный отдых в ванне на 57 лет счастливого брака.

Среди именитой компании миссис Шоу была, похоже, последней, кто испытывал к Черчиллю хоть какую-то симпатию, но именно к ней и решили посадить нашего главного героя, как всегда значительно опоздавшего к началу банкета. Другой его соседкой по столу оказалась двадцатитрехлетняя Клементина Хозье. Описывая ее внешний вид, корреспондент знамениго светского журнала «The Bystander» восхищенно говорил:

— У нее обворожительные коричневые волосы и очень деликатные черты лица, блестящие серые глаза и восхитительный поворот головы. Ее плечи и шея несут в себе элемент исключительной грации и ненавязчивой силы греческого искусства[197].

Так же как и Уинстон, Клементина чудом попала на данное мероприятие. Она совершенно не хотела ехать на прием к своей тетке, у нее было вышедшее из моды платье, к тому же, как нарочно, куда-то подевались бальные перчатки. Единственной причиной, почему она все-таки появилась на приеме, стало суеверие: без нее за столом присутствовало бы тринадцать человек — скверная примета согласно английским поверьям*. В ходе приема Уинстон немало удивил присутствующих. Вместо того чтобы вступить с миссис Шоу в жаркий спор по поводу очередного колониального вопроса, Черчилль обратил все свое обаяние на Клементину. Когда застолье подошло к концу и женщины отправились в залу музицировать и вести светские беседы, мужчины собрались в свой кружок, обсуждая последние новости мира политики. Все ждали от Уинстона привычного красноречия, но он вновь удивил собравшихся своим молчанием и нескрываемым беспокойством. Постоянно поглядывая на часы, он только и искал удобного повода, чтобы примкнуть к женской половине об-

---

* Как любит повторять королева Елизавета II: «Тринадцать за столом могут быть только апостолов».

щества и продолжить незаконченный разговор с мисс Хозье. Когда мужчины стали расходиться, Уинстон быстрым шагом направился к своей новой знакомой.

— Вы читали мою книгу «Лорд Рандольф Черчилль»? — начал он.

— Нет.

— А если я вам ее завтра пришлю, тогда прочтете?

Клементина согласилась, но Уинстон так и не выполнил своего обещания. Как вспоминала она спустя годы, подобная безответственность произвела на нее «дурное впечатление». В целом же он показался ей «очень интересным»[198].

Но все это уже было не так важно. Ставший жертвой проказника Купидона, Черчилль был поражен красотой, умом и обаянием своей новой знакомой. Его не зря называли «молодым спешащим человеком»*: 11 апреля он убедил свою мать пригласить леди Бланч с ее очаровательной дочерью в арендуемый особняк в Солсбери Холл. Новая встреча лишь еще больше сблизила молодых людей. Черчилль предложил ей продолжить общение:

— Мне очень понравилась наша беседа в это воскресенье. Что за утешение и наслаждение встретить столь умную и благородную молодую девушку. Я надеюсь, мы еще встретимся и узнаем друг друга получше. По крайней мере, я не вижу особых причин, поче-

* Видоизмененный вариант знаменитый фразы его отца лорда Рандольфа, сказанной в отношении лидера либералов Гладстона, — «пожилой спешащий человек».

му бы нам не продолжить наше совместное общение[199].

Жизнь Черчилля всегда была насыщена событиями, и апрель 1908 года не стал исключением. В начале месяца премьер-министр сэр Генри Кэмпбэлл-Баннерман, измученный тяжелой болезнью, подал в отставку, передав правление своему преемнику по либеральной партии Генри Герберту Асквиту. Последний сделал некоторые изменения в составе правительства, предложив Уинстону портфель министра торговли.

Согласно политической традиции* вновь назначенный член кабинета министров должен был заново переизбираться в парламент. В который уже раз Черчиллю придется совмещать несовместимое — любовь и политику. Не обойдется, конечно, и без сюрпризов. Обычно переизбрание, представляющее собой весьма формальную процедуру, проходило практически без участия противоположной партии. Но только не в этот раз. Консерваторы не забыли и не простили Уинстону смену партии в 1904 году. А после сокрушительного поражения в 1906 году ни о каком снисхождении не могло быть и речи.

Тори выставят достойного кандидата в лице Уильяма Джойнсона-Хикса. Не самым удачным окажется и избирательный округ Уинстона — северо-западный район Манчестера. Патриций по рождению и аристократ по духу, Черчилль составлял разительный кон-

---

* Правило переизбрания новых членов кабинета впервые было представлено в 1705 году и просуществовало вплоть до 1919 года и в видоизмененном виде до 1926 года. — *Примеч. авт.*

траст со своим электоратом, большинство которого приходилось на шахтеров и выходцев из рабочих семей. Посетив первый раз свой избирательный округ, он скажет Эдди Маршу:

— Представь себе, жить на одной из этих улиц — никогда не видеть ничего прекрасного — никогда не есть ничего вкусного — *никогда не говорить ничего умного*[200].

Отдаваясь политике, Черчилль не забывал и про личную жизнь. Боясь потерять Клементину, он завалил ее подробными отчетами с места событий: «Сражение в Манчестере достигло наполеоновских масштабов. Боюсь, электорат ко мне не слишком расположен»[201]. Уинстон не зря выражал беспокойство. Подсчет голосов, состоявшийся 23 апреля, окажется неутешительным для молодого члена кабинета министров. Ему не хватит 429 голосов, чтобы сохранить свое место.

Прошло всего четыре года, как Черчилль «пересек» зал заседаний в палате общин, перейдя из лагеря консерваторов в стан либералов*.

---

* Без сомнения, это был один из самых драматичных партийных переходов в политической истории Великобритании прошлого века. 31 мая 1904 года Уинстон вошел в помещение палаты общин, выдержал короткую паузу, бросил быстрый взгляд в сторону правительства и оппозиции, затем, уважительно поклонившись спикеру, резко повернулся направо и решительным шагом направился к скамьям либералов. Черчилль разместился сразу же за восходящей звездой либеральной партии Дэвидом Ллойд Джорджем, как раз на том самом месте, которое занимал его отец в годы оппозиции. Именно с этого места лорд Рандольф саркастически махал платком, приветствуя падение либерального кабинета Уильяма Гладстона в 1885 году.

Политики и раньше меняли партии и не гнушались этим и после, но поведение Уинстона глубоко задело представителей тори, называвших его теперь не иначе как «бленхеймская крыса». Сокрушительное же поражение консерваторов во время выборов 1906 года и успешная карьера Черчилля лишь подлили масла в огонь. Они только и грезили, чтобы отомстить своему обидчику. Поэтому, когда Джойнсон Хикс положил Уинстона на лопатки, радости тори не было конца. «Уинстон Черчилль пролетел, ПРОЛЕТЕЛ, ПРОЛЕТЕЛ!» — восклицала «Daily Telegraph», больше известная за свои проконсервативные взгляды как «Daily Torygraph».

Сам же виновник «торжества» смотрел на происходящее с необычным для себя хладнокровием. Делясь впечатлениями с Клементиной, он признавался:

— Если бы я выиграл выборы сегодня, то, скорее всего, проиграл бы на всеобщих выборах. Раз уже это случилось, то теперь мне ничего не остается, как найти безопасное место на долгие годы[202].

И таким «безопасным» округом станет Данди, известный своим судостроением, льном, джемом и кексами. Весной 1908 года Уинстон одержит там победу, продолжив свою парламентскую карьеру.

Обо всем этом Клементина, находившаяся в тот момент в Италии, узнавала через главного участника событий, в письмах которого политика мирно уживалась с замечаниями личного характера: «Как бы я хотел, чтобы ты была здесь. Думаю, тебе бы понравилось. У нас была веселая вечеринка и волнующая неделя. Жизнь, несмотря на всю ее неполноценность, бывает подчас очень забавной. Напиши мне снова. Я одинокое создание в самом центре толпы. Будь ко мне добра»[203].

Отсутствие Клементины в Англии нисколько не скажется на характере их взаимоотношений, которые будут развиваться на удивление быстро.

4 августа Уинстон уже присутствует на свадьбе, пока, правда, не своей, а брата Джека, выбравшего себе в жены леди Гвендолин Берти. После брачной церемонии Черчилль вместе со своими друзьями остановится в загородном доме своего кузена капитана Фредерика Геста. Посреди ночи отопительная система, совсем недавно установленная в особняке, даст сбой — и начнется пожар. Спустя всего десять минут все здание будет охвачено рыжими языками пламени. Все повыскакивают из своих постелей и соберутся на поляне перед домом. Не дожидаясь приезда пожарной бригады, Уинстон наденет на себя металлический шлем и примется командовать тушением пожара.

Первое, что необходимо было сделать, спасти как можно больше ценных вещей. Никто из присутствующих так толком и не смог дать вразумительного ответа, где эти вещи находятся. Личный секретарь Черчилля Эдди Марш вбежал в первую попавшуюся комнату и, увидев там какие-то книги, принялся выкидывать их в окно. Как потом выяснится, это была всего лишь библиотека прислуги, бесценные же манускрипты Елизаветинской эпохи навсегда превратятся в пепел.

Уинстон также забрался в дом и стал выбрасывать разные вещи. Как вспоминает оказавшийся неподалеку журналист местной газеты «Nottingham Daily Express»:

— Ему просто чудом удалось избежать гибели. Когда он принялся выносить из здания очередную пару бюстов, за его спиной обрушилась крыша. Задержись он на секунду, и он был бы погребен под обломками[204].

Едва добравшись до письменного стола, Черчилль ту же поведает о своих приключениях новой возлюбленной: «Пожар был великолепным развлечением, мы здорово повеселились. Жаль лишь, что подобное веселье обходится слишком дорого»[205]. Безрассудная смелость, проявленная нашим главным героем в критический момент, произведет огромное впечатление на молодую девушку. Похоже, он все больше стал походить на мужчину ее мечты или, наоборот, мечта все больше стала походить на Уинстона.

После почти пяти месяцев ухаживания, в начале августа 1908 года, Черчилль решил пригласить свою возлюбленную в родовое поместье герцогов Мальборо, в Бленхейм. Парламент как раз удалился на летние каникулы, так что свободного времени было теперь предостаточно. Клемми не разделяла энтузиазма своего кавалера, она предполагала, что в замке будет много гостей, к тому же ей, как всегда, нечего было надеть. Происходя из аристократического, но обедневшего рода, Клементина с детских лет привыкла жить скромно, и поэтому недостаток бальных платьев в ее гардеробе было вполне обычным явлением. Для Уинстона же, всю свою жизнь считавшего, что деньги только и предназначены для того, чтобы их тратить, все эти мелочи не имели никакого значения.

Пытаясь переубедить Клементину, Черчилль напишет ей: «Если бы ты только знала, как я хочу увидеть тебя в этот понедельник. Мне так хочется показать тебе это удивительное место. В его прекрасных садах мы сможем уединиться и обсудить все на свете. Всегда твой У.»[206]. За первым письмом тут же последует второе, в котором Уинстон расскажет своей возлюбленной об ее «странном и таинственном взгляде», секрет которого он «так и не может разгадать»[207].

В конечном итоге, поняв, что больше всего Уинстона волнует разговор наедине, а не пышный бал в Бленхеймском дворце, Клементина согласится. Уже когда поезд тронется от Паддингтонского вокзала и, набрав скорость, помчится к Оксфорду, она достанет лист бумаги, перо и чернильницу, чтобы написать своей матери несколько строк: «Я чувствую себя ужасно робкой и очень усталой»[208]. На самом деле, ей нечего было стесняться. Черчилль, ждавший возлюбленную у железнодорожной станции в Оксфорде, сидел за рулем своего нового автомобиля, с шоферскими очками на лбу, и нервничал еще больше.

Два дня он будет водить Клементину по прекрасным окрестностям графства Оксфордшир, так и не решившись сказать ей о главном. На третьи сутки Уинстон настолько отчается в себе, что не захочет даже вылезать из постели. Клементина же терпеливо будет ждать его внизу за столом, пить чай и серьезно раздумывать, не вернуться ли ей в Лондон. Заметив немного отрешенный взгляд своей гостьи, герцог Мальборо тут же поднялся в спальню к своему кузену.

— Уинстон! — пытаясь сделать сердитое выражение лица, произнес Санни. — Вставай немедленно и сегодня же признайся Клементине во всем. Боюсь, тебе больше не представится такой возможности.

Уступив доводам девятого герцога Мальборо, Черчилль предпримет последнюю попытку — поведет свою возлюбленную в розарий. Когда они бродили по аллеям сада, в небе разразилась гроза, и начался сильный ливень, который заставил их укрыться в храме Дианы — небольшой каменной беседке, расположенной на холме около озера.

С полчаса они просидели молча. Атмосфера накалялась. Клементина бросила взгляд вниз и увидела медленно ползущего жука. В ее голове промелькнуло: «Если этот жук доползет до трещины, а Уинстон так и не сделает мне предложения, значит, он не сделает его никогда»[209].

Судя по дальнейшему развитию событий, Черчилль оказался проворнее.

Уинстон преподнес своей будущей невесте «самое замечательное кольцо» с огромным красным рубином и двумя бриллиантами. За тридцать пять лет до означенных событий, когда лорд Рандольф делал аналогичное предложение юной Дженни Джером, он подарил ей три великолепных кольца. Одно из них было бриллиантовым, второе с бриллиантами и сапфиром, третье с бриллиантами и рубином. Леди Рандольф выбрала первое. Оставшиеся же кольца были сохранены, чтобы будущие сыновья — словно они уже тогда знали, что их будет двое, — могли торжественно передать подарок своим невестам. Гвенделин Берти выбрала с сапфиром, оставив Клемми его рубинового близнеца[210].

Предстоящую свадьбу назначат на середину сентября. Но пока данное событие решат держать в строгом секрете. Однако уже по возвращении во дворец Уинстон не сдержится и расскажет обо всем своему близкому другу Ф. Е. Смиту. Так что уже вскоре весь Бленхейм узнает о предстоящей помолвке.

Вечером перед сном Клемми нарисует своему жениху любовное послание — большое сердечко с надписью «Уинстон» внутри. В течение нескольких дней, пока будущие молодожены гостили у девятого герцога Мальборо, все слуги только и занимались тем, что носили по длинным коридорам Бленхеймского дворца бесчисленные письма, которыми влюбленные обменивались друг с другом.

«Моя дорогая.
Как ты? Я шлю тебе мою лучшую любовь. Я только что встал, не желаешь прогуляться со мной после завтрака в розарии?

Всегда твой У.».

«Мой дорогой.
Я в полном порядке и с огромным удовольствием прогуляюсь с тобой в розарии.

Всегда твоя Клементина»[211].

В связи с тем, что официальный отец Клементины, сэр Генри Хозье, скончался за год до означенных событий, руки Клементины придется просить у леди Бланч. Обращаясь к будущей теще, Черчилль скажет:

— Я не богат и не слишком влиятелен, но я люблю вашу дочь и считаю это чувство достаточно сильным, чтобы взять на себя великую и священную ответственность за нее. Я считаю, что смогу сделать ее счастливой, дав ей необходимый статус и положение, достойные ее красоты и добродетелей[212].

Узнав о помолвке, миссис Хозье одобрит выбор Клементины. Она хорошо знала семью Уинстона и была немало наслышана о любовных отношениях его родителей — когда лорд Рандольф влюбился в Дженни с первого взгляда и, несмотря на, мягко говоря, скептичное отношение со стороны обоих родителей, взял ее себе в жены. Похоже та же ситуация произошла и с его старшим сыном. Разве что он влюбился в Клементину не с первого (в 1904 году), а со второго раза.

Делясь новостями со своей свояченицей Мэйблл Эйрли, леди Бланч сообщит ей:

— Клементина обручилась с Уинстоном Черчиллем, они собираются пожениться. Трудно сказать, кто из них влюблен больше. Зная характер Уинстона, думаю, что он. Весь мир наслышан о его великолепных умственных способностях, но какой он очаровательный и любящий в частной жизни.

Во время же беседы со своим старым другом, поэтом Вилфридом Блантом, мать Клементины так будет описывать будущего зятя:

— Он так похож на своего отца. Уинстон унаследовал некоторые его недостатки и все добродетели. Он мягкий, добрый и очень нежный к тем, кого любит[213].

С леди Бланч согласится и ее мать леди Эйрли. Узнав о помолвке своей внучки, она воскликнет:

— Уинстон так любит свою мать... мне кажется, что хорошие сыновья всегда становятся хорошими мужьями. Клементина поступила мудро. Пусть она следует за ним, я не стану возражать[214].

Вернувшись во дворец после визита к леди Бланч, любовные послания вновь полетят по многочисленным бленхеймским коридорам.

«МОЯ ДОРОГАЯ, Я НАДЕЮСЬ, ЧТО ТЫ СПАЛА КРЕПКО. Я ЖЕ ЛЕГ ТОЛЬКО ПОСЛЕ ЧАСА НОЧИ. МЫ ДОЛГО БЕСЕДОВАЛИ С САННИ, ОБСУЖДАЯ ЕГО ДЕЛА*. СКАЖИ, ТЫ СОБИРАЕШЬСЯ ВСТАВАТЬ К ЗАВТРАКУ ИЛИ ЕЩЕ ПОНЕЖИШЬСЯ. КСТАТИ, Я ШЛЮ ТЕБЕ МАССУ ЛЮБВИ И ЧЕТЫРЕ ПОЦЕЛУЯ

ОТ ВСЕГДА ПРЕДАННОГО ТЕБЕ
УИНСТОНА».

«МОЙ ДОРОГОЙ, Я НИКОГДА ЕЩЕ НЕ СПАЛА ТАК ХОРОШО И НЕ ВИДЕЛА СТОЛЬ ЧУДНЫХ СНОВ.
Я КАК РАЗ СОБИРАЛАСЬ СЕЙЧАС СПУСТИТЬСЯ ВНИЗ.

КЛЕМЕНТИНА»[215].

---

* Незадолго до означенных событий Санни был оставлен своей женой Консуэлой Вандербильт. В принципе, их отношения были обречены с самого начала. В разгар брачной церемонии Консуэла шла к алтарю в слезах. Мальборо также представлял иначе свою вторую половину. Если их брак и состоялся, то только благодаря разуму, но не чувствам. Одной стороне нужны деньги, другой — благородное происхождение. Несмотря на печальную предысторию, их брак просуществовал одиннадцать лет, пока Консуэла не решилась оборвать его раз и навсегда. — *Примеч. авт.*

В субботу 15 августа Уинстон официально объявит о предстоящей свадьбе.

— Не могу тебе описать мое счастье. Мне даже трудно поверить, что все это правда, — признается Клементина своей тетке Мэйбл[216].

Другие же будут гораздо менее уверены в безоблачном счастье предстоящего брака.

— Из этого ничего не выйдет, никто не сможет ужиться с Уинстоном, да и Клементина достаточно самостоятельна, чтобы он позволил ей оставаться такой, — перешептывался высший свет, когда речь заходила об их свадьбе.

— Данный союз продлится шесть месяцев, не больше, — предсказывал лорд Розбери, — брак распадется, потому что Черчилль совершенно не создан для семейной жизни[217].

Подруга Уинстона, Вайолетт Асквит, будет еще более откровенна. Обращаясь к кузине Клементины, Венете Стэнли, она признается, не скрывая своей ревности:

— Для Уинстона жена — это не более чем украшение. Я полностью согласна с моим отцом* , что это катастрофа для них обоих. Уинстон не особенно желает — хотя и нуждается в жене, способной сдерживать его выпады и вовремя останавливать от очередного промаха[218].

Пока друзья высказывали свои мнения, журналисты упражнялись в острословии. Один карикатурист изобразил Уинстона с чулком в правой руке, подписав

---

* Премьер-министр Герберт Асквит. — *Примеч. авт.*

внизу: «Теперь новым направлением деятельности мистера Черчилля станут чулочные изделия»*, недвусмысленно намекая на отношение общества к предстоящей свадьбе.

В какой-то момент сомнения одолеют и Клементину, решившую в самый последний момент отменить брачную церемонию. Была ли это реакция на всевозможные мнения, наполнившие лондонский воздух, словно сизый туман, или прямое следствие физического и душевного истощения, нарастающего, словно снежный ком, с приближением ко дню Х? Возможно, и то и другое. Главная же причина крылась в женихе, вернее, в его деятельности. Как вспоминает их младшая дочь Мэри:

— Уже тогда моя мать смогла разглядеть лицо единственного соперника, который на протяжении всех пятидесяти семи лет замужества будет стоять между ними[219].

Под данным «соперником» подразумевалась общественная и политическая деятельность Уинстона, составлявшая не только смысл, но суть его жизни.

Увидев сомнения Клементины, в дело вмешался ее брат Билл, попытавшийся объяснить сестре, что безнравственно будет отказываться от собственных обещаний. К тому же Клемми уже трижды разрывала помолвку**; сделав так в четвертый раз, она могла навлечь

---

* По-английски чулочные изделия переводятся как *Hozier*, так же как и девичья фамилия его жены Клементины. — *Примеч. авт.*

** Первые две помолвки втайне в 1906 году с Сиднеем Пилом, который был старше ее почти на пятнадцать лет. Третья

на себя большие неприятности. Уинстон также не остался в стороне и со всей присущей ему энергией стал убеждать свою возлюбленную, что им предназначено идеальное будущее.

Были ли данные сомнения по-настоящему серьезными? Скорее всего, нет. Клемми сразу же полюбила Черчилля:

— И как я только жила все эти двадцать три года без тебя? Все, что произошло за пять последних месяцев, кажется мне каким-то прекрасным сном.

Уинстон отвечал ей взаимностью:

— У меня просто нет слов, чтобы передать тебе любовь и радость, которые переполняют меня, когда ты находишься рядом[220].

Считая, что коллеги по работе и близкие друзья должны узнать о предстоящей свадьбе не из газет, Черчилль с каждым поделится своей радостью. Сообщив новость друзьям-мужчинам, Уинстон не забудет и про женскую половину. Так, например, обращаясь к Памеле Плоуден, он заметит:

— Я собираюсь жениться на Клементине. Скажу тебе теми же словами, что и ты мне, когда выходила замуж за Виктора: мы должны всегда оставаться лучшими друзьями.

помолвка была объявлена публично. Ее новым кавалером стал Лайонел Эйрл, богатый служащий из Сити. Все уже готовились к свадьбе, когда один из близких друзей решил пригласить влюбленных вместе с леди Бланч в свой загородный дом в Голландии. Двух недель, проведенных вместе, было достаточно, чтобы понять, что мистер Эйрл, который был, кстати, еще старше, чем Пил, совершенно не подходил на роль ее будущего мужа. — *Примеч. авт.*

К сожалению, ответ Памелы не сохранится, зато до нас дойдут другие поздравления. Узнав о предстоящей свадьбе, Мюриель Уилсон поздравит своего бывшего возлюбленного:

— Я ужасна рада, что ты женишься. Я отлично знаю, как ты бываешь временами одинок и каким подспорьем станет для тебя жена. Поздравь от меня Клементину, тебе же я от чистого сердца желаю удачи и счастья.

К ней присоединится и Полли Хэкэт:

— Поздравляю тысячу раз и желаю тебе бесконечного счастья.

Среди поздравивших Черчилля был и его старый коллега по консервативной партии лорд Хью Сесил.

— Свадьба окажет на тебя благоприятное влияние и в ментальном, и в моральном, и в политическом плане. Холостяки обычно воспринимаются как морально неустойчивые. Кстати, кто будет твоим шафером?

— Точно пока не знаю, — с некоторой беззаботностью ответит Уинстон.

— Тогда я с радостью готов взять на себя столь ответственную миссию, — тут же предложит Сесил.

Отказываться было глупо, да Уинстон и не собирался[221].

Венчание состоится 12 сентября в два часа пополудни в церкви Святой Маргариты в Вестминстере, где чуть меньше года назад, 18 сентября 1907 года, в брак вступили автор Шерлока Холмса сэр Артур Конан Дойл и его многолетняя любовь Джин Леки. В отличие от прошлогодней церемонии у Черчиллей все было организовано по высшему разряду. В сентябре парламентарии ушли на каникулы, поэтому большинство видных государственных деятелей того времени не смогли присутствовать на церемонии, предпочтя ей законный отдых в загородных резиденциях. Одним из немногих исключений станет Ллойд Джордж, с которым Уинстон не преминет завести в самый разгар брачной церемонии разговор о насущных проблемах государственного управления.

Недостаток именитых политиков с лихвой компенсируется обычными гражданами, пришедшими в субботний день засвидетельствовать свое почтение. Причем желающих окажется так много, что для сдерживания многотысячной толпы придется пригласить полицейских.

За двадцать минут до начала церемонии к церкви Святой Маргариты, украшенной бесчисленными пальмами, хризантемами и лилиями, подъедет автомобиль жениха, откуда выйдут Черчилль и его шафер Хью Сесил. Внешний вид Уинстона будет неодобрительно встречен в некоторых средствах массовой информации. Так, например, корреспондент журнала «Портной и закройщик» воскликнет: «Это одно из самых неудачных свадебных одеяний, которые можно себе только представить. Жених больше напоминает принаряженного кучера»[222].

Другие издания будут менее привередливы. Например, «Westminster Gazette» напишет в своем номере от 12 сентября: «Черчилль одет в обычный свадебный костюм — высокий цилиндр и сюртук»[223].

Появление жениха вызвало приветственный возглас у собравшихся лондонцев, оглушительным ревом пролетевший по Парламентской площади и Уайтхоллу. Услышав крики толпы, Черчилль улыбнулся и быстрым шагом проследовал через ризницу в церковь. Пройдя мимо рядов, он поклонился родственникам невесты, пожал руку герцогине Мальборо и принялся ждать свою благоверную, явно опаздывающую к началу мероприятия. Биг Бен уже пробил два, а невесты все еще не было. Уинстон принялся нервно потирать руки, то хватаясь за часы, то растерянно оборачиваясь и смотря на вход: «Неужели Клементина и вправду передумала в самый последний момент и не приедет на церемонию?»

На самом же деле все было намного банальнее. Как потом выяснилось, Уинстон зря беспокоился. Считая, что особняк леди Бланч в Кенсингтоне слишком мал, чтобы собрать там гостей, а холостяцкая квартира Черчилля в доме номер 12 по Болтон-стрит совершенно не пригодна для свадебной церемонии, банкет решили провести в роскошном особняке на Портленд-плейс, который благородно предоставила молодой невесте ее тетка леди Сент-Хелье. За день до свадьбы Клемми переехала на Портленд-плейс, где и провела предпразничную ночь.

Проснувшись утром 12 сентября в непривычном для себя месте, Клементина испытала щемящее чувство тоски и одиночества. Как это ни банально звучит, но ей захотелось домой — по-человечески простое и по-житейски трудно осуществимое решение. В ночь перед свадьбой вся одежда Клемми была отправлена в мусор. У нее был лишь торжественный свадебный наряд, в котором путешествовать по лондонским улицам было невозможно. Оказавшись в тупиковой ситуации, Клементина обратилась за помощью к одной из горничных, которая согласилась одолжить ей свою одежду.

Клемми быстро надела новое платье, тихо проскользнула в заднюю дверь, села в автобус и отправилась в Кенсингтон. Нетрудно представить, как удивились родственники Клементины, когда увидели ее в странном наряде. Последовали расспросы, ответы и долгожданный завтрак, прошедший, как и следовало ожидать, в атмосфере всеобщего оживления, шуток и разговоров. По окончании трапезы Клементина поехала обратно на Портленд-плейс и только оттуда, облачившись в свадебное платье, отправилась на торжественную церемонию в церковь Святой Маргариты[224]. В пять минут третьего в сопровождении своего двадцатилетнего брата Уильяма она быстрым шагом вошла в церковь, вызвав вздох облегчения у ее благоверного и всех присутствующих.

На Клементине было сверкающее платье из белого атласа со струящейся белой фатой из нежного тюля, корона из флердоранжа и бриллиантовые серьги, подарок жениха. В руке она несла букет из лилий и мирты, а также молитвенник, перевязанный лайковой лентой.

Заиграл орган, исполняя свадебный марш Рихарда Вагнера из оперы «Лоэнгрин». Затем вступил хор, спев известный гимн «Веди нас, Отец Небесный», — и молодые медленным шагом подошли к алтарю, где их уже ждали епископ доктор Эдвардс и настоятель Манчестерского собора епископ доктор Уэллдон, бывший директор школы Хэрроу, где Уинстон провел свои юные годы. Также среди гостей, присутствующих в церкви, был и другой преподаватель Хэрроу, мистер Си Пи Эйч Майо, с которым Черчилль занимался математикой во время своего поступления в Сэндхерст.

Вступительную речь произнес епископ Уэллдон:

— Солнце освещает ваш сегодняшний союз. Позвольте мне напомнить, как много вы будете значить друг для друга в грядущие дни, в которых солнечные часы будут чередоваться с унынием и мраком. В жизни любого государственного деятеля наступают моменты, когда он всецело зависит от любви, понимания и глубочайшей симпатии своей жены. Благотворное влияние, которое оказывают жены на наших государственных мужей, это одна из ненаписанных глав английской истории. Пусть ваши жизни станут благословением друг для друга и для всего мира[225].

В отличие от своего коллеги доктор Эдвардс выглядел не слишком убедительно. Его слабый голос едва долетал до четвертого ряда. Как вспоминал один из очевидцев, под монотонные причитания епископа «тоска овладела каждым из присутствующих». И вдруг всеобщее уныние прорезал резкий и громкий голос:

— Я, Уинстон Леонард, беру тебя, Клементину Огилви, себе в жены.

Первыми новобрачных поздравили министр финансов Ллойд Джордж, предполагаемый отец невесты Бертрам Митфорд, а также леди Рандольф и графиня Эйрли. Даже суфражистки, преследующие Черчилля по всей стране, объявили на день свадьбы перемирие, и некоторые из них лично присутствовали в церкви, чтобы поприветствовать молодоженов. Боясь, что церемония превратится в демонстрацию за предоставление женщинам избирательных прав, Уинстон заранее позаботился о безопасности, рассадив в разных частях церкви полицейских в штатском. Однако все обошлось. Ярые сторонницы прав женщин вели себя достойно, и если кто-то из них повышал голос, то только для того, чтобы вместе со всеми поздравить новобрачных.

После окончания церемонии молодожены спокойно вышли из здания церкви и быстрым шагом направились к ожидающему их автомобилю. Как вспоминал обозреватель журнала «The World»:

— Все было сделано с такой поспешностью и простотой, как будто свадьба была для них каждодневным явлением[226].

Полиция не смогла сдержать напора толпы, и несколько сотен человек, прорвавшись через заслоны, окружили машину жениха и невесты, доставив шоферу немало волнующих минут. На всем пути следования брачного кортежа по Уайтхоллу и Риджент-стрит новобрачных встречали восторженные жители Лондона, выкрикивая в их адрес приветствия и поздравления. Как вспоминала впоследствии Клэр Шеридан, «...больше всего я запомнила толпы людей, собравшихся на всех улицах от церкви Святой Маргариты до Портленд-плейс. Все это было настолько же искренне, как будто они приветствовали короля и королеву».

Повсюду раздавались крики, каждый следующий громче предыдущего:

— Старый добрый Уинни!

— Благослови Господи Уинни![227]

Торжественная процессия медленно подъехала к дому номер 52 на Портленд-плейс. По предложению Клэр Шеридан вместо привычного риса дорогу новобрачных устлали лепестками роз. На свадебном банкете, который украшал полутораметровый торт весом в сорок килограммов, присутствовали свыше тысячи трехсот человек, включая сына знаменитого Дядюшки Джо Остина Чемберлена, лидера консерваторов Артура Бальфура и конечно же Дэвида Ллойд Джорджа.

Среди многочисленных подарков, которые получили молодожены, был огромной серебряный поднос, с выгравированными на нем подписями всех коллег Уинстона по правительству, серебряные столовые приборы в георгианском стиле от либеральной ассоциации города Данди, депеши его великого предка герцога Мальборо, от министра иностранных дел Эдварда Грея, а также знаменитые «Разговоры с герцогом Веллингтоном» и десятитомное собрание сочинений Джейн Остин от премьер-министра Герберта Асквита с дарственной надписью на третьем томе.

Кроме того, среди подарков были часы для путешествий, антикварные серебряные подсвечники, серебряные подносы, золотые и бриллиантовые драгоценности от семьи Ротшильдов, роскошная Библия от заместителя лорда-мэра Манчестера, две серебряные подставки для графинов от Джозефа Чемберлена, ну и конечно же особый подарок от короля Эдуарда VII —

трость с золотым набалдашником и золотой гравировкой: «Моему самому молодому министру». Этой тростью Черчилль будет пользоваться в течение всей своей жизни. Сегодня ее можно увидеть среди других экспонатов, представленных в личном музее Уинстона Черчилля в Лондоне.

Среди поздравивших была и мадам Тюссо, сделавшая 12 сентября 1908 года восковую фигуру молодожена частью своей всемирно известной экспозиции. Самым же ценным стал подарок жениха невесте — шикарное ожерелье с гроздьями рубинов и бриллиантов.

После церемонии молодожены сели на поезд и отправились в свадебное путешествие, начавшееся с городка Вудсток. Бленхейм восторженно встретил новобрачных. На улицах собралась целая толпа народу, на местной колокольне церкви Святой Марии Магдалины раздался колокольный перезвон, тот самый, который тридцать три года назад возвестил миру о рождении Уинстона.

На следующий вечер молодые отправились на небольшое церковное кладбище в Блэдоне, где посетили могилу лорда Рандольфа Черчилля. Спустя несколько дней новобрачные отбыли на континент. Проведя несколько дней в Венеции и на итальянском озере Можеро, они вернулись в Лондон и начали семейную жизнь, которой будет суждено продлиться пятьдесят с лишним лет и произвести на свет пять наследников и десять внуков.

В середине пятидесятых годов на одном из обедов, которые чета Черчиллей устраивала в своем загородном доме в Чартвелле, гости и хозяева решили сыграть в одну игру — «Кем бы вы хотели стать, если бы не стали тем, кто вы есть?». Гости оживленно принялись фантазировать о своих мнимых профессиях и дарованиях. Наконец очередь дошла до хозяина дома:

— Если бы я не стал тем, кто я есть, я бы с удовольствием стал... — Здесь Уинстон выдержал актерскую паузу, медленно вынул сигару изо рта и, повернувшись к Клементине, добавил: — Вторым мужем миссис Черчилль.

Глава IV.

ХОББИ И УВЛЕЧЕНИЯ

Между небом и землей

В конце сентября 1911 года тридцатишестилетний Уинстон Черчилль, сидя за рулем своего шестицилиндрового «неппера», мчался по пыльным дорогам Туманного Альбиона в Шотландию, в загородную резиденцию премьер-министра Герберта Асквита. Во время отдыха на вилле джентльмены играли в гольф, лишь иногда обсуждая насущные политические вопросы. В перерыве между партиями премьер предложил Уинстону пост министра военно-морского флота. Черчилль, давно мечтавший об этой должности, был в восторге. Дочь премьер-министра Вайолетт Асквит записала в своем дневнике: «Лицо Уинстона сияло от удовольствия». Она предложила ему чая, на что он быстро вымолвил:

— Я не хочу чая, я не хочу ничего в мире. Только что ваш отец дал мне в распоряжение весь флот Великобритании. Наконец это произошло, мне дали великолепный шанс. Теперь я смогу показать все, на что я способен[228].

Черчилль, всегда отличавшийся невероятным трудолюбием, с головой окунется в проблемы нового ведомства. Он станет работать без выходных, посещая судовые верфи, обедая и лично беседуя с офицерами и матросами. Лорд Фишер вспоминает о своем шефе:

— По смелости он близок к Наполеону, по хватке — Кромвелю[229].

Коллеги Уинстона будут повторять, что теперь одиннадцатой заповедью первого лорда Адмиралтейства* стало: «В день седьмой занимайся делами твоими и не смей отдыхать!» Ллойд Джордж даже пошутит:

— Уинстон все меньше интересуется политикой, пропадая в топке министерского катера[230].

Первое, на что обратит свое внимание новый глава Военно-морского флота, станет личный состав. Он заменит трех из четырех первых лордов. Своим секретарем назначит контр-адмирала Битти, сражавшегося с ним на севере Африки в далеком 1898 году. Считая, что все традиции флота сводятся к «рому, содомии и наказанию розгами»[231], Черчилль объявит безжалостную войну косности и личной наживе. Он улучшит условия «матросов с нижней палубы»: повысит им жалованье, даст возможность получать офицерские звания, объявит выходным воскресный день, а также отменит унизительные телесные наказания.

Вторым шагом министра станет техническая модернизация военного флота. В Черчилле всегда сочеталось несовместимое — ярый консерватизм и революционная страсть ко всему новому и необычному. До конца своих дней Уинстон, подаривший миру службу разведки и танк, а также предсказавший создание

---

* Так в Великобритании принято называть министра военно-морского флота. — *Примеч. авт.*

атомной бомбы еще в 1925 году, так и будет пользоваться «луковицей» — карманными часами на золотой цепочке, шофера величать «кучером на козлах», а Стамбул и Иран навсегда останутся в его речах Константинополем и Персией.

В то время эксплуатация судов была слишком дорогой, к тому же они совершенно не соответствовали требованиям нового века. По личному указанию Черчилля начнется беспрецедентная модернизация боевого флота с заменой двенадцатидюймовых пушек на пятнадцатидюймовые, не имевшие до этого мировых аналогов. Столь резкий технический скачок потребует радикальной перестройки всей флотилии и создания новых суперлинкоров класса «дредноуты», которым предстоит сыграть решающую роль в морских баталиях Первой мировой.

Не скроется от внимания Черчилля и проблема топливного снабжения судов. Баки с углем весили слишком много, полностью лишая плавучие крепости необходимой маневренности и скорости. Уинстон предложит перевести все военные суда с угля на нефть. Для того же чтобы устранить всякую зависимость подачи топлива от иностранных держав, он убедит парламент установить финансовый контроль над Англо-персидской нефтяной компанией, инвестировав в нее два миллиона фунтов стерлингов. Вскоре англичане обзаведутся собственными нефтяными месторождениями, обнаруженными в Северном море.

Благодаря упорству Черчилля Военно-морской флот Его Величества окажется полностью готовым к безжалостным сражениям Первой мировой войны. Как замечали журналисты:

— Господь дал нам остров, Уинстон же снабдил нас флотом!

Самым же дальновидным начинанием первого лорда Адмиралтейства станет создание военно-морской авиации. Черчилль намного раньше других поверил в огромные военно-стратегические возможности использования авиации. На заседании высшего органа безопасности, Комитета имперской обороны, в феврале 1909 года Уинстон предложит связаться с мистером Райтом и заручиться его поддержкой при создании национальной авиации[232].

Начиная с 1910 года Черчилль лично посещает ежегодные авиашоу в северном пригороде Лондона Хэндоне, знакомясь с первыми британскими авиаторами и внимательно изучая технические характеристики новой техники. 12 мая 1911 года первый лорд Адмиралтейства санкционирует первое учебное сбрасывание бомб. Под его руководством пилот Клод Грэхэм-Уайт успешно сбрасывает макет бомбы на участок поляны, изображающий корабль. Теперь морским офицерам будет о чем задуматься, ведь начиная с этого момента их плавучие крепости станут уязвимы не только с воды и суши, но и с воздуха.

Черчилль всегда был человеком дела. В начале 1912 года, во время визита на военную авиабазу в Истчерче, он неожиданно для всех попросит одного из пилотов дать ему начальные уроки пилотирования. Спустя годы он напишет: «Воздух очень опасная, ревнивая и слишком требовательная любовница. Посвятив себя ей однажды, многие оставались верными ей до конца, наступавшего, как правило, задолго до прихода старости»[233].

Сам же Уинстон, всегда привыкший принимать вызовы с открытым забралом, был не из тех, кого могла испугать «требовательная и ревнивая любовница». Первым пилотом, с которым Черчилль поднимется в воздух, станет двадцатитрехлетний Спенсер Грей, потомок герцога Грея, который провел в 1831—1832-х годах реформу избирательной системы в Великобритании. Позже Уинстон вспоминал, что сначала ему было немного не по себе, но, поднявшись в воздух, он испытал «счастливое ощущение полета».

«Я был немало удивлен, — напишет Черчилль в своем эссе „В воздухе“, — когда, оторвавшись от земли, не испытал ожидаемого чувства головокружения. Несмотря на успешный взлет, мое воображение продолжало в самых подробных деталях рисовать картины крушения и аварии. По своему незнанию и невежеству я хотел, чтобы это произошло над какой-нибудь мягкой водной поверхностью. Но, несмотря на все мои страхи, наш первый полет прошел успешно»[234].

В дальнейшем Уинстон продолжит полеты, вызывая искреннее восхищение британских пилотов.

— Сейчас самолеты хрупки и ломки, но, поверьте мне, настанет день, когда они, став надежными, будут представлять огромную ценность для нашей страны, — заметит как-то Черчилль прославленному летчику Айвону Кортни, который выражал опасение, что член кабинета министров подвергнет себя риску[235].

Черчилль будет одним из первых, кто станет использовать при управлении самолетом различные технические новинки. Как только разработают специальные наушники для общения между пилотами, Уинстон сразу же возьмет их на вооружение, хотя, как вспоминает Айвон Кортни, «пилоты старой закваски» больше полагались на остроту слуха и собственные голосовые связки.

Однажды увлечение всем новым едва не стоило ему жизни. В те годы приборы для определения воздушной скорости только стали вводиться и были далеки от совершенства. Неудивительно, что большинство пилотов больше доверяли собственному опыту и определяли скорость, глядя за борт. Уинстон же следил только за показаниями прибора, не обращая внимания на все остальное, и как-то настолько увлекся воздушным спидометром при заходе на посадку, что совершенно забыл сбавить скорость. Если бы не второй пилот, катастрофа была бы неминуема[236].

В 1912—1913 годах Черчилль с воодушевлением берет уроки пилотирования, совершая порой до десяти вылетов в сутки. Много позже Уинстон будет вспоминать:

— Начав свою летную деятельность из чувства долга, восхищения и любопытства, я продолжил ее из-за того чистого счастья и удовольствия, которое она мне доставляла[237].

Первый, с кем Черчилль поделится своими впечатлениями, станет его жена:

— Дорогая, мы провели сегодня необыкновенно веселый день в воздухе...

— Да, дорогой?

— Сначала мы отправились на военную авиабазу в Истчерч, где нашли дюжину самолетов. Мы все решили подняться в воздух...

— Да?

— Во время полета я пересек реку и отправился на другую авиабазу на острове Грейн — это было великолепное путешествие. На острове Грейн мы нашли еще целую кучу гидросамолетов, и все в превосходном состоянии...

— А как же обед?

— Прервавшись на обед, мы продолжили инспектирование гидросамолетов. Так что вечером я успел еще осмотреть судовые верфи в Ширнессе...

В этот же день Черчилль совершит свой первый полет на дирижабле и, понятно, не сможет не поделиться своим восторгом с любимым человеком:

— Клемми, а еще я летал на дирижабле. Это удивительное транспортное средство. Им так легко управлять, что мне даже в течение целого часа разрешили побыть первым пилотом[238].

Хорошо зная своего супруга, Клементина улыбнется его мальчишескому задору и протянет Уинстону пепельницу. В который уже раз его брюки оказались испорчены из-за сигарного пепла.

Каким же учеником был Уинстон? «Очень проблемным», — считают современники.

— Он был хорош в воздухе, — замечает один из очевидцев, — но вызывал большие опасения во время взлета и посадки[239].

Другие также вспоминают о его замедленной реакции и излишней эмоциональности.

— Черчилль слишком нетерпелив, чтобы быть настоящим пилотом, — утверждал полковник Тренчард, ставший впоследствии маршалом авиации[240].

Уинстон терпеть не мог совершать ошибки, пытаясь тут же исправить любую промашку. Однажды во время неудачного приземления самолет так тряхнуло, что он чудом не свалился под движущиеся шасси. Присутствующий при полетах Кортни подумал, что после такого стресса министр вряд ли захочет еще раз подняться в воздух, но оказался неправ: едва приземлившись, Черчилль тут же отдал приказ о новом старте[241].

Другой ассистент, Гилберт Лашингтон, вспоминает:

— Мы намеревались закончить в четверть первого. Когда же пришло положенное время, Уинстон настолько расстроился, что я с трудом уговорил его прерваться на ланч. Спустя сорок пять минут мы уже снова сидели в кабине и налетали еще три с лишним часа[242].

Легко себе представить состояние Черчилля, если даже в свой день рождения он только и думал что о пилотировании. Он обратился за советом к Лашингтону:

— Вы могли бы объяснить мне некоторые аспекты управления самолетом? Как вы считаете, какие у меня проблемы? Мне кажется, я слишком сильно толкаю руль, а может быть, это всего лишь мои догадки...[243]

Помимо упорных тренировок Черчилль не перестает размышлять о дальнейшем развитии военной авиации. Под его личным руководством на базе уже сформированного авиационного корпуса создается специальная военно-морская служба, ставшая прообразом морской авиации Великобритании. Новое формирование стало отвечать за «защиту с воздуха военно-морских гаваней, нефтяных хранилищ и прочих уязвимых объектов»[244].

Уинстон идет намного дальше своих современников, которые видели в воздухоплавании лишь дополнительные средства разведки и наблюдения за вражескими войсками. Черчилль предлагает превратить самолеты в эффективные боевые машины, установив на них пулеметы, торпеды, а также специальное оборудование для сбрасывания бомб. В его голове рождаются безумные по тем временам идеи. Что, если боевые корабли будут доставлять самолеты к месту сражения и те, взлетая с палуб, переоборудованных во взлетные полосы, смогут быстро достигать вражеской территории?!

Именно благодаря Уинстону и его творческому складу ума Англия станет первой в мире страной, которая обзаведется авианосцем. К началу Первой мировой войны в распоряжении британцев будет уже 39 самолетов, 52 гидросамолета, несколько авиакрейсеров и 120 хорошо обученных пилотов[245].

В сентябре 1913 года под руководством Черчилля разрабатывается принципиально новая модель самолета, способная взлетать с водной поверхности. Уинстон всегда слыл мастером афоризмов и метких терминов (вспомнить хотя бы его «железный занавес» или «саммит»), и авиация не станет исключением: новая модель аэроплана получит название «гидросамолет», а сам процесс перелета отныне будет во всех странах именоваться «рейсом»[246].

Черчилль санкционирует постройку ста серийных моделей, лично посещая верфи и осматривая строительство своего нового детища. Делясь впечатлениями с женой, он восхищается:

— Все великолепно, как в старые добрые времена Англо-бурской войны! Я наслаждаюсь моментом: никаких скучных партийных склок, надоевших газет и нелепых выборов. Как же я счастлив, что мы живем в эпоху, когда достижения прогресса видны в каждой области военной авиации![247]

На следующий месяц Черчилль даст указание о постройке специальных военных баз для гидросамолетов на южном и восточном побережье Англии. Своим подчиненным он прикажет в срочном порядке сформировать «одухотворенные» команды пилотов, сплоченные единством и мужеством[248].

Вскоре попытки Уинстона изучить азы пилотирования начинают серьезно беспокоить его друзей и жену. Спустя всего три дня после полета с Черчиллем Спенсер Грей получит серьезные повреждения: его самолет войдет в штопор, и он, потеряв управление, будет вынужден совершить аварийную посадку. В узком кругу пилотов-инструкторов Уинстона станут называть «вестником несчастий». 2 декабря 1913 года насмерть разобьется капитан Лашингтон, как раз на том самолете, на котором они упражнялись с Черчиллем. Утешая невесту погибшего мисс Ирли Хинс, Уинстон скажет:

— Быть убитым без боли и страха, находясь на службе своей страны, вряд ли это можно расценивать как худший подарок фортуны. Для близких же данная потеря ужасна[249].

Не разделяя романтичных взглядов своего мужа, Клементина тщетно станет умолять Уинстона прекратить полеты:

— Мой дорогой. Я слышала, что ты сегодня хотел полетать. *Заклинаю* тебя, не поднимайся в воздух этим утром — обещали сильный ветер, и вообще сегодня не самый удачный день для воздухоплавания[250].

— Тебе не о чем беспокоиться, — успокаивает Черчилль свою жену. — На аэродроме одновременно взлетают по двадцать самолетов, тысячи вылетов без единого несчастного случая[251].

Затем, сделав небольшую паузу, добавляет:

— Ты же так хорошо меня знаешь. Со своей интуицией ты видишь все мои достоинства и недостатки. Иногда мне кажется, что я способен завоевать целый мир. В другой раз понимаю, что я всего лишь тщеславный дурак.

— Уинстон...

— Нет, нет, подожди. Твоя любовь ко мне — это самое великое счастье, выпавшее на мою долю. Ни одна вещь в этом мире не способна изменить мою привязанность к тебе. Единственное, что я хочу, так это стать более достойным тебя[252].

Несмотря на весь свой лиризм, Уинстон не на минуту не сократит время полетов. К глубокому огорчению Клементины, он не привык бросать то, что доставляет ему удовольствие.

В мае 1914 года Черчилль втайне от своей жены, прикрываясь якобы деловыми поездками на яхте министерства «Enchantress» («Чародейка»), продолжит брать уроки пилотирования, проведя два «счастливых и интересных» дня на авиабазе при Центральной летной школе. Позже он признается Клементине:

— Я сознательно утаил от тебя свои занятия воздухоплаванием, зная, что ты будешь раздосадована[253].

Во время одного из полетов Уинстон слетает на смотры добровольческой территориальной армии, которая находилась в семнадцати километрах от авиашколы. Делясь впоследствии своими впечатлениями, он будет восторженно вспоминать:

— Нам оказали великолепный прием. Вокруг нас собралась толпа зевак, как будто они никогда в своей жизни не видели самолета[254].

В этом полете вторым пилотом Черчилля станет двадцатисемилетний лейтенант Томас Кресвелл. Спустя шесть дней Кресвелл вместе с лейтенантом Артуром Райсом погибнут, заходя на посадку. Узнав об этом происшествии, Клементина, ждавшая в то время третьего ребенка, примется вновь умолять своего мужа:

— Дорогой, у меня такое ощущение, что, если ты поехал на базу в Ширнесс, ты захочешь полетать, и это меня очень беспокоит.

— Ну что ты...

— Я знаю, ничто не сможет тебя остановить, поэтому не стану надоедать тебе своими уговорами и просьбами, но запомни, я каждую минуту только и думаю, что о тебе и твоей летной деятельности. Постарайся быть как можно осторожнее и летай только с самым лучшим пилотом[255].

Клементина очень нервничала. На следующий день она признается своему мужу:

— Всякий раз, когда я получаю телеграммы, мне кажется, что это сообщение о твоей гибели. Уинстон, меня уже начинают мучить кошмары и странные видения[256].

Услышав это, Черчилль медленно опустит голову и тихим голосом произнесет:

— Хорошо, дорогая. Я обещаю тебе прервать полеты на много месяцев, а может быть, даже навсегда[257].

Не стоит и говорить, что столь быстрый отказ от любимого увлечения дастся Уинстону с большим трудом. К этому времени он совершил уже 140 вылетов и готов был провести самостоятельный полет, чтобы получить права. В отличие от Черчилля все члены его семьи, друзья и большинство пилотов Истчерча вздохнули с облегчением.

Подытоживая результаты своих полетов, Черчилль скажет грустным голосом:

— Так или иначе, мне кажется, я многое узнал об этом восхитительном искусстве. Теперь я с легкостью могу управлять самолетом, несмотря на плохие погодные условия и сильный ветер. Еще немного практики — и я бы смог совершить самостоятельный полет и сдать на права.

— Уинстон, но ты уж слишком самоотверженно занимался летной деятельностью, — примется успокаивать его Клементина.

— Да, ты права. Хотя у меня не было острой необходимости в данных занятиях, за последние семь месяцев пилотирование превратилось в основную сферу моей деятельности. Я уверен, что мои нервы, мой дух и мои добродетели только улучшились благодаря воздухоплаванию.

Произнеся это, Уинстон встанет из кресла, подойдет к Клементине и, поцеловав ее руку, скажет со смешанным чувством стыда и вины:

— Но все это доставило тебе так много беспокойства, моя бедная кошечка. Мне так жаль...[258]

Прекратив летать, Уинстон приступит к созданию хорошо тренированной и великолепно экипированной команды летчиков. 9 июня 1914 года он подпишет документ о принятии на службу 200 добровольцев и формировании пяти летных бригад. Помимо своей заботы о научно-техническом совершенствовании Военно-морского флота, Черчилль также не забудет и о социальных вопросах. Пройдет больше десяти лет, и именно Черчилль, будучи министром финансов, санкционирует выплату пенсий всем вдовам и сиротам военнослужащих.

Прервав на время уроки пилотирования, Черчилль продолжит летать в качества пассажира. В годы Первой мировой войны он не раз будет летать на ту сторону Ла-Манша, наблюдая за совместными военными операциями. Однажды в 1918 году при возвращении в Лондон в его самолете откажет мотор. Видя, что до Туманного Альбиона лететь дольше, чем до континента, пилот развернет самолет в сторону французского побережья. Тем временем аэроплан продолжит терять высоту, быстро приближаясь к водной поверхности. Понимая, что до берега долететь не удастся, Уинстон станет готовиться к падению, рассчитывая в уме, насколько далеко он сможет доплыть в своем зимнем пальто и тяжелых военных ботинках. Когда падение уже казалось неизбежным, мотор вдруг заревет, выбросит несколько искр и, к огромной радости своих пассажиров, заработает. Самолет удастся посадить на французский аэродром Маркиз[259].

После окончания войны, в конце 1918 года, либеральная партия во главе с Дэвидом Ллойд Джорджем одержала победу на выборах. Сформировав новый состав правительства, Уэльский Колдун* предложит Уинстону сразу два портфеля — военного министра и министра авиации. Двойной пост вызовет «некоторое удивление и нескрываемую агрессию» среди обитателей Уайтхолла[260]. Больше всех разозлится Клементина. Она отлично понимала, что, став министром авиации, Черчилль обязательно захочет продолжить свои летные эксперименты. Узнав о двойном назначении, Клемми в какой уже раз примется уговаривать своего мужа бросить увлечение летательными аппаратами:

— Уинстон, заклинаю тебя, оставь должность министра авиации и сосредоточь все свои силы на проблемах военного ведомства. В конце концов, ты же государственный деятель, а не жонглер[261].

Клементина не ошиблась в своих опасениях. Помимо основной задачи, связанной с послевоенной демобилизацией солдат, Черчилль решит-таки закончить дело с пилотированием и сдать на права. Конечно, за прошедшие пять лет надежность самолетов возросла, а вероятность аварий уменьшилась, в руках же такого

---

* Прозвище Дэвида Ллойд Джорджа. — *Примеч. авт.*

«трудного» пилота, как Уинстон, летательные аппараты по-прежнему представляли огромную опасность для жизни.

В июне 1919 года Черчилль отправится во Францию, где недалеко от Парижа проведет испытательный полет на современной модели аэроплана. Несмотря на аварийную посадку, Уинстон останется доволен. Он решит вернуться обратно в Англию и попытаться сдать на права. Новым инструктором Черчилля станет глава Центральный летной школы, ас Первой мировой войны полковник Джэк Скотт, сбивший во время войны тринадцать самолетов противника. Несмотря на свой профессионализм, он также испытает на себе дурную славу «вестника несчастий».

18 июля 1919 года после напряженного рабочего дня Черчилль и Скотт покинут здание министерства и, сев в служебную машину, отправятся на аэродром Кройдон. Предполагалось провести обычный тренировочный полет на аэроплане.

Как обычно, Уинстон самостоятельно начнет поднимать самолет в воздух, но уже на высоте около 20—25 метров он станет резко терять скорость. Скотт быстро возьмет управление в свои руки, но даже он окажется бессилен — самолет стремительно будет приближаться к земле. Позже Черчилль будет вспоминать:

— Я увидел под собой залитый солнечным светом аэродром. В моем сознании успело промелькнуть, что эти блики несут какой-то зловещий оттенок. И тут я понял, да это же Смерть.

Аэроплан с грохотом рухнет на землю. В результате удара Черчилль вылетит из кабины и чудом останется жив. Во время аварии у самолета пробьет бак с горючим, но, к счастью для Уинстона, Скотт в самый последний момент перед падением успеет отключить мотор, предотвратив, таким образом, опасное возгорание.

Черчилль отделается несколькими шрамами на лице, кровоподтеками и легкой контузией. Скотт же получит более серьезные ранения. Уже вечером Уинстон будет председательствовать на званом обеде в палате общин, устроенном в честь генерала Першинга, командующего американскими войсками во Франции[262].

После этого инцидента родственники Черчилля были в шоке. Его кузина леди Лондондерри восклицала:

— Я с ужасом думаю о Клемми, что она пережила. Твое поведение, Уинстон, бесчеловечно по отношению к нам[263].

Уступив в конечном итоге просьбам своей жены и друзей, Уинстон навсегда откажется от затеи с получением летных прав.

Пройдут годы, и, оказавшись на месте своих близких, Черчилль будет также беспокоиться во время перелетов своих детей. Когда в 1950-х годах его младшая дочь Мэри захочет вместе со своим мужем Кристофером Соамсом отправиться в Америку на одном самолете, Уинстон настоит, чтобы они полетели раздельно.

— Супругам не следует летать в одном и том же самолете, когда их дома ждут малые дети, — прокомментирует он свое решение[264].

Оставив пилотирование, Уинстон никогда не оставит авиацию. В 1930-х годах Черчилль станет одним из немногих, кто будет ратовать за создание эффективных систем противовоздушной обороны. В 1935 году он войдет в состав Комитета по вопросам противовоздушной обороны, плодотворная деятельность которого приведет к успешным исследованиям в области радиолокации и созданию радара. В 1939 году англичанам удастся построить распределенную сеть из 20 радарных станций от Портсмута до Скапа-Флоу. В результате работы Комитета кроме цепи радарных станций будет создан специальный прибор, позволяющий распознавать самолеты противника. Во время войны Уинстон предложит разбрасывать алюминиевую фольгу, чтобы «слепить» радарные станции, расположенные на немецких авиабазах. Также им будет изобретен специальный навигационный прибор, облегчающий пилотирование самолета в условиях плохой видимости.

С начала Второй мировой войны Черчилль снова стал активно летать на самолетах. И хотя в данных рейсах Уинстон выступал в роли пассажира, от этого они не становились безопаснее, скорее, даже наоборот. Как заметил генерал Макартур:

— Если бы в моем распоряжении находились все награды союзной армии, то первым делом я вручил бы Крест Виктории Уинстону Черчиллю. Ни один человек не заслуживает этой награды больше, чем он. Пролететь десятки тысяч миль над вражескими территориями может быть обязанностью юных пилотов, но не государственного деятеля[265].

В мае — июне 1940 года Черчилль нанесет во Францию четыре визита, пытаясь убедить французское правительство продолжить борьбу с гитлеровскими войсками. Во время одного из перелетов его самолет чудом не попадет под открытый огонь немецких истребителей. Предполагалось, что «Фламинго» Уинстона будет сопровождать над Ла-Маншем британский эскорт, вместо этого под ними появятся два самолета люфтваффе. Увлекшись стрельбой по расположенному внизу крейсеру, подручные маршала Геринга так и не взглянут наверх, упустив одну из самых важных мишеней Второй мировой войны[266].

Спустя всего двадцать четыре часа после этого инцидента Уинстон уже снова сидел в кабине самолета. Метеорологи сообщали о надвигающейся буре и нежелательности каких-либо вылетов, но Черчилль был неумолим:

— К черту! Я полечу, несмотря ни на что! Ситуация слишком серьезна, чтобы еще думать о погоде!

Затем, немного успокоившись, добавил:

— Да. И не забудьте захватить мой большой пистолет. Если нас атакуют, я хочу убить хотя бы одного фашиста*.

Бесчисленные перелеты во время войны не могли не разбудить былые чувства в Уинстоне-пилоте. В ян-

---

* Очень характерное поведение для Уинстона. Во время своей очередной военной поездки в США, на этот раз на корабле «Королева Мэри», они чуть не столкнутся с немецкими подлодками. Присутствующий на борту «Мэри» американский посол в Великобритании Эврил Гарриман выкажет немалое беспокойство, но Черчилль его успокоит, сказав:

— Не волнуйтесь, я отдал распоряжение спустить шлюпку и установить на ней пулемет. Я не дам им взять меня в плен.

варе 1942 года, возвращаясь домой из Соединенных Штатов, Черчилль попросит первого пилота капитана Келли Роджерса разрешить ему сесть за штурвал тридцатитонного «боинга». Не зная о дурной славе «вестника несчастий», Роджерс согласится.

Во время полета их самолет отклонится от курса и едва не попадет под немецкие радары. Когда же к берегам Туманного Альбиона английские противовоздушные системы приняли их за противника и выслали на перехват шесть «харрикенов».

«К счастью, они провалят свое задание», — вспоминал впоследствии Черчилль[267].

Ошибка будет вовремя исправлена, и самолеты-перехватчики, исполняя роль эскорта, благополучно доставят премьера в Лондон. Капитана же Роджерса вызовут на следующий день в дом номер 10 по Даунинг-стрит, где переполняемый чувствами Черчилль вручит ему серебряный поднос с дарственной надписью, в которой было указано, что данный перелет продлился 17 часов 55 минут и покрыл 5 400 километров[268].

Комфортабельные «боинги» были не единственными машинами, на которых путешествовал британский премьер. В августе 1942 года им был совершен дли-

---

Если мне и предстоит умереть, то только в борьбе с врагом. Так что спускайтесь со мной в шлюпку, и мы здорово повеселимся.

К счастью для всех присутствующих, немецкие подлодки обладали меньшей решимостью или, скорее всего, просто не заметили венценосный корабль.

(Gilbert M. «Winston S. Churchill», v. VII, p. 396—397.)

тельный перелет — продолжительностью в 21 час — на бомбардировщике «коммандо». В нем были демонтированы держатели бомб и установлено примитивное пассажирское оснащение, самым роскошным из которого были две полки для Черчилля и его врача. Увидев столь неприхотливое оборудование в отсеке для бомб, один из старших офицеров заметил:

— Надеюсь, пилот не забудет, что везет людей, а не бомбы[269].

Главная же проблема заключалась в том, что бомбардировщик был негерметизированный, поэтому всем пассажирам выдали кислородные маски. Черчилль попросит модернизировать его маску таким образом, чтобы он смог одновременно наслаждаться не только кислородом, но и своими любимыми «гаванами».

В январе 1943 года Черчилль вновь совершит полет на «коммандо». На этот раз там будут установлены отопительные батареи, работающие на бензиновом двигателе. Во время ночного перелета Уинстон проснется от сильного жжения в пальцах ног. Как потом выяснится, одна из отопительных стоек вышла из строя и чуть не сожгла ему обувь. Опасаясь, что батарея подожжет все вокруг, Черчилль разбудит главу штаба ВВС, мирно дремавшего рядом в одном из кресел. Осмотрев неисправный агрегат, они решат отключить отопительную систему. Так верховное командование Британской империи продолжит свой путь, дрожа от холода на 2,5-километровой высоте.

На обратном пути один из сопровождавших премьера бомбардировщиков разобьется, унеся жизни двух членов английской делегации. Узнав об этом происшествии, Черчилль заметит:

— Было бы очень жаль сойти со сцены в середине столь интересной драмы. Хотя это не такой уж и плохой момент. Мы уже вышли на финишную прямую, и кабинет сам сможет довести дело до конца[270].

Этот полет станет последним для «коммандо». Спустя несколько дней он разобьется, погибнут все, находившиеся на борту.

В целом за все пять лет своего военного премьерства неугомонный Уинстон проведет 792 часа на воде и 339 часов в воздухе, преодолев расстояние свыше 180 тысяч километров.

В конце своей жизни Черчилль будет с пессимизмом смотреть на дальнейшее развитие науки. В первой половине XX века на алтарь научных открытий были принесены миллионы жизней, ставшие жертвой двух мировых войн. Выступая 24 июня 1952 года в палате общин, Уинстон скажет:

— Я всегда считал, что замена лошади двигателем внутреннего сгорания представляет собой мрачный эпизод в истории человечества[271].

Делясь же мыслями со своим близким другом Максом Бивербруком, он признается:

— Если честно, то я не могу не сожалеть, что человечество все-таки научилось летать[272].

Черчилль попытается нивелировать страшные последствия научных открытий. Последние годы своей политической карьеры он посвятит снятию напряженности между сверхдержавами и прекращению «холодной войны». Его не могла не пугать разворачивающаяся бездна ядерных вопросов. Своим близким он признавался:

— Мы живем в эпоху, когда в любой момент Лондон со всем его населением может быть стерт с лица Земли всего за одну ночь[273].

Но в 1950-х годах мир был не готов к отказу от гонки вооружений. Последний же лев Британской империи опять увидит дальше своих современников и заявит, что «лучше покончить с войной, чем с человечеством». Возможно, в этом и заключается самый важный урок, который преподал нам великий англичанин.

Всегда в седле

На протяжении всей своей жизни Черчилль поражал современников широким кругозором, являя собой пример личности неординарной и совершенно не похожей на привычный образ британского политика Викторианской эпохи. Отдавая предпочтение поло, африканскому сафари и английским скачкам, сэр Уинстон был, пожалуй, одним из немногих обитателей Вестминстера, кто питал искреннюю привязанность к таким благородным животным, как лошади. По мнению Черчилля, «держаться в седле и управлять лошадью является одной из самых важных вещей в мире»[274].

Еще будучи молодым курсантом Королевской военной академии Сэндхерст, Уинстон не только тратил на лошадей все свои сбережения, но даже влезал в долги под будущее офицерское жалованье.

На первый взгляд в таком отношении Черчилля к верховой езде нет ничего удивительного. Отец Уинстона, лорд Рандольф, также питал слабость к лошадям и конному спорту. После трагичного ухода из большой политики в 1886 году он приобрел черную кобылу по имени *L'Abbesse de Jourrare**, переименованную позже английскими любителями скачек в *Abscess in Jaw* (Абсцесс во рту). *L'Abbesse* выиграла не одно соревнование, принеся своему владельцу свыше полумиллиона фунтов стерлингов в современном эквиваленте.

Среди предков Уинстона лорд Рандольф был не единственным любителем лошадей. Дед Черчилля по материнской линии, американец Леонард Джером, также был страстным поклонником верховой езды. Совмещая одновременно игру на бирже с любовью к скачкам, он успел не только побывать совладельцем *New York Times*, но еще построить два ипподрома и основать знаменитый *Jockey Club* в Кони-Айленде.

Сэр Уинстон станет достойным преемником своего отца и деда. Уходя из большой политики в апреле 1955 года, он признается лечащему врачу, что собирается посвятить остаток своих дней конному спорту:

— Это нисколько меня не утомляет. Я смогу великолепно сохранять равновесие, выбрав себе тихую лошадку[275].

Свои первые уроки верховой езды Черчилль станет брать в десятилетнем возрасте в частной приготови-

---

* Жуарская аббатиса, названная так в честь одноименного романа Ренана, написанного в том же 1886 году. — *Примеч. авт.*

тельной школе в Брайтоне. В то время верховая езда, наряду с французским, историей и плаванием, входила в список обязательных дисциплин для подготовки будущих членов высшего общества. После нескольких месяцев тренировок Черчилль уже мог скакать легким галопом, о чем гордо хвастался в письмах к своей матери.

После Брайтона Уинстон поступит в частную подготовительную школу Хэрроу, где продолжит свои занятия верховой ездой. Окончательно определившись с карьерой военного, в сентябре 1889 года Черчилль будет переведен в специальный армейский класс для подготовки к поступлению в Королевскую военную академию Сэндхерст.

Во время учебы в Сэндхерсте Уинстон примет участие в соревнованиях на первый приз кавалериста. Своему отцу он будет гордо признаваться:

— В состязании приняли участие все кадеты, прошедшие данный семестр, — всего 127 человек. Из них для борьбы за первый приз было отобрано 15 человек, и я в том числе. После двух раундов, состоящих из показа всевозможных трюков и скачек с препятствиями, нас осталось только четверо.

— Ну и что дальше? — усталым голосом произнесет Рандольф.

— К этому моменту мое возбуждение достигло предела, — не замечая безразличного отношения своего отца, продолжит Уинстон, — мне кажется, я еще никогда не держался в седле так уверенно. Однако первым я так и не стал, набрав 199 очков, — мне не хватило всего одного балла до заветного приза.

— Опять проиграл?! — с раздражением скажет отец.

— Все равно я остался доволен результатом, — тихим голосом произнесет Черчилль[276].

Со временем Рандольф смирится с выбором своего старшего сына. Он даже организует ему дополнительный курс верховой езды в Найтсбриджских казармах вместе с королевскими конными гвардейцами.

В отличие от своего отца, Черчилль всегда верил в благотворное влияние, оказываемое верховой ездой на воспитание молодежи. Всем родителям он будет советовать:

— Не давайте вашему сыну денег, лучше купите ему лошадь. Еще никто никогда не попадал в беду — за исключением благородных бед — из-за того, что ездил верхом. Ни один час, проведенный в седле, не может считаться потерянным часом. Молодежь часто разоряется, владея лошадьми или ставя на них деньги, но никогда из-за того, что ездят на них верхом, если, конечно, не ломают себе при этом шеи, что при скачке галопом — весьма благородная смерть[277].

После окончания Сэндхерста перед Уинстоном открывалось несколько возможностей. Либо пойти в пехоту, либо продолжить карьеру кавалериста. Лорда и леди Рандольф больше устраивал первый вариант, Уинстона — второй. Не обращая внимания на отношение своих родителей, он обратится за помощью к другу семьи Джону Брабазону, командиру 4-го гусарского полка Ее Величества, с тем чтобы тот взял его под свое командование. Перечисляя же леди Рандольф все выгоды данного формирования, Черчилль отметит:

— Быстрое продвижение по службе, в случае отправки в Индию предоставление лучших казарм, а

также такие сентиментальные преимущества, как уни-
форма, друзья, и, конечно же лошади[278].

В конечном итоге, добившись своего, Черчилль будет приписан к 4-му гусарскому полку. Пройдя еще
один дополнительный пятимесячный курс верховой
езды в полку, Уинстон примет участие в скачках с препятствиями.

Самым запоминающимся станет первый забег, состоявшийся 20 марта 1895 года. Черчилль выступит
под второй фамилией — мистер Спенсер, одолжив лошадь по кличке Путник у своего друга и однополчанина Альберта Сэйвори. И если использование чужой
лошади будет связано с временным отсутствием собственной, то отказ от фамилии — желанием остаться
неизвестным, по крайней мере для своей матери. Леди
Рандольф считала забеги занятием «идиотским» и
«пагубным». Как Уинстон не пытался объяснить, что
«это практикуют во всех полках»[279], Дженни осталась
непреклонна.

Прибыв на финиш третьим из пятерых наездников,
Уинстон позже признался своему брату:

— Джек, скачки были волнующи и, по правде говоря, очень опасны[280].

К сожалению, судьи не разделят его энтузиазма. Забег будет признан недействительными, после того как
выяснится, что один из участников оказался ринге-
ром — лошадью незаконно участвующей в соревнова-
нии. Скандал попадет на страницы прессы, что могло
пагубно сказаться на репутации как самих жокеев, так
и организаторов турнира.

Слухи об этом происшествии быстро разойдутся в
высшем свете, не обойдя стороной и леди Рандольф.

Будучи женщиной умной, Дженни понимала, что в такой ситуации намного важнее будет не ругать своего сына за случившееся, а предотвратить повторение подобного в будущем. Так что неудивительно, что, как только в Индию Черчиллю будет отправлена долгожданная скаковая лошадь Лили[*] — подарок лорда Уильяма Бересфорда, леди Рандолф обратится к своему сыну со следующей просьбой:

— Обещай мне, что ты продашь Лили. Скачки — не самый лучший вид деятельности в Индии. Ты не сможешь остаться незапятнанным. Со мной согласен и полковник Брабазон. Продай ее и купи себе лучше пони для игры в поло. *Я уверена*, что ты пожалеешь, если не сделаешь этого[281].

— Я не вижу ничего неблагоразумного во владении Лили, — начнет оправдываться Уинстон. — В Индии многие владеют различными животными и спокойно участвуют в многочисленных скачках. Я не верю, что у них запачканы руки. А полковник Брабазон в своем репертуаре. Только и говорит: «В Индии все мошенники». По-моему, все это полная чепуха[282].

Бедная Лили прибудет в Индию только спустя полтора месяца после этой беседы. Пока же Черчилль примет участие в трех забегах, выступив под цветами своего отца — в коричневом жакете с розовыми рукавами и в розовой кепке[**].

---

[*] Названная в честь жены лорда Бересфорда герцогини Лили — тетки Уинстона, обещавшей своему племяннику купить лошадь сразу же после его поступления в Сэндхерст. — *Примеч. авт.*

[**] Сегодня розовый и коричневый цвета являются символом Черчиллевского колледжа в Кэмбридже. — *Примеч. авт.*

Успеха большого это не принесет — три забега, и все время на третьем месте. Не будет успеха и в «великолепном забеге с 49 препятствиями» — пятое место из тринадцати участников[283].

В седле Лили Уинстон впервые выступил в марте 1897 года. Пони покажет себя не с самой лучшей стороны. Перемена климата и недостаток опыта окажутся решающими в данном вопросе.

Скачки станут не единственным времяпрепровождением лейтенанта Черчилля. Не меньше времени он будет уделять и «королевской игре» — поло. Первые упоминания об увлечении данным видом спорта можно найти в письме к лорду Рандольфу, написанном Уинстоном в сентябре 1893 года, спустя несколько недель после начала учебы в Сэндхерсте[284]. По-настоящему же Черчилль откроет для себя «королевскую игру» только с поступлением в 4-й гусарский полк. В апреле 1895 года Уинстон признается своей матери:

— Я в течение десяти дней тренировался в поло на чужих лошадях. Вышли мне немного денег, чтобы я смог обзавестись собственными. В противном случае мне придется бросить игру, что очень прискорбно[285].

Судя по дальнейшему развитию событий, леди Рандольф согласится с требованиями своего сына. Черчилль станет регулярно принимать участие в матчах в течение всех восемнадцати месяцев, пока 4-й гусарский полк располагался в Альдершоте. Также он сыграет в легендарных турнирах в Харлингеме, где в 1869 году «королевская игра» впервые была представлена на Туманном Альбионе.

К маю 1896 года в конюшне Черчилля будет уже пять отборных поло-пони, что служило серьезным основанием для создания собственной полковой команды. После отправки в Индию в Бомбее специальным поло-клубом, содержащимся при 4-м гусарском полке, будет куплено еще 25 пони. В новую команду войдут: Черчилль, Альберт Сэйвори, Реджинальд Хоар и Реджигальд Барнс, с которым Уинстон сражался с кубинскими повстанцами в ноябре 1895 года.

Оценивая спортивную обстановку в Индии, Черчилль признается своему брату:

— Уровень игры здесь не очень высокий. Думаю, мы без труда победим весь Бангалорский гарнизон. Я сыграл всего три раза, забив при этом множество голов[286].

Как покажет дальнейшее развитие событий, оптимизм Черчилля был небеспочвенен. Уже на первом же турнире в Секундерабаде 4-й гусарский полк без труда выйдет в финал, где сразится с одной из местных команд. Посмотреть за решающей игрой придет свыше девяти тысяч человек, в основном индусов. Каково же будет разочарование местных жителей, когда англичанам все-таки удастся одержать вверх: 4-й гусарский станет первым полком в истории Индии, который спустя всего месяц после своей высадки одержит победу пусть и в небольшом, зато в первом для себя турнире.

Заветной же мечтой гусаров 4-го полка будет кубок Меерута, самого известного спортивного турнира на всем индийском субконтиненте. На протяжении многих лет первое место в соревнованиях оставалось за командой Дархэмской легкой пехоты. Легко себе представить воодушевление молодых игроков 4-го гусарского, испытавших с победой в Секундерабаде спортивный азарт и сильное желание свергнуть пехоту с заветного пьедестала.

Однако в 1897 году этой мечте не суждено будет осуществиться. По распоряжению губернатора Мадраса генерала сэра Мансфилда Кларка офицерам 4-го гусарского, принимавшим участие в турнире, будет отказано в отпуске. Уинстон возмущался:

— Я думаю, это был самый несправедливый и непорядочный поступок, так как еще не было прецедента в отказе на данный турнир, воспринимавшийся большинством как самое главное событие года.

Его сын Рандольф окажется более снисходительным:

— По всей видимости, генерал считал, что у 4-го гусарского нет ни единого шанса в предстоящих соревнованиях[287].

Впервые выступить на спортивных площадках Меерута удастся только на следующий год, в феврале 1898 года. В первом же матче подопечные Брабазона с легкостью обыграют драгунов 5-й гвардии. Дальнейший турнир сложится для них неудачно. Во втором раунде «после галантного сражения»[288] подопечные Брабазона проиграют главным фаворитам турнира из Дархэма.

В 1899 году Черчилль и его команда вновь захотят принять участие в межполковом турнире. Однако одного желания было мало, нужно было еще везение, а его-то как раз и не хватало. За неделю до начала турнира Уинстон неудачно оступится и кубарем упадет с лестницы в доме сэра Пертаба Сингха, управляющего в Джодпо. В результате падения Черчилль вывихнет правое плечо и растянет связки голеностопных суставов на обеих ногах.

Этот вывих плеча интересен следующим. На страницах своей автобиографии «Моя ранняя жизнь» Черчилль повествует о другой травме, полученной им во время высадки 4-го гусарского полка в Бомбее. Уинстон настолько спешит сойти на берег, что, не дожидаясь подачи трапа, спрыгнет в лодку и, зацепившись за стальное кольцо на скале, станет карабкаться вверх. В самый неподходящий момент лодка выскользнет у него из-под ног, и, повиснув на правой руке в воздухе, Черчилль сильно повредит плечевой сустав[289].

Самое интересное заключается в том, что Уинстон, всегда с большой охотой рассказывающий о своих ранах и травмах, ни в одном письме не указал об этом инциденте. Подобное молчание кажется более чем странным. Как знать? Возможно, вывих плеча был получен не при столь романтических обстоятельствах, как высадка в Бомбее, а при тривиальном падении с лестницы в доме Сингха. Так или иначе, но эта травма будет беспокоить Уинстона в течение всей его жизни.

Несмотря на тяжелую травму, Уинстон продолжит играть в поло, привязывая плечо правой руки кожаным жгутом к туловищу. В феврале же 1899 года вывих плеча и растяжение связок поставят под вопрос участие в игре Черчилля. Своему брату Джеку не на шутку расстроившийся Уинстон признается:

— Это самое ужасное, что до сих пор случалось в моей жизни. Я великолепно играл. Теперь же мое отсутствие резко уменьшает шансы на нашу победу. Я пытаюсь смотреть на произошедшее с философской точкой зрения, но это трудно[290].

Хотя в команде и был запасной пятый игрок, участники игры после продолжительных размышлений решат оставить Черчилля в команде. По их мнению, опыт композиционной игры Уинстона был намного важнее его способности нанести нормальный удар.

Как и в прошлогоднем турнире, в первом раунде подопечные Брабазона обыграют драгунов 5-й гвардии со счетом 16:2. На этом совпадения и закончатся. Во втором раунде команде Черчилля снова улыбнется удача — они победят. На этот раз поверженными окажутся уланы 9-го полка. В финальной игре, состоявшейся 24 февраля, гусары встретятся с драгунами 4-го полка.

Первая половина решающего матча сложится неудачно для команды Черчилля. В самом начале первого чаккера драгуны забьют гол и выйдут вперед, но гусарам удастся взять себя в руки. После трех точных ударов нападающего Хора счет станет 3:1 в пользу гусар. За несколько минут до конца матча драгуны сравняют счет. Решающий мяч будет нанесен Черчиллем.

— Мне снова улыбнулась удача. Я нанес слабый удар, и мяч, спокойно пролетев вдоль лошадиных копыт, уже в четвертый раз пересек заветную линию ворот, — вспоминал Уинстон спустя тридцать лет[291].

С данным финалом связана одна забавная история, рассказывающая о том, как дурачились кавалеристы после победы. Здесь она приводится в изложении другого известного кавалериста Роберта Баден-Поуэлла:

«Неожиданно один из офицеров 4-го гусарского полка вскочил на ноги и закричал:

— Сейчас, джентльмены, вы, наверное, хотите, чтобы я рассказал вам про поло.

Ба! Да это же был мистер Уинстон Черчилль! Естественно, в ответ послышались возражения:

— Нет, мы не хотим! Садись на место!

Несмотря на неободрительные крики, рассказчик добродушно улыбнулся, продолжив свой экскурс в эту прекрасную игру. Когда он закончил, раздались громкие аплодисменты и различного рода восклицания. Затем один из слушателей встал и властным голосом выразил мнение большинства:

— Хорошо, на сегодняшний вечер Уинстона достаточно.

И тут же нашего оратора взяли под руки два коренастых офицера и запихнули под перевернутый диван. К удивлению всех, Черчилль умудрится пролезть в отверстие. Выбравшись из заточения, Уинстон с радостью закричал:

— Нет смысла сидеть на мне, потому что я резиновый!»[292]

После победы в турнире Черчилль войдет в состав Индийской ассоциации поло. В составе Ассоциации Уинстон примет участие в жарких спорах по сокращению веса поло-пони, предложенного майором Джоном

Шерстоном, помощником главы административно-строевого управления сухопутных войск в Бенгале. Черчилль скажет корреспонденту газеты «Pioneer Mail»:

— Я категорически против данных нововведений. Они приведут к тому, что пони будут подвергаться таким же безжалостным и суровым подготовительным мероприятиям, какие мы проводим сегодня со скаковыми лошадьми. Вместо того чтобы плодить зло, давайте лучше подумаем, как его уменьшить[293].

В конечном итоге инициатива Шерстона так и не будет принята, большинство членов ИАП проголосуют против.

Чемпионат в Мееруте 1899 года станет последним турниром для команды Черчилля.

— Немногим из столь веселой компании будет суждено дожить до преклонных лет, — с грустью будет вспоминать Уинстон спустя годы[294].

В 1900 году Альберта Сэйвори убьют в Трансваале, Барнса ранят в Натале, сам же Черчилль, уволившись летом 1900 года из армии, выиграет дополнительные выборы в округе Олдхем и будет избран в нижнюю палату парламента — палату общин. В феврале 1901 года двадцатишестилетний Уинстон выступит со своей первой речью, положившей начало одной из самых долгих в истории мировой демократии политических карьер.

Посвятив свою жизнь политике, Черчилль не оставит «королевскую игру» и будет всегда стараться по мере возможности участвовать в различных соревнованиях, выступая за команду палаты общин.

По мнению Уинстона, «поло позволяет мне поддерживать физическую форму и предоставляет великолепную возможность отдохнуть, особенно после бесчисленных часов, проведенных в парламенте»[295].

Свою последнюю игру Черчилль сыграет 10 января 1927 года на Мальте. Осенью 1926 года адмирал флота сэр Роджер Кейс, познакомившийся с Уинстоном в 1904 году на одном из матчей в Уэмбли, пригласит своего старого друга в круиз по Средиземноморью для инспектирования Военно-морского флота. Между делом он предложит ему сыграть в поло. Черчилль, которому в то время шел пятьдесят третий год, ответит согласием:

— Я с радостью приму участие в игре. Я не играл уже целый сезон, поэтому попрактикуюсь скакать галопом, чтобы привести в тонус мышцы. В любом случае я захвачу с собой еще пару клюшек и покажу все, на что я способен. Если же мне будет суждено рухнуть на землю и погибнуть, я считаю это достойным концом[296].

К счастью, матч пройдет без всяких неприятностей, достойно увенчав тридцатилетнюю карьеру Уинстона в данном виде спорта.

Поло станет не единственным пристрастием Черчилля в отношении лошадей. В 1907 году, будучи заместителем министра по делам колоний, он совершит трехмесячное путешествие в Африку, с посещением Мальты, Кипра, Красного моря, Адена, Сомали, Найроби и Уганды. Основными сухопутными транспортными средствами в поездке будет поезд, верблюды и конечно же лошади, на которых наш главный герой с удовольствием преодолеет несколько сотен километров по африканскому континенту.

Даже в преклонном возрасте сэр Уинстон будет не против прокатиться верхом. Весной 1948 года его загородный дом Чартвелл посетит директор голландского цирка Ян Ван Леер. Он лишь захочет продемонстрировать великому политику таланты своих дрессированных лошадей, но не тут-то было. Понаблюдав некоторое время за благородными животными, 73-летний Черчилль сам сядет на белую лошадь Сальве и, сделав с ней несколько туров вальса, прокатится коротким галопом по парку, вызвав восторженные аплодисменты присутствующих[297].

Конечно, поездки верхом не всегда заканчивались столь безобидно. В 1895 году, в годы кавалерийской юности, во время участия в одном из забегов лошадь Уинстона неожиданно засбоила.

— Я хорошенько ее пришпорил, но она резко накренилась и с грохотом рухнула на землю. Мне просто чудом удалось избежать перелома ноги[298].

18 апреля 1922 года во время игры в поло с герцогом Вестминстерским Уинстон упадет с лошади, неожиданно вставшей на дыбы, как раз в тот момент, когда он, слезая с седла, станет перебрасывать ногу через ее шею. Позже Уинстон признается своему близкому другу Ф. Е. Смиту:

— Еще никогда я не испытывал при падении столь резкой боли[299].

В 1949 году семидесятичетырехлетний сэр Уинстон примется лично разводить скаковых лошадей. Эта затея не понравится его жене Клементине. Одному из своих старых друзей она признается:

— Если честно, я не нахожу в этом ничего безумно привлекательного[300].

К тому времени они прожили вместе уже свыше сорока лет, и Клемми как нельзя лучше знала характер своего мужа. Уинстон всегда много тратил, и идея с разведением лошадей могла обернуться финансовым крахом для семейства Черчиллей, у которых и без того было весьма затруднительное материальное положение.

Несмотря на возражения своей жены, Уинстон останется непреклонен. Весной 1949 года по совету любимого зятя Кристофера Соамса он купит своего первого французского скакуна — трехлетнего Колониста Второго. Перед первым забегом Черчилль и его близкие друзья будут очень нервничать, невольно спрашивая себя:

— Как себя покажет новый жеребец, не произойдет ли какого-нибудь казуса?

К счастью, все пройдет на ура. Колонист Второй сразу вырвется вперед, не оставив своим соперникам ни малейшего шанса на победу. Зрители, наблюдавшие за этим, восторженно скандировали:

— Уинни! Победа!

Как заметит лорд Дерби:

— Теперь, скорее всего, новым лозунгом тори станет: «Консерваторы и Колонист»[301].

После успеха с Колонистом Вторым Уинстон продолжит покупать новых лошадей. Он пригласит известного дрессировщика Вальтера Найтингла для работы со своими питомцами.

За пятнадцатилетнюю карьеру коневода через конюшню Черчилля пройдет 12 конематок и свыше сорока скаковых лошадей. Всего его любимцами будут одержаны свыше семидесяти побед на самых различных турнирах Ирландии, Австрии, Франции, США и конечно же Великобритании. Любимой же лошадью Уинстона навсегда останется Колонист Второй, выигравший за свою трехлетнюю скаковую карьеру тринадцать соревнований. В память о своем любимце он попросит известного художника Рауля Миллеса, специализировавшегося на изображении лошадей и охотничьих собак, нарисовать портрет Колониста Второго. Эту картину можно и сегодня увидеть в гостиной загородного дома Черчиллей в Чартвелле.

В 1964 году восьмидесятилетний Черчилль, перенесший к тому времени несколько тяжелых инсультов и два обширных инфаркта, будет вынужден оставить большой спорт и навсегда прекратит посещать ипподромы и собственные конюшни. Прощаясь с дрессировщиком своих лошадей, Уинстон меланхолично произнесет:

— Мне очень грустно, что я вынужден завершить свою скаковую деятельность по причине слабого здоровья, не позволяющего посещать ни скачки, ни конюшни.

Затем сделает продолжительную паузу, глубоко вздохнет и продолжит:

— Я мысленно возвращаюсь в весну 1949 года, когда Кристофер убедил меня купить Колониста. Не каждому человеку суждено в семьдесят пять лет начать карьеру коневода и получить от этого столько удовольствия[302].

Джентльмен с сигарой

В курительную комнату палаты общин вошел грузный пожилой джентльмен лет семидесяти пяти. Степенно усевшись в темно-зеленое кожаное кресло, он принялся раскуривать большую кубинскую сигару, которую достал из левого кармана своего пиджака. Сделав несколько неглубоких затяжек, он огляделся вокруг. Все посетители курительной комнаты с чувством глубокого почтения смотрели на него. Пред ними сидел человек-легенда — сэр Уинстон Черчилль. Проворчав что-то про себя, Черчилль обратился к своему соседу, молодому депутату, недавно избранному в нижнюю палату парламента:

— Молодой человек, мне кажется, вы иногда задумывались над тем, какая чертовщина заставила меня пойти в политику.

— Конечно, сэр.

— Честолюбие, молодой человек! Абсолютное, голое честолюбие![303]

Власть и сигары станут основными атрибутами великого англичанина. По крайней мере, он сам верил в это и хотел, чтобы в это поверили и другие. Со временем его имя станет культовым — как в политике, так и в сигарном бизнесе. Но если с честолюбием Черчилля все более или менее определенно, то значение сигар до сих пор часто недооценивают. Какую же роль играли «гаваны» в его жизни?

Как и большинство людей, неравнодушных к курению, Уинстон начнет баловаться табаком еще в детские годы, учась в привилегированной частной школе Хэрроу. Его родители без особого энтузиазма отнесутся к новому увлечению своего сына. Пытаясь убедить Уинстона бросить курить, леди Рандольф сошлется на его непрезентабельную внешность:

— Если бы ты только знал, как смешно и глупо ты выглядишь с сигаретой во рту.

Увидев, что это не возымело должного воздействия, Дженни решит подкупить своего старшего сына:

— Я уговорю папу купить тебе пони и ружье[304].

Она не ошиблась. Выше уже говорилось об увлечении Черчилля лошадьми. Оружие также было не меньшей страстью молодого аристократа. Почти сразу же после поступления в Хэрроу Уинстон запишется в стрелковый кружок «Rifle Corps», основанный при школе в 1859 году. Однажды своей матери он признается:

— Что ни говори, но пистолет — это самая лучшая вещь на свете[305].

И сегодня гордость черчиллевского музея, расположенного в ста метрах от лондонского Уайтхолла, составляют четыре личные вещи великого англичанина — три пистолета и одно ружье.

На просьбы своей матери Уинстон ответит по всем законам дипломатии, не забыв оставить себе место для маневра:

— Хорошо, я обещаю всенепременно бросить курить, но только на полгода[306].

Трудно сказать, выполнил ли Черчилль свое обещание, — определенно известно только одно: спустя некоторое время он снова будет замечен за курением сигарет. После неудачной попытки с «пряником» Дженни решит действовать «кнутом». Она пригрозит своему сыну, сказав, что его привязанность к табаку вызывает раздражение у лорда Рандольфа. Последний, хотя и любил курить сигары до «жжения языка»[307], своему сыну строго советовал обратное:

— Если хочешь иметь честный взгляд, крепкие руки и стальные нервы — не кури[308].

Зная реакцию отца, Уинстон сказал:

— Я больше не буду.

С матерью же он был более откровенен:

— Обещаю выкуривать не больше одной сигареты в день[309].

В конечном итоге, как родители ни пытались отучить своего первенца от вредной привычки, Уинстон так и остался верен себе. После окончания королевской военной академии Сэндхерст Черчилль отправится бороться с повстанцами на Кубу. Спустя тридцать пять лет после этой поездки Уинстон вспоминал: первое, что он сделал, добравшись до гаванского «Gran Hotel Inglaterra», так это утолил жажду несколькими апельсинами и раскурил сигару[310].

Черчиллю было достаточно сделать одну затяжку всемирно известных «гаван», чтобы понять: это — любовь навсегда.

Пройдет 50 лет, прежде чем Уинстон снова посетит Кубу. На этот раз ему будут оказаны всевозможные знаки внимания. На вопрос же одного из журналистов: «Сэр, почему вы предпочитаете курить именно сигары?» — мэтр мировой политики ответит лаконично:

— Просто я ими наслаждаюсь. Они великолепно поднимают мое настроение[311].

Достигнув преклонного возраста, сэр Уинстон признается:

— Говорят, что сигары негативно влияют на взаимоотношения с женщинами. Это полная чушь! Старость влияет гораздо хуже[312].

В отличие от большинства заядлых курильщиков, Черчилль считал, что дожил до своих лет только благодаря сигарам. Или, вернее, спичкам для их раскуривания. Во время одной из бомбежек во время Первой мировой войны Уинстон, вернувшись за коробкой спичек, чудом избежит гибели — снаряд попадет как раз в то место, где должен был находиться Черчилль.

Курение сигар не всегда приносило одно лишь спасение. Однажды Уинстон случайно уронит «гавану» в коробку спичками. В мгновение ока она вспыхнет, как рождественская елка, оставив у Черчилля легкий испуг и сильный ожог на левой руке. В другой раз Уинстон чудом не сожжет самолет, пытаясь потушить сигару в неположенном для этого месте.

Черчиллю всегда претили узкие рамки этикета, и сигары в этом отношении не стали исключением — сэр Уинстон разработал свой способ курения. Он никогда не пользовался традиционным каттером, обрезающим запечатанный конец сигары специальным образом. Вместо этого он размачивал кончик сигары в коньяке, виски или кофе, а иногда и просто смачивал его слюной. Затем Черчилль расковыривал нижний конец большой канадской спичкой и обертывал его коричневой гуммированной бумагой, чтобы тот не размок окончательно. Использовать гуммированную бумагу Уинстону порекомендовал один ювелир.

— Я стараюсь ее не применять на людях, чтобы не вызывать лишних вопросов, — признавался он Чарльзу Уилсону[313].

Прежде чем зажечь сигару, Черчилль долго наслаждался вкусом табака и только потом позволял себе поднести к кончику сигары огонь. Докуривал «гаваны» он всегда до половины, считая последние аккорды сигарной симфонии слишком утомительными. Многим столь пренебрежительное обращение к древним сигарным традициям может показаться кощунством, но, как выразился Вилли Алверо, генеральный представитель компании «Habanos» в нашей стране, «...таким уж был Черчилль, самый изощренный афисионадо XX столетия»[314].

С годами Уинстон станет отдавать все больше предпочтения марке «Romeo y Julieta», ведущей свою родословную с 1875 года. Именно тогда, за двадцать лет до приезда Черчилля на Кубу, дон Иносенсио Альварез Родригез и дон Хозе Манин Гарсиа создадут собственную фирму по производству сигар — «Alvarez, Garcia & Co.», сразу же сделав ставку на престижность своей продукции. На их фабриках будут работать только лучшие торседоры, табак доставляться исключительно из самого плодородного района Кубы Вуэльта Абахо, а цена и упаковка постоянно напоминать по-

купателям об избранности и уникальности данного
товара.

Первую марку своих сигар Родригез и Гарсиа назовут в честь бессмертной трагедии Уильяма Шекспира
«Ромео и Джульетта». Увидев, что дела идут в гору,
компаньоны расширят ассортимент производимых
сигар, добавив к «Romeo y Julieta» еще свыше десяти
новых сортов.

В 1886 году Гарсиа выйдет из игры. После ухода
главного инициатора всех бизнес-предложений для
«Alvarez, Garcia & Co.» наступят тяжелые времена.
В 1902 году Альварез Родригез продаст компанию своим конкурентам из «Rabell, Acosta & Co.». Те также, не
добившись увеличения прибыли, в 1903 году продадут
«Alvarez, Garcia & Co.» с аукциона 37-летнему Хозе
Родригезу Фернандасу, больше известному по прозвищу Дон Пепин.

Фернандас был удивительной личностью: с детства
работавший на табачной фабрике и поднявшийся с самых низов, он, как никто, хорошо разбирался во всех
тонкостях табачного дела. К тому же Дон Пепин был
на редкость обаятельным человеком, с великолепным
чувством юмора и огромным энтузиазмом, заражавшим всех, с кем ему доводилось общаться. Он стал завсегдатаем в многочисленных салонах Европы, близким другом многих аристократов и постоянным участником большинства великосветских приемов и
раутов.

Помимо своего обаяния и харизмы дон Пепин был
также успешным маркетологом. Он отлично понимал,
что для укрепления позиций на высококонкурентном

сигарном рынке кроме великолепных свойств самого товара необходимо иметь такого покупателя, которого знал бы весь мир. На первый взгляд найти такого клиента было достаточно просто. «Romeo y Julieta» всегда пользовались огромной популярностью среди сильных мира сего. Одних только персональных ленточек для сигар, которые каждый год отправлялись особенно именитым заказчикам, было две тысячи штук. Тем не менее путь к идеальному покупателю будет для Пепина трудным.

Сначала он решит связать сигару формата Julieta № 2 (длина 17,8 см, ринг гейдж 47) с именем французского премьер-министра Жоржа Клемансо, который был большим поклонником этой марки. Назвав в 1920 году одну из сигар clemenceau, Дон Пепин увековечит свою продукцию на Версальской мирной конференции.

Казалось бы, мечта владельца «Romeo y Julieta» сбылась: он нашел идеального клиента, еще раз закрепив за собой славу креативного бизнесмена и гениального маркетолога. Но за опьянением 20-х годов последует горькое похмелье 30-х. 24 октября 1929 года мир содрогнется от финансового краха на Уолл-стрит, начнется Великая депрессия. Не более радужной будет ситуация и на международной политической арене. В мире появится новая угроза — фашизм. Люди все меньше будут вспоминать счастливые и беззаботные 20-е годы. Версальский договор и основное его детище — Лига Наций окажутся бессильны перед новой катастрофой, мир стремительно понесется в разворачивающуюся бездну.

1 сентября 1939 года настанет момент истины. Все ставки будут сделаны — Земля, немного приостановив свой ход, завращается с бешеной скоростью. В апреле 1940 года падут Норвегия, Дания и Швеция, в мае и в июне — Бельгия, Нидерланды и великая Франция, — Европа попадет в руки тирана. Две крупнейшие империи — Советский Союз и Соединенные Штаты Америки — займут выжидательные позиции. Единственным клочком Свободы останется маленький остров — Туманный Альбион.

10 мая 1940 года, когда коричневая чума готовилась окончательно задушить европейские страны, в Англии командование государственным кораблем примет шестидесятипятилетний Уинстон Черчилль. Он сразу же заявит, что ни о каком перемирии не может быть и речи.

— Мы будем сражаться до конца, мы никогда не сдадимся, — прозвучит гордый рев британского льва[315].

Все взгляды будут обращены на Туманный Альбион и непокорного Черчилля. Среди наблюдавших будет и Дон Пепин, сразу же понявший, кто станет новым и главным символом его самой популярной марки. За годы Второй мировой войны он отправит Уинстону не одну коробку с отборными Julieta № 2, чем доставит немало хлопот сотрудникам спецслужб, отвечающим за безопасность британского премьера.

Все начнется в январе 1941 года, когда одна кубинская фирма преподнесет Черчиллю две коробки сигар. С Кубы подарки отправят в Министерство иностранных дел, там же, посчитав, что сигары могут быть отравлены, передадут их для проверки в Скотланд-Ярд. Эксперт по ядам Роч Линч вспоминает:

— Несмотря на проведение стандартных тестов, для меня не представлялось возможным проверить сигары на все известные яды, к тому же они могли содержать экзотический тропический яд, неизвестный в нашей стране.

В своем отчете Линч напишет, что никаких следов яда обнаружено не было. Кроме стандартных тестов Роч выкурит по одной сигаре из каждой коробки «без всяких неблагоприятных последствий»[316].

Весной 1941 года Черчилль снова получит подарок с Кубы. На этот раз две коробки сигар вызовут немало опасений среди членов его штаба. В беседе со старшим помощником Эриком Силом личный секретарь Уинстона в годы войны Джок Колвилл заметит:

— Когда премьер узнает о сигарах, мы уже не сможем избавиться от них. Скорее всего, он спросит, что стало с его подарком, представляющим для него большую ценность. Может лучше попросить мистера Брекена или миссис Черчилль, чтобы они попытались убедить премьера в небезопасности курения этих сигар[317].

Не на шутку забеспокоившийся Сил решит переговорить с близким другом Уинстона профессором Линдеманном, а тот в свою очередь свяжется с лордом Ротшильдом из службы разведки M.I.5. Последний с пониманием отнесся к подобным опасениям:

— Лично я считаю подобные проверки обязательными. Но все исследования следует проводить в обстановке строгой секретности, а то премьер будет очень рассержен, если узнает, чем мы тут с вами занимаемся.

— Не могла бы M.I.5 взять на себя анализ всех коробок с шоколадом и сигарами, присылаемыми на имя премьер-министр? — предложит Колвилл[318].

— Нет, это невозможно. К тому же я считаю предательством отнимать шоколад у Скотланд-Ярда: они кормят им своих сотрудников и собак.

В конечном итоге, уступив доводам Колвилла, Ротшильд согласится. 24 сентября 1941 года состоится первая проверка сигар на токсическое и бактериологическое инфицирование. Тесты будут проводиться на мышах, которым вводили инъекции из сигарного экстракта и окуривали сигарным дымом. Как гласит заключительный отчет, «все проверенные экземпляры оказались настолько безвредными, насколько это возможно»[319].

В связи с тем что проверке подвергалось лишь небольшое число сигар, даже после тестирования их употребление не могло считаться безопасным. Специалисты M.I.5 посоветуют проверять каждую сигару на наличие пятен и следов от уколов. Выполнение столь хлопотной миссии возьмет на себя верный телохранитель Черчилля инспектор Томсон.

В ноябре 1941 года британскому премьеру придет новая партия сигар. На этот раз к Черчиллю обратится его старший помощник Джон Мартин:

— Принимая во внимание недавние публикации в средствах массовой информации, считаю, что употребление этих сигар связано для вас с большим риском, совершенно неоправданным в нынешней ситуации.

— Что же вы предлагаете? — удивится Уинстон.

— Возможны три варианта. Во-первых, сигары можно обменять у надежных дилеров, с последующей продажей ничего не подозревающим покупателям. Во-вторых, их можно отдать на проверку лорду Ротшильду, правда, тогда мы лишимся некоторых экземпляров, которые, возможно, выкурят. И наконец, в-третьих, сигары могут быть уничтожены или выкурены кем-то из вашего окружения, кто готов принять на себя такой риск.

— Нет, нет, нет, — возмутится премьер. — Первый вариант омерзителен, второй неприемлем. И вообще, если эти сигары небезопасны для меня, значит, они небезопасны и для всех остальных, поэтому лучше всего их будет уничтожить[320].

Несмотря на всю серьезность, с которой Черчилль относился к данному вопросу, иногда он не прочь был и пошутить. Заместитель министра авиации лорд Бальфур вспоминает, как во время очередного заседания Комитета обороны Уинстон предложит всем членам кабинета министров по сигаре, сказав при этом:

— Джентльмены, я собираюсь провести эксперимент. Я хочу дать каждому из вас по одной сигаре.

Затем, выдержав небольшую паузу, добавит:

— Возможно, какая-нибудь из них содержит смертельный яд[321].

Скорее всего, в данном случае использовались уже проверенные Ротшильдом и Томсоном экземпляры. Уинстон же просто хотел разыграть своих подчиненных.

Несмотря на все хлопоты, связанные с подарками с Кубы, Дон Пепин продолжит высылать своему новому кумиру коробки с отборными «гаванами». Новым лозунгом своей компании он сделает: «Сигар хватит до победы!» В 1947 году формат Julieta № 2 получит новое имя Churchill, которое и сохранится до наших дней.

И все-таки возвратимся к вопросу — какую же роль играли сигары в жизни британского премьера? Черчилль был слишком незаурядной личностью, чтобы использовать «гаваны» только для курения. Он пойдет намного дальше, взяв их на вооружение при создании своего собственного уникального имиджа. На протяжении всей своей жизни Уинстон питал особую любовь к публике. Как вспоминал Ллойд Джордж:

— Его ноздри раздувались лишь от аплодисментов палаты общин. Он настоящий актер, обожающий быть в центре внимания[322].

Черчилль всегда очень болезненно переживал, если по каким-либо причинам его персону игнорировали или оставляли без внимания. С годами подобное поведение лишь усилится, вызвав недоумение у его любимого зятя Кристофера Соамса:

— Не странно ли, чем старее становится Уинстон, тем ему больше нравится проявление людской любви. У нас масса работы, мы трудимся не покладая рук до двух, иногда и до трех ночи, Уинстон же каждый день тратит целый час на чтение газет. Он внимательно просматривает каждую полосу с одной-единственной целью — найти что-нибудь о себе. Это становится как наркотик[323].

Неудивительно, что, подписывая в 1952 году вместе с Трумэном фотографии с Потсдамской конференции, Уинстон пожалуется президенту США, что даже на самых лучших фотографиях видна только его спина. Немного смущенный подобным откровением, Трумэн пообещает Черчиллю выслать при случае подходящие фотографии[324].

Эпизод с фотографиями не идет ни в какое сравнение с тем, что произойдет во время коронации Елизаветы II в июне 1953 года. Во время церемонии, когда кареты с вершителями судеб Британской империи направятся из Вестминстерского аббатства в Букингемский дворец, экипаж премьер-министра, развернувшись у арки Адмиралтейства, поедет в сторону Даунинг-стрит. Подобное отклонение от протокола повергнет в шок как основных участников церемонии, так и многотысячную публику, наблюдавшую за процессией с лондонских улиц.

Будут выдвигаться самые разные версии случившегося, начиная от перевозбуждения лошадей и заканчивая усталостью Черчилля, которому в тот момент шел семьдесят девятый год. Что же произошло на самом деле? Историк Кей Хейлл, автор книги «Неугомонный Черчилль», возьмет интервью у некоторых участников этого события, включая кучера премьер-министра Кристофера Сайка. По его словам, еще до того, как сесть в экипаж, сэр Уинстон выразит крайнее недовольство размером окон в своей карете. Они были слишком малы, и Черчилль не без оснований боялся, что его никто не увидит за такими амбразурами. Он выскажет лорду Морану:

— Было бы гораздо лучше использовать большую машину с огромными стеклами, нежели оказаться

спрятанным от внешнего мира в этой ужасной карет-
ной коробке[325].

По мере приближения к Букингемскому дворцу
Черчилль станет все больше нервничать, ревнуя королеву к приветствиям толпы. Эмоциональный накал
достигнет апогея около арки Адмиралтейства. Сэр
Уинстон схватит трость и примется стучать ею по крыше кареты, требуя у кучера, чтобы тот повернул домой. По приезде на Даунинг-стрит Черчилль расстро-
ится еще больше, узнав, что весь штат его резиденции
в прекрасном настроении отправился на праздник[326].

Подобное «тщеславие» было вызвано и другой причиной — позиционированием своей собственной пер-
соны. Если говорить сегодняшним языком, Уинстон
стал одним из первых в мире имиджмейкеров.

— Ах, Уинстон! Он всегда был гениальным шоуме-
ном, — заметит как-то Энтони Иден[327].

Его костюмы, шляпы и бабочки в горошек, его шут-
ки и высказывания на любую тему, посещение бесчисленных раутов и приемов — все это будет работать на
его имидж. Упоминая о своем британском друге, французский писатель Андре Моруа замечает:

— Уинстон Черчилль — большой знаток основных
законов психологии и весьма умело обыгрывает свою
диковинную шляпу, непомерно толстые сигары, гал-
стуки бабочкой и пальцы, раздвинутые буквой «V».
Я знавал некоего французского посла в Лондоне, который не мог произнести ни слова по-английски, но зато
носил галстук в горошек, завязанный пышным бантом,
что необыкновенно умиляло англичан, а ему в течение

длительного времени позволяло сохранять свой пост[328].

Развивая мысль об общественном позиционировании, Черчилль однажды признается:

— Одной из самых обязательных вещей каждого публичного человека должен стать некий отличительный знак, по которому его всегда будут узнавать, как, например, монокль Чемберлена, завиток Дизраэли или трубка Болдуина[329].

Сам же Уинстон будет пытаться убедить своих знакомых, что у него такого «отличительного» знака не было и в помине. Хотя еще в 1910 году, во время предвыборной кампании в Саутспорте, журналисты, увидев на Черчилле странно сидящую шляпу, которая была ему явно не по размеру, станут использовать головные уборы в качестве одного из черчиллевских символов. Спустя годы Уинстон вспоминает:

— Именно с этих пор многочисленные карикатуристы стали жить за счет моих шляп. Как много их у меня, насколько они странны и несуразны, как часто я их меняю? Некоторые даже стали утверждать, что я придаю всей этой шляпной палитре какое-то специальное значение. На самом деле это все чушь. Все эти вымыслы и догадки основаны на одной-единственной фотографии. Впрочем, если распространение подобных слухов помогает этим достопочтимым джентльменам в их тяжелой работе, я нисколько не возражаю. Я даже сам готов превратить данную легенду в правду, купив для этой цели еще одну шляпу[330].

На самом деле Черчилль пойдет намного дальше и превратит правду в легенду. Первое, за что возьмется британский премьер, станет его привычка постоянно опаздывать. Со временем он сознательно будет задерживаться на важные мероприятия, с тем чтобы акцентировать на себе как можно больше внимания. И если двадцатиминутное опоздание на обед к принцу Уэльскому в 1896 году закончится неодобрительным отзывом последнего, то задержка в 1947 году в Вестминстерское аббатство на свадьбу будущей королевы Елизаветы II вызовет бурные овации. Весь свет английской аристократии стоя будет аплодировать пожилому джентльмену, как будто бы он был женихом, а не лидером оппозиции.

Вторым бессмертным брендом сэра Уинстона станет знак победы — «V», который он будет показывать при помощи указательного и среднего пальцев, поднятых вверх. Первый раз Черчилль продемонстрирует этот знак в 1940 году, когда ему сообщат, что отряды сопротивления рисуют на стенах в оккупированной Франции латинскую букву «V», означающую по-французски — победа (Victoire), а по-голландски — свобода (Vrijheid). После этого начнется какая-то V-мания. Компания ВВС, например, обнаружив, что передача V-символа кодом Морзе — точка-точка-точка-тире — аналогична известному мотиву Судьбы Пятой симфонии Бетховена — соль, соль, соль, ми-бемоль, — станет использовать данный фрагмент при объявлении военных новостей или в патриотических передачах[331]. Во время же визита Черчилля в США, в декабре 1941 года, в спальне британского премьера в Белом доме Уинстона встретит двухметровый V-знак, сделанный из лилий*.

Третьим и, пожалуй, самым известным символом Черчилля станут сигары. Об этом же свидетельствуют и его близкие друзья, утверждавшие, что сэр Уинстон был не таким уж заядлым курильщиком, как это принято считать. Сведения о том, что он выкуривал якобы по восемь-девять, а то и по двенадцать—пятнадцать «гаван» в день, явно преувеличены. Например, в 1947 году, когда Черчиллю удаляли грыжу, он, опасаясь возникновения пневмонии после общего наркоза, решит не рисковать и бросит курить за две недели до операции[332]. Когда же в 1952 году, во время тяжелого финансового положения для Соеди-

---

* Подобная дань уважения могла иногда привести и к неловким ситуациям. Например, во время одного из круизов на яхте Аристотеля Онассиса «Кристина» было приготовлено аналогичное панно из цветов, выложенных в виде знака «V». Среди других почетных гостей на яхте также присутствовала великая Мария Каллас. Посчитав, что данные цветы предназначены ей, она обратилась к старшей дочери Черчилля с вопросом:

— Боже! Какие замечательные цветы, как это мило. Но, Диана, почему они выложены в виде буквы «V»?

В ответ последовало шокирующее:

— Потому что, Мария, они предназначены не вам, а моему папе.

Как вспоминала внучка Уинстона Целия, присутствующая при данном разговоре:

— Каллас ядовито посмотрела на мою мать, и разговор был тут же переведен на другую тему.

(Sandys C. Op. cit., p. 11.)

ненного Королевства, зайдет разговор об экономии, Уинстон скажет:

— Интересно, сколько это будет стоить для страны, если все согласятся бросить курить. Я, например, не возражаю отказаться от моих сигар[333].

Не менее примечательным выглядит и тот факт, что, подъезжая 5 марта 1946 года к фултонскому колледжу, где он собирался произнести свою знаменитую речь о «железном занавесе», Черчилль обратится к президенту колледжа доктору Макклюру:

— Попросите остановить машину, а то я не могу зажечь сигару при этом ветре.

Увидев удивленный взгляд Макклюра, он добавит:

— Публика будет ждать от меня фирменного знака, и я не могу их разочаровать[334].

После всего вышесказанного становится ясно, что Черчилль не просто получал от кубинских сигар удовольствие, он заставил их работать на себя и свой имидж. Не кроется ли в столь искусном умении сочетать приятное с полезным секрет большинства великих людей нашей планеты?

Глава V.

ДОМАШНИЙ УЮТ

Землевладелец из Кента

Осенью 1922 года Уинстон вместе со своими детьми — тринадцатилетней Дианой, одиннадцатилетним Рандольфом и семилетней Сарой — отправился в небольшое путешествие. Во время поездки Черчилль признался своим спутникам, что хочет показать им один загородный дом — Чартвелл, который ему очень понравился, — и он намеревается его купить.

Первый раз Уинстон увидел Чартвелл в июле 1921 года. Это была любовь с первого взгляда. Плоская равнина, переходящая в невысокие холмы — Крокхем на западе и Тойс на востоке. В ложбине расположено небольшое озеро, как нельзя кстати вписывающееся в местный пейзаж. Самым же главным был панорамный вид графства Кент.

— Мне всегда хотелось жить в Кенте. Ни одно другое графство не могло сравниться с Кентом, точно так же, как ни одна другая страна не могла сравниться с Англией, — признавался будущий премьер-министр[335].

Не последнее место занимал и исторический фон, с которым был связан Чартвелл. Говорят, что даже сам Генрих VIII провел здесь ночь, разместившись в дубовой комнате*.

---

* Не сохранилась до сегодняшнего дня. — *Примеч. авт.*

Как вспоминала впоследствии Сара, Уинстон «очень нервничал», показывая Чартвелл первый раз. Он все время суетился и переспрашивал с нескрываемым беспокойством:

— Он вам нравится? Он нам понравится?

Его дети, пораженные увиденным, смогли лишь вымолвить:

— О да! Покупай его! Покупай его!

— Ну, я еще не очень-то и уверен, — как-то нерешительно произнес Черчилль[336].

Только вернувшись в Лондон, Уинстон скажет им правду — он уже купил дом и отныне он принадлежит им. Как заметит его внучка Целия Сэндис:

— Это было очень характерно для моего дедушки, только по возвращении в Лондон он признался в своей покупке[337].

Что же побудило Черчилля скрыть столь крупное приобретение не только от друзей, но и от членов своей семьи? Для ответа на этот вопрос придется вернуться немного в прошлое.

После окончания Первой мировой войны Соединенное Королевство вновь окунулось в светскую жизнь, полную обедов, раутов и приемов. Несмотря на внешнее сходство с Викторианской эпохой, это была уже другая Англия и другое общество. Социальное лицо великой Британии было искажено гримасой боли и растерянности. Большая часть аристократии погибла во время войны. Силу набирали новые политические движения, среди которых на первое место выходила партия лейбористов. Как вспоминал Черчилль, «это была истощенная нация, отягощенная налогами и опустошенная социалистами»[338].

В ходе произошедших перемен для правящих кругов, к которым принадлежал Уинстон, стало необязательным иметь загородные резиденции. Да и сами поместья из символа власти и благополучия превратились в финансовое бремя и жертву огромных налогов. Поворотным станет 1917 год, когда Артур Ли предложит использовать свой загородный дом Чекерс в Бирмингемшире в качестве новой загородной резиденции для премьер-министра. Не менее показательно произойдет и смена власти в 1922 году, когда после падения кабинета Ллойд Джорджа вместо аристократа лорда Курзона, владевшего Кедлестон Холлом и многочисленными угодьями, в качестве нового премьер-министра изберут безземельного адвоката из Глазго Эндрю Бонар Лоу.

Психологический кризис в стране совпадет с кризисом в семье Черчилля. В 1921 году Уинстон лишится двух близких ему людей — леди Рандольф и своей третьей дочки Мэриголд. К тому же во время всеобщих выборов Черчилль попадет в больницу и не пройдет в палату общин. Как он вспоминал спустя годы:

— Не успев и глазом моргнуть, я оказался без должности, без места в парламенте, без партии и без аппендикса[339].

Несмотря на браваду, в глубине души Уинстон был опустошен. Лишь приобретение Чартвелла станет для него одним из светлых моментов в темной полосе сменяющих друг друга неудач и провалов.

В начале 1921 года Уинстон еще не располагал финансовыми средствами для столь крупной покупки. Однако уже через год ситуация резко изменится. Сначала Черчилль получит в наследство небольшое поместье в Кантри Энтрим от своего дальнего родственника лорда Герберта Вейн-Темпеста, погибшего в железнодорожной аварии в январе 1921 года. Этот участок земли, приносящий своему новому хозяину 4 000 фунтов ежегодного дохода, будет завещан Уинстону его прабабушкой маркизой Лондондерри[340].

Помимо наследства в конце 1921 года Уинстон получит 22 тысячи фунтов от английских и американских издателей, согласившихся опубликовать первый том его «Мирового кризиса». Узнав в середине 1922 года, что Чартвелл выставляется на продажу, Черчилль, уже год мечтавший о приобретении кентского особняка, примется форсировать события. 12 сентября 1922 года, в четырнадцатую годовщину своей свадьбы, поздравляя Клементину, Уинстон начнет зондировать почву:

— Дорогая, я думаю, что мы сейчас миновали финансовый кризис, и все беспокойства по этому поводу могут быть отодвинуты на второй план. Если бы мы имели загородный дом, он бы принес в нашу жизнь огромное счастье, мир и спокойствие[341].

Вряд ли Клементине было в тот момент до домашнего уюта — спустя всего три дня, 15 сентября 1922 года, она родит четвертую дочку Мэри. Нетрудно представить, насколько Черчилль был увлечен новой покупкой, если в такой ситуации он только и думал что о Чартвелле.

14 сентября Уинстон получит от агентов по продаже недвижимости — Кнайта, Фрэнка и Ратли, предложение о продаже кентского поместья за 5 500 фунтов стерлингов. Для обдумывания всех деталей ему дадут десять дней. В принципе Черчилль был и так готов

оформить сделку, но, следуя золотому правилу торговли — кто не торгуется, тот ничего не покупает — он решит сбавить цену. На следующий день, в день рождения своего пятого ребенка, Уинстон начнет вести переговоры о снижении цены до 4 800 фунтов стерлингов. Аргументируя свое предложение, он заметит:

— Дом требует большой перестройки, к тому же сухая гниль на северном крыле здания представляет собой серьезный сдерживающий фактор. Все это ляжет тяжелым финансовым бременем на плечи нового покупателя.

Затем, выдержав небольшую паузу, добавит:

— Если мое предложение будет принято, я сейчас же согласен заключить сделку о покупке. В противном случае я прошу вас ответить в кратчайшие сроки, так как у меня есть и другие предложения[342].

Хотя окончательного отказа Черчилль не получил, его аргументы показались не слишком убедительными. На следующей неделе Уинстон встретится с Норманом Хардингом, представлявшим интересы агентства по недвижимости. Услышав лично от Хардинга, что снижения цены не будет, Черчилль стал быстро ходить из угла в угол, изливая на своего собеседника поток аргументов в пользу скидки[343]. В конечном итоге Уинстон добьется своего. 24 сентября две стороны сойдутся на сумме 5 000 фунтов. Последние документы будут подписаны через полтора месяца, 11 ноября 1922 года.

И все же почему Черчилль купил Чартвелл, ни слова не сказав самому дорогому для себя человеку — Клементине? Ответ кроется в отношении Клемми к затее своего мужа. Сначала Чартвелл произведет на нее благоприятное впечатление. В июле 1921 года она лично осмотрит поместье и останется довольна выбором Уинстона. Делясь с ним своими впечатлениями, она признается:

— Мой дорогой, я не думаю ни о чем, кроме как об этом восхитительном доме. Надеюсь, мы купим это поместье. Приобретя его, мы проживем здесь долго и счастливо.

— К тому же мы сможем перестроить его по своему вкусу, — предложит Черчилль.

— Да, да. Если мы пристроим дополнительное крыло, у нас появятся еще три великолепные солнечные спальни и грандиозный холл с высокими окнами, выходящими на север[344].

Присмотревшись ближе, Клементина сменит благожелательность на неприятие. Она не могла не понимать, что перестройка дома потребует больших финансовых вложений. Зная же расточительность своего мужа, она предполагала, что Чартвелл мог превратиться в финансовое болото, засасывающее в себя все денежные средства. Кроме того, поместье находилось вдали от общественного транспорта, что также накладывало определенные трудности при найме подсобных рабочих и прислуги.

Неудивительно, что после покупки Чартвелла Клементина будет потрясена поступком своего мужа. Спустя годы она признается младшей дочери Мэри:

— Данный инцидент стал единственным в нашей долгой совместной жизни, когда Уинстон повел себя неискренне по отношению ко мне.

Оправдывая своего отца, Мэри заметит:

— При покупке Чартвелла отец был небезразличен к чувствам матери, наоборот, он искал ее одобрения еще до совершения столь важного шага в своей жизни. К тому же он не сомневался, что сможет привить ей любовь к столь дорогому для себя месту[345].

Уговоры не заставили себя долго ждать. Уловив подходящий момент, Черчилль тут же обратился к своей жене:

— Моя любимая, не переживай по поводу денег. Главной целью нашей политики является стабильность. Теперь Чартвелл — наш дом. Мы должны приложить все усилия, чтобы прожить здесь долго и передать его в руки Рандольфа. Постараемся сделать его настолько уютным и очаровательным, насколько это будет возможно, учитывая, конечно, наше финансовое положение.

— Уинстон, прошу тебя...

— Дорогая, мое сердце переполнено любовью к тебе. Мне больше всего хочется видеть тебя счастливой и защищенной. Ради этого я готов работать на всех направлениях с безрассудной опрометчивостью[346].

Чартвелл и вправду требовал серьезного ремонта. В ноябре 1922 года Черчилль обратился за помощью к архитектору Филипу Армстронгу Тилдену, специализировавшемуся на старых и не поддающихся ремонту домах. Помимо архитектуры Тилден также занимался черно-белой графикой и выставлялся в Королевской академии художеств.

Черчилль лично доставит Тилдена на своем двухместном автомобиле в Чартвелл. Как вспоминал Филип:

— Поездка с Уинстоном превратилась в увлекательное путешествие. По покрытой льдом дороге мы юзом скатились вниз по Вестерхеймскому холму — с вершины до самого основания, просто чудом оставшись невредимы[347].

От опытного взгляда Тилдена не скрылись те недостатки, которые привели в ужас миссис Черчилль. По его воспоминаниям, в 1922 году Чартвелл имел следующий вид:

— Недалеко от дороги стоял унылый дом, возвышающийся на склоне холма и увитый с западной стороны рододендроном. Он был окружен гигантскими деревьями, листва которых тесно соприкасалась со стенами главного здания. Обследовав дом более внимательно, я обнаружил, что только центр особняка остался невредимым. Все остальное — кирпичные стены и многочисленные расщелины — было покрыто зеленой слизью и гнилью[348].

Несмотря на неутешительный отзыв, Тилден также увидел и благоприятные возможности для своего творчества.

Интересно отметить, какие отношения сложились между Черчиллем и его новым архитектором. Уинстон был романтиком и мыслил одновременно как категориями XVIII, XIX, так и XX и даже XXI веков. Черчилль был совершенно не похож на клиентов, с которыми привык работать Тилден. Всеми своими поступками и бесконечными идеями он больше напоминал гениального Ванбрука, иногда забывая, что Чартвелл не Бленхеймский дворец. Тилдену придется приложить немало усилий, чтобы настроить своего работодателя на простоту и практичность вместо бесполезной помпезности и никому не нужной грандиозности.

Не ограничиваясь одними указаниями, Уинстон примет непосредственное участие в перестройке дома. Как вспоминает Тилден:

— Ни один из клиентов не тратил столько времени и нервов, постоянно проявляя интерес и беспокойство, как мистер Черчилль[349].

На протяжении всех двух лет ремонта Уинстон не раз будет наведываться в Чартвелл, чтобы проследить за выполнением работ и обсудить с Тилденом какие-нибудь новые идеи, только что пришедшие ему в голову.

Что же предложил Тилден при модернизации Чартвелла? Его двумя главными задачами стало упрощение планировки здания и обустройство местного ландшафта. Работы были начаты на южной стороне дома после того, как стены очистили от вьющегося плюща. В результате перестройки южная стена стала иметь вид ступенчатого фронтона. После небольшой перепланировки южное крыло было переоборудовано в отдельный жилой блок. На втором этаже разместили детские комнаты, соединяющиеся при помощи лестницы с небольшой кухней, расположенной на первом этаже. В середине 1930-х годов, когда дети подрастут, Черчилль еще раз переоборудует второй этаж — детские будут переделаны в его спальню. Специально по просьбе Уинстона в ней будет сделано большое окно в форме эркера с видом на кентский пейзаж.

Большое значение будет уделено планированию черчиллевского кабинета — места, где творилась и создавалась История. Именно здесь Уинстон напишет свои самые известные исторические полотна — четырехтомную историю первого герцога Мальборо, шеститомную «Вторую мировую войну» и четырехтомную «Историю англоговорящих народов».

Согласно планам самого Черчилля в кабинете будет снят потолок, а открывшиеся при этом брусья напомнят известный свод Вестминстерского зала. Описывая свои детские впечатления, внучка Черчилля, Эмма Соамс, вспоминает:

— Его кабинет всегда являлся средоточием всего дома: очаровательность и притягательность различных вещей, великие события, что здесь обдумывались, книги, что создавались, — все придавало незабываемый колорит данному месту. Здесь всегда было тихо и мрачно, сигарный дым тяжело висел в воздухе. Не надо было быть достаточно взрослым, чтобы понять ту атмосферу глубокой сосредоточенности и огромной умственной работы, что царила в этой комнате[350].

Сильным изменениям подвергся также и западный фасад здания, служивший главным входом. Чтобы отгородить дом от дороги была построена новая кирпичная стена, украшенная пирокантой и горным клематисом. Зубчатый орнамент этой стены Черчилль позаимствовал у кирпичной кладки Квебекского дома, расположенного неподалеку в Вестерхейме. Тилден заменит также помпезный вход в форме остроконечного эркера на более элегантную дубовую дверь XVIII века, купленную у лондонского антиквара Томаса Кроутера за 25 фунтов стерлингов. Замена будет сделана по просьбе самого Черчилля. Предлагая Тилдену новый аксессуар, Уинстон заметит:

— Здесь есть замечательная дубовая дверь на Саутс Гросвенор-роад, в доме, принадлежащем герцогу Вестминстерскому. Мне кажется, она очень подойдет для нашего случая[351].

Кроме дубовой двери Тилден также купит у Кроутера несколько деталей для крыши и камина.

При создании комнат с видом на прекрасные сады и кентские ландшафты Тилден построит на восточной стороне новое крыло. Эту постройку, возвышающуюся на три метра над основным зданием, Черчилль с гордостью будет называть «мой мыс». Сегодня там расположены три большие комнаты, являющиеся гордостью Чартвелла. На верхнем этаже — спальня Клементины с цилиндрическим сводом, под ней, на первом этаже, находится гостиная, на цокольном этаже — столовая. Для того чтобы было легко пройти из комнаты в комнату, построят дополнительную лестницу.

Северное крыло будет отдано под обслуживающий персонал, всегда играющий значительную роль в жизни хозяина дома. Как заметит Клементина:

— Уинстон никогда не бывает так счастлив, когда одна из нянек нежно ухаживает за ним, в то время как Вальтер надевает на него носки[352].

Жизнь Черчилля была немыслима без слуг. Его личный секретарь Энтони Монтагю Браун вспоминает один диалог, состоявшийся между Клементиной и ее супругом в первой половине 1950-х годов.

— Я собираюсь на следующие выходные съездить в Чартвелл, — произнес Черчилль.

— Уинстон, это невозможно. Он закрыт, к тому же там некому приготовить тебе еду.

— Какая разница! Я буду готовить себе сам. Я умею варить яйца. Однажды я уже видел, как это делается[353].

Иногда викторианская приверженность Черчилля к слугам доходила порой до курьезов. Однажды во время путешествия по Северной Америке Уинстон остановился в доме губернатора Виржинии Гарри Берда. Последний предупредил своего четырнадцатилетнего сына Гарри Берда-младшего о приезде видного политика из Великобритании и попросил одеться в вечерний костюм, чтобы произвести хорошее впечатление на высокопоставленного гостя.

Когда настал положенный час, Гарри-младший, одетый во фрак, манишку и бабочку, стоял в гостиной и ждал Черчилля. Увидев Уинстона, медленно спускающего по лестнице, Гарри с ним поздоровался и быстрым шагом направился к нему. Каково же было его удивление, когда вместо ответного приветствия он услышал:

— Купи мне пару газет в местном киоске.

Как потом выяснилось, Черчилль все перепутал, приняв сына губернатора за одного из лакеев. Чтобы не разочаровать важного гостя, Гарри с радостью исполнил просьбу британского политика, за что получил четвертак в качестве чаевых. Пройдут годы, и Гарри Берд-младший, ставший со временем сенатором США, будет свыше семидесяти лет хранить данную монету, считая ее одним из самых важных сокровищ своей жизни[354].

Но вернемся к Чартвеллу. Помимо комнат для обслуживающего персонала в северном крыле здания также будет размещена кухня. Как считал Тилден:

— Комнаты, в которых готовят пищу, должны находиться около подсобных помещений и как можно дальше от спален, что и было сделано в Чартвелле[355].

За водоснабжение будет отвечать местная водопроводная компания, осуществляющая подачу воды при помощи специального гидравлического насоса. Черчилль также проведет к себе телефон, чтобы всегда быть в курсе основных политических событий, происходящих в столице Британской империи.

Перестройка дома обойдется Уинстону намного дороже, чем он предполагал изначально. Вместо 7 000 фунтов ему придется отдать почти в два с половиной раза больше — 18 000. Заставят понервничать и растянувшиеся сроки ремонта. В какой-то момент Уинстон даже отчается увидеть всю работу завершенной. Делясь своими опасениями с Клементиной, он ей признается:

— Главное все *закончить*. Конец просто жизненно важен для нас[356].

В апреле 1924 года мечта Черчилля наконец-то осуществится — перестройка Чартвелла подойдет к концу. В середине месяца Уинстон вместе со своими детьми въедет в новый дом, пока еще без жены. Объяснялось ли это ее занятостью, усталостью после выборов или той неприязнью, которую она испытывала в отношении Чартвелла, теперь уже и не столь важно. Главное, что Уинстон был счастлив. Войдя в спальню своей жены, он развалился на ее кровати, достал листок бумаги и принялся писать:

Моя дорогая,

Это первое письмо, которое я пишу тебе из Чартвелла. Ты и вправду должна быть здесь. Сейчас я лежу на кровати в твоей спальне (которую на время аннексировал для себя). Мы провели здесь два восхитительных дня. Все готово к твоему приезду.

Как бы я хотел, чтобы ты была здесь. Ты и представить себе не можешь размеры этих комнат, которые тебе еще предстоит обставить. Твоя спальня — это великолепный, неземной будуар. Сразу же приезжай, как только захочешь разделить со мной эту радость. В Лондон не заезжай, я пошлю за тобой в Ньюхэвэн машину.

Нежно люблю, моя дорогая Клемми. Пожалуйста, звони и думай хоть иногда о преданном тебе paterfamilias porcus[*].

Всегда любящий тебя У.»[357]

Клементина всегда отличалась тонким умом и хорошим знанием психологии, тем более когда дело касалось ее мужа. Она не могла не понимать, что, даже если Чартвелл и не станет ее любимым домом, ей все равно придется разделить любовь Уинстона к его новому детищу. Помогая своему мужу, Клемми также сыграет большую роль в обустройстве кентского замка. Для большинства комнат она выберет цветовое оформление: в основном неяркие, пастельные тона — светло-серый и салатовый для столовой, нежно-желтый для гостиной, голубой для своей спальни. Ярких тонов будут ситцевые шторы: цветочные в библиотеке и гостиной, изумрудная зелень в столовой.

В отличие от четкой цветовой палитры, мебель в Чартвелле будет представлять смешение стилей. Например, такие семейные реликвии, как старомодный рабочий стол и конторка в кабинете Уинстона, будут удачно сочетаться с дубовым столом и стульями, заказанными Клементиной для столовой. Хотя Черчилль предоставил Клементине карт-бланш в выборе мебели, иногда и

---

[*] Отец семейства (*лат.*). — *Примеч. авт.*

он высказывал свои предложения. Так, в одном из записок к жене Уинстон предъявлял следующие требования к форме стульев для столовой комнаты:

«Стул в столовой — это очень важной реквизит. Во-первых, он должен быть комфортабельным и полностью поддерживать тело, также он должен иметь подлокотники, придающие большой комфорт во время приема пищи. Во-вторых, он должен быть компактным. Никто не хочет, чтобы стулья своими торчащими в разные стороны ножками и подлокотниками походили на диковинные растения. Они должны представлять собой целостную вертикальную структуру с четко перпендикулярными спинке и ножкам подлокотниками. Это позволит их соединить вместе в случае необходимости» [358].

После реконструкции дома Уинстон возьмется за сад. Первым, на что упадет взгляд Черчилля, станет крутой склон от восточного крыла дома до озера. Для обустройства этого участка земли около стены дома будет сделана травяная терраса, представляющая собой земляную насыпь, обложенную кирпичной кладкой. В северной стороне террасы по проекту Тилдена будет построена каменная беседка, выполняющая изначально функции летнего домика.

В 1949 году племянник Уинстона, Джон Спенсер Черчилль, решит посвятить это строение своему великому предку — первому герцогу Мальборо. На северной стене будет нарисован герб с семейным девизом — «Fiel Pero Desdichado»*. Четыре терракотовые пласти-

---

* Верный, но не удачливый (*исп.*). — *Примеч. авт.*

ны, размещенные на каждой из стен беседки, превратятся в олицетворение четырех рек, которые сыграли огромную роль во время военной кампании Джона Мальбора за Испанское наследство, — Дунай, Рейн, Маас и Мозель.

В углу беседки будут размещены четыре терракотовых медальона, изображающие первого герцога Мальборо, его жену Сару, королеву Анну, а также Евгения Савойского — верного союзника Джона Черчилля на континенте. На потолке сделают специальные фрески, посвященные военным кампаниям их великого предка. Со временем в этой беседке, переименованной позже в Мальборовский павильон, будут всей семьей пить чай. Как вспоминает внучка Уинстона Целия Сэндис:

— К чаю у нас обычно были сэндвичи с огурцами и восхитительный шоколадный пирог. Моя бабушка наливала чай из большого серебряного чайника[359].

Далее Черчилль переключится на модернизацию озер. Для Уинстона, всегда любившего окрестности Бленхейма с брауновскими озерами, водоемы Чартвелла были слишком скромны и безлики. Практически два лета — 1924 и 1925 годов — он потратит на расширение озер и строительство запруды. «Весь запачканный мерзкой грязью с отвратительным запахом»[360], Черчилль будет, как никогда, счастлив во время этой работы. В сентябре 1925 года Уинстон признается премьер-министру Стэнли Болдуину:

— Время здесь летит незаметно. Все дни я провожу на открытом воздухе, строю запруду и расширяю озера. В конечном итоге я намерен создать целую серию небольших водоемов[361].

Один из гостей Черчилля в Чартвелле сэр Сэмюэль Хор вспоминает:

— Я никогда не видел до этого Уинстона в роли землевладельца. Большую часть воскресенья мы осматривали его владения и строительные работы, которыми он сейчас занят. Главным же его проектом было расширение прудов. Возникает такое ощущение, что данные водоемы волнуют его большего всего на свете[362].

Правда, и Чартвелл станет для Уинстона воплощением английского дома. Вложив в него немало сил и душу, Черчилль превратит Чартвелл в образцовую крепость для себя и своей семьи. В то время он еще не подозревал, какие ураганы и бури придется выдержать его любимому замку. Но, несмотря на все ужасы мировой войны и финансовых неудач, этот арьергард устоит, продолжая и сегодня удивлять публику своей красотой, изяществом и бессмертным духом борца, навечно поселившимся в его стенах.

Жизнь в Чартвелле

За те два года, пока Тилден реконструировал Чартвелл, политическая жизнь Англии сильно изменилась. Долгий период правления либералов подошел к концу. На смену правительства Ллойд Джорджа придет консервативный кабинет, сначала во главе с Эндрю Бонар Лоу, а затем со Стэнли Болдуином. Последний предложит Уинстону второй по величине пост в английской политической иерархии — портфель министра финансов. Черчилль вспоминает об этом так: во время разговора с Болдуином настала длительная пауза, вдруг премьер произнес:

— Вы согласны взять казначейство?

Пораженный подобным предложением, Уинстон на время замер. Затем, собравшись с мыслями, ответил:

— Это соответствует моим амбициям. Я до сих пор храню казначейскую форму своего отца[363].

В течение следующих пяти лет Черчилль с присущей ему энергией погрузится в финансовые проблемы Британской империи. Им будет проведена крупная социальная реформа, в апреле 1925 года возвращен «золотой стандарт», во время майской забастовки 1926 года основан правительственный орган печати «The British Gazette». Согласно английским политическим традициям резиденция министра финансов находится неподалеку от главы государства — в доме номер 10 по Даунинг-стрит. Чартвелл же из обычного дома превратится в загородную резиденцию канцлера казначейства. Один из очевидцев вспоминает:

— Дом Уинстона стал местом проведения многочисленных конференций и финансовых коллоквиумов. За обеденным столом обсуждались достоинства и недостатки фискальной политики. Ванная комната использовалась для диктовки финансового бюджета страны — барахтаясь и булькая, включая и выключая пальцами ног водопроводные краны, уходя под воду и выплывая на поверхность с приподнятым носом, словно кит, выпускающий фонтан, Черчилль диктовал финансовый план на будущий год[364].

Политика была не единственным, чем жил Чартвелл во второй половине 1920-х годов. Изначально покупая кентский особняк, Уинстон видел в нем домашний очаг для своей семьи — дом, в котором вырастут четверо его детей. Неудивительно, что перестройка Чартвелла была начата с детских комнат. Черчилль не хотел, чтобы его чада стали жертвами сдержанного викторианского воспитания. Он станет для них внимательным и любящим отцом. Уинстон требовал тишины, только работая в кабинете, выходя же за пределы своей «фабрики», он принимал участие во всевозможных розыгрышах и шумном веселье. Он очень любил изображать гориллу или медведя. Столовая превратится в место для многочисленных шарад и театральных этюдов. К тому же Уинстон построит для своих детей три коттеджа, самым известным из которых станет отдельный кирпичный домик для младшей дочери — «кроватка для Мэри».

Со временем Черчилль также станет все больше интересоваться сельским хозяйством, решив посвятить себя фермерству. В мае 1923 года он купит хрюшек средней белой породы и в течение двух лет будет держать молочную ферму. На протяжении всей своей жизни Уинстон питал слабость к свиноводству.

— Собака смотрит на нас снизу вверх, кошки смотрят на нас сверху вниз, и только свинья смотрят на нас как на равных, — часто повторял хозяин Чартвелла.

Среди многих животных, которых любил Черчилль, наибольшей популярностью у него пользовался попугай Тобби — умная услада последних тридцати лет его жизни. Однажды лорд Моран застанет Уинстона сидящим на кровати с Тобби на плече.

— Вы должны научить его произносить ваш номер телефона. Чтобы его было легко найти, когда он вздумает потеряться, — посоветует лорд Моран.

— Уух, уух, уух. Да я и сам-то его не знаю, — раздастся в ответ[365].

Черчилль научит его гораздо более практичным вещам — ненормативной лексике для быстрого избавления от надоевших почитателей.

Не меньшей страстью кентского землевладельца станет разведение бабочек. В своих мемуарах «Мои ранние годы» Уинстон писал, сочетая одновременно свое художественное мировоззрение со взглядом философа:

«Я всегда обожал бабочек. В Уганде я наблюдал за великолепными бабочками, расцветка которых менялась от насыщенного красновато-коричневого до ярчайшего синего цвета — в зависимости от угла зрения. Трудно себе представить более яркую противоположность игры цвета у одной и той же бабочки. Бабочка — это Факт, блестящий, порхающий, замирающий на мгновение с расправленными под ослепительными солнечными лучами крыльями, а затем исчезающий в тени деревьев. Верите ли вы в судьбу или предопределение, зависит от мелькнувшей на мгновение перед вами окраски ее крыльев, являющейся по крайней мере двумя цветами одновременно»[366].

Опасаясь, что послевоенная политика британского Министерства сельского хозяйства приведет к исчезновению этих животных, Черчилль обратится за помощью к американскому эксперту Хью Ньюману, с тем чтобы переоборудовать небольшой летний домик в инкубатор для разведения личинок черепаховых бабочек. Сэр Уинстон с детским восхищением будет наблюдать, как молодые особи, покидая его «дом для бабочек», вылетали на свободу. Вайолет Бонем Картер вспоминает, с каким чувством наслаждения и нескрываемого восхищения он следил за красными адмиралами, садящимися на бутоны будлей. Он с восторгом скажет:

— Это первые бабочки, которых я увидел этим летом. Ты знаешь, я хочу пожертвовать часть утвержденного в честь моего восьмидесятилетия фонда на разведение этих прекрасных животных[367].

К несчастью для чартвеллских питомцев, Уинстон не обладал ни фермерскими навыками, ни свободным временем для их разведения. Активная политическая и общественная жизнь хозяина дома оставляла мало возможностей для занятия животноводством. Описывая отношения Черчилля с его любимой собакой Руфусом, которого назвали в честь сына Вильгельма Завоевателя, Клементина признавалась:

— Приобретение Руфуса стало большой ошибкой. Уинстону нельзя иметь собак. У него просто нет на них времени. Он говорит Руфусу «Доброе утро» и, когда Роуз приносит ему обед, кормит его своей пищей, но не более того. Вы должны любить и тратить время на свою собаку, пытаясь сделать ее счастливей[368].

Как это ни грустно, но большинство животных, обитающих в Чартвелле, умирали от болезней либо становились жертвами более хищных соседей*.

---

* Независимо от неудач в домашнем животноводстве, Черчилль всегда питал любовь к братьям меньшим. Он часто посещал зоопарк и одно время даже хотел завести у себя львицу. От безумного шага его остановила, как всегда, рассудительная Клементина. Когда же от выживания определен-

В отличие от неудач с питомцами, с цветоводством у четы Черчиллей сложатся гораздо более плодотворные отношения. Еще в юные годы Уинстон любил цветы. Так, находясь в Индии, помимо поло, военной службы и написания книг, он посвятит немало свободного времени разведению роз и орхидей. Прежний владелец бунгало, где остановился Черчилль, оставит своим преемникам огромную коллекцию цветов. Рассказывая об этом леди Рандолф, Уинстон признается:

— У нас сейчас 50 различных сортов роз, включая La France, Gloire de Dijon и Marechal Niel. У меня огромный интерес к их дальнейшему разведению. Через год или около того у нас будет великолепно[369].

Черчиллем будут посажены 250 роз 70 различных сортов. Он еще займется разведением орхидей и попросит у своей матери прислать из Англии семена тюльпанов.

ных видов животных зависело дальнейшее существование Британской империи, то тут Черчиллю не было равных. И дело в данном случае не ограничивалось известной легендой о воронах в Тауэре. Уинстон примет участие и в поддержке менее распространенных преданий. Например, популяции обезьян в Гибралтаре. Никто из исследователей толком и не знает, откуда там появились эти виды животных, однако существует поверье, что до тех пор, пока обезьяны находятся на этом месте, Великобритания будет сохранять власть над провинцией. Легенда была распространена между местными жителями, и не все англичане предавали ей значение. Каково же будет удивление губернатора Гибралтара, когда он получит лично от Черчилля телеграмму: «На Гибралтаре должно быть 24 обезьяны. Использовать для этого все имеющиеся ресурсы».

(Sandys C. «Chasing Churchill», p. 129.)

Со временем имя Черчилля станет культовым в цветочной индустрии. В его честь будут названы десятки новых сортов хризантем, маргариток, фуксий, гладиолусов, гиацинтов и конечно же роз[370].

Неудивительно, что, став владельцем Чартвеллского замка, Уинстон потратит немало сил на озеленение принадлежащих ему территорий. В северной стороне сада будут посажены сохранившиеся до наших дней бамбук, кизильник, а также мальпигия и гортензия. Особой достопримечательностью этого уголка стала магнолия суланжа, посаженная на задней стороне пруда, рядом с тем местом, где любил сидеть сэр Уинстон.

К югу от пруда находится известняковая стена, обрамленная специальным сортом кальмии, названной в честь жены Уинстона «Клементина Черчилль». Рядом со стеной небольшие ступеньки ведут посетителей к так называемой входной лужайке, получившей название из-за своей близости к парадному входу. Уинстон никогда не закрывал ворота своего дома, считая, что так он ближе к обычным людям. Клементина вспоминала:

— Когда он видел людей около своих ворот, он всегда шел к ним навстречу — махал, приветствовал, беседовал.

Иногда он приглашал их к себе и показывал своих рыбок. Однажды Клемми его спросит:

— Уинстон, неужели ты счастлив?

— Да! Настолько, насколько это вообще возможно, — раздастся в ответ[371].

Позади небольшой лужайки за северным крылом здания Клементина и ее кузина Венета Монтагю оборудуют розарий. Две дороги, мощенные плиткой, разделят его на четыре части, каждая из которых будет засажена гибридными чайными розами бордового и розового цветов. В месте пересечения дорог посадят четыре глицинии, окружающие же розарий стены будут обрамлены растениями преимущественно мягких тонов — гелиотропом, котовником кошачьим и фуксиями. В юго-восточной части Чартвеллского сада создадут великолепную аллею из двадцати семи сортов золотых роз, посаженных детьми Уинстона в сентябре 1958 года в качестве подарка к золотой свадьбе своих родителей.

24 октября 1929 года спокойную и состоятельную жизнь в Чартвелле нарушит финансовый крах на Уолл-стрит. В момент кризиса Черчилль находился неподалеку от эпицентра событий в доме Перси Рокфеллера в Нью-Йорке. Вечером на праздничном банкете, устроенном в честь Уинстона, Бернард Барух поприветствует пятьдесят наиболее влиятельных членов Нью-йоркской фондовой биржи горьким:

— Друзья и бывшие миллионеры!

Тогда это воспринималось как шутка. В тот вечер, похоже, никто из собравшихся так и не понял масштаба произошедшей катастрофы. Отплывая 30 октября домой, Уинстон скажет журналистам:

— Этот биржевой крах является лишь проходящим эпизодом в жизни отважных и работоспособных людей и никак не скажется на их финансовом благосостоянии[372].

Для самого же Черчилля «проходящий эпизод» закончится падением консервативного правительства Болдуина, лишением высокого поста и всех своих сбережений, составляющих на тот момент свыше полумиллиона фунтов в современном эквиваленте. В новом кабинете под руководством лейбориста Рамсея Макдональда места для экс-канцлера казначейства не найдется. Не считая заседаний в палате общин, Уинстон превратится в безработного почти на десять лет.

В 1931 году Черчилля постигнет новый удар. Поездка в лекционное турне на заработки в США едва не закончится трагедией. Оказавшись снова в Нью-Йорке, Уинстон захочет навестить своего друга Бернарда Баруха, проживающего в то время на небезызвестной Пятой авеню. Ситуация осложнялась тем, что ни Черчилль, ни его водитель не только не помнили номера дома, но также не имели представления, как он выглядит.

После часа безрезультатных поисков раздраженный Уинстон попросит шофера остановить машину, решив подойти к одному зданию. Выйдя из машины, Черчилль станет переходить на другую сторону дороги. Успешно дойдя до центра проезжей части, он, как и любой нормальный англичанин, посмотрит налево и, не увидев машин, направится в сторону тротуара. В этот момент с правой стороны в него врежется автомобиль, мчащийся на большой по тем временам скорости — 50 километров в час. Несмотря на ужасную боль, Уинстон, еще некоторое время находясь в сознании, смог ответить на вопросы полицейского и подтвердить, что водитель ни в чем не виноват. Когда же у пострадавшего спросили имя и профессию, он с аристократической гордостью вымолвит:

— Я — Уинстон Черчилль, британский государственный деятель[373].

Ни найдя ни одной свободной машины «скорой помощи», Черчилля доставят в больницу на обычном такси. Когда Уинстон придет в себя, у его кровати уже будут стоять Клементина, старшая дочь Диана и Бернард Барух, дом которого он так и не нашел.

В результате несчастного случая у Черчилля будут сломаны два ребра, а также, чего и следовало ожидать, вывихнуто правое плечо; шрам на переносице останется с ним до конца его дней.

Легенда гласит, что Черчилля сбил водитель такси. На самом деле это был частный шофер итальянец Марио Константино. Обеспокоенный здоровьем своей жертвы, он навестит Черчилля в больничной палате. Уинстон предложит ему денег, но, несмотря на бедность, Марио откажется. В конечном итоге Черчилль подпишет ему последний том своих мемуаров «Мировой кризис»[374].

Вечером Клементина напишет в письме Рандольфу, что очень боится за Уинстона. После трех ударов судьбы — лишения должности, экономического краха и этой аварии — он мог так и не восстановиться. Что и говорить, 1930-е годы станут суровыми испытанием для семьи Черчилля. В качестве экстренных мер даже зайдет разговор о продаже Чартвелла. Дом будет закрыт, а Уинстон вместе со своей семьей переедет в более скромный коттедж Уэлл Стрит, расположенный на юге сада.

«Ссылка» Черчиллей продлиться недолго. Уинстон всегда отличался безграничной энергией и большим оптимизмом. Быстро восстановившись после утраты власти, Черчилль примет беспрецедентные меры по улучшению финансового положения семьи. Из обычного загородного дома Чартвелл превратится в настоящую литературную фабрику — бесконечные статьи и многотомные издания станут с четкой периодичностью выходить из-под пера Черчилля. С 1929 по 1939 год им будут написаны: четвертый том «Мирового кризиса» (1929), «Мои ранние годы» (1930), пятый том «Мирового кризиса» (1931), «Мысли и приключения» (1932), первый том «Мальборо: его жизнь и время» (1933), второй том «Мальборо» (1934), третий том «Мальборо» (1936), «Великие современники» (1937), четвертый том «Мальборо» (1938), «Вооружение и договоры» (1938), а также «Шаг за шагом» (1939). Кроме того, в течение двух лет, в 1938 и 1939 годах, Уинстоном будет подготовлена большая часть его новой четырехтомной книги «История англоговорящих народов». Поражает способность Черчилля переключаться с древних времен на современность. Например, в день присоединения Гитлером Богемии в марте 1939 года Уинстон будет поглощен историей XVII века. Вечером он признается своему сыну Рандольфу:

— Очень трудно быть в курсе сегодняшних событий и одновременно работать над эпохой правления короля Джеймса Второго — но я справлюсь с этим![375]

При работе над своими книгами Черчилль проявлял завидное трудолюбие. Один из его помощников вспоминает:

— Я никогда не видел его усталым. Он всегда был организован словно часовой механизм. Он знал, как правильно сублимировать жизненную энергию и как ее правильно расходовать. В процессе работы Уинстон превращался в настоящего диктатора. Он сам устанавливал для себя безжалостные временные рамки и выходил из себя, если кто-то ломал его график[376].

Секретарь Черчилля Грейс Хэмблин добавляет:

— Без сомнения, Уинстон строгий начальник. Он постоянно подгонял нас, редко балуя похвалой. Погружаясь глубоко в работу, он требовал от других подобной же самоотдачи, считая это своим правом. Со временем мы стали осознавать, что нам, работающим с ним в условиях стресса и перегрузок, представилась уникальная возможность наблюдать красоту его динамичной натуры и испытывать на себе проявления его благородного характера[377].

В свободное от политики и литературы время Уинстон снова примется модернизировать местный ландшафт. В северо-восточной части сада будут созданы так называемые водные сады — целая цепочка небольших озер, покрытых мхом и папоротниками. Как вспоминает племянник Уинстона:

— Из глубины Уэлльса на огромных грузовиках были привезены гигантские горные склоны и скаты[378].

Для соединения озер Черчиллем будет разработана специальная система небольших водопадов. Задний план Клементина усеет бело-голубым ковром наперстянок и румянок. Водный сад станет любимым местом, сначала для детей, а впоследствии и внуков сэра Уинстона. Дети считали эти озера идеальным местом для игры в шпионов и прятки. В небольшом пруду, расположенном на северо-западной стороне сада, разведут золотых рыбок, ставших на закате жизни великого британца одним из его любимых увлечений. Около пруда будут стоять стул и деревянный ящик с кормом. Сэр Уинстон садился на стул, звал рыбок нежным «Дорогие, плывите сюда» и принимался кормить своих любимцев.

В других чартвеллских прудах будут заселены черные австралийские лебеди и мандариновые утки. Лебеди и утки станут предметом многих черчиллевских картин, посвященных его любимому поместью. Кроме Уинстона, они еще были предметом вожделения для лисиц, обитавших в местных лесах. Несмотря на все меры предосторожности, число лебедей со временем все сокращалось и сокращалось, что доставляло хозяину дома немало беспокойства.

Специально для Клементины, которая в течение долгих лет была страстной поклонницей большого тенниса, в южной стороне сада будет устроена теннисная площадка. За ней Уинстон построит огромную стену из красного кирпича. В течение нескольких десятилетий кирпичная кладка превратится в одно из любимейших черчиллевских хобби. Он очень гордился своим умением строить — 90 кирпичей в час, и это еще не предел. Вскоре увлечение Уинстона станет известно широкой публике. В 1928 году Объединенный союз строительных рабочих пришлет министру финансов приглашение на вступление в свои члены. Черчилль с радостью примет приглашение этой организации.

Летом 1935 года, во время круиза Клементины по Тихому океану, Уинстон вновь примется за расширение озера. Согласно его планам в центре водоема следовало построить небольшой островок, для этого пришлось нанять растонский экскаватор № 4. В своих «Чартвеллских бюллетенях» Уинстон подробно рассказывал Клементине обо всех хлопотах, связанных с этим чудом техники.

Другим крупным проектом станет строительство в начале 1930-х годов плавательного бассейна. Еще учась в Хэрроу, Уинстон восторгался огромным бассейном, расположенным на открытом воздухе. Пройдут годы, и плавание войдет в число любимейших средств релаксации для британского политика. Для поддержания в бассейне постоянной температуры 24,2 градуса по Цельсию Черчилль разместит под бассейном два нагреваемых при помощи кокса бойлера, благодаря которым он и зимой сможет наслаждаться водными процедурами под открытым небом.

Одной из реликвий сегодняшнего Чартвелла является книга посетителей, содержащая имена многих знаменитостей и просто близких друзей Уинстона. С годами число последних станет сокращаться. В 1930 году скончается один из его близких друзей Ф. Е. Смит. Вспоминая его, Уинстон со слезами на глазах говорил:

— Это единственный человек, после беседы с которым начинаешь чувствовать, что вещи выглядят проще, проблемы решаются легче и лишь Британия по-прежнему остается великой и сильной, невзирая на все кризисы и невзгоды[379].

Через четыре года скончается двоюродный брат Уинстона, девятый герцог Мальборо. Место старых друзей займут новые — Брэкен, Барух, Бивербрук и Линдеманн. К чете Черчиллей также часто станут ездить их родственники — младший брат Джек, сестра Клементины Нелли со своим мужем Бертрамом Роми-лем. Кроме друзей и родственников в 1930-х годах Чартвелл будут посещать многие известные люди — Лоуренс Аравийский, Альберт Эйнштейн, Чарли Чаплин и другие.

В 1938 году в жизни Черчилля произойдет очередной финансовый кризис. В результате неудачных инвестиций на американском фондовом рынке Уинстон влезет в долги на сумму в 18 тысяч фунтов стерлингов*. Для выхода из финансового тупика ему ничего не останется, как во второй раз выставить свой любимый Чартвелл на продажу. Как и девять лет назад, и на этот раз все обойдется. На помощь к Черчиллю придут его друзья — Брендан Брэкен и банкир сэр Генри Стракош.

Несмотря на скудное финансовое положение, Черчилль и не думал затягивать ремни, сокращая свои гастрономические пристрастия. Последние всегда занимали важное место в его насыщенной жизни. Свой день хозяин Чартвелла начинал с плотного завтрака, проходившего, как правило, в гордом одиночестве.

— Совместные завтраки — это испытание, которые не может выдержать ни один семейный союз, — любил повторять сэр Уинстон.

Дыня, омлет, яичница с беконом, отбивная котлета или ножка цыпленка, тосты с джемом и кофе с молоком — так обычно выглядело его утреннее меню. Да-

---

* Соответствует примерно 750 тысячам фунтов в современном эквиваленте. — *Примеч. авт.*

лее шел обед, представлявший собой целый ритуал.
О главной трапезе дня Черчилль говорил:

— Вот что я думаю о достойном обеде. Во-первых,
это хорошо поесть, затем обсудить хорошую еду и после того, как хорошая еда будет тщательно обсуждена,
поговорить на приятную тему. Главным условием при
этом должно быть следующее — беседу буду вести я![380]

В последней ремарке нет ничего удивительного.
Болтливость всегда была для Черчилля признаком не
глупости, а силы. Незадолго до своего восьмидесятилетия он хвастался личному врачу:

— Вчера, во время заседания кабинета, я был в уда-
ре. Я говорил больше всех. Прошло три часа, но я был
свежее многих из присутствующих[381].

На обед Черчилль заказывал суп по-савойски и
устрицы. За ними следовали закуски. Потом подава-
лось филе камбалы, завернутое в копченую лососину,
с гарниром из креветок под чесночным соусом. Далее
шло жаркое из оленины, фаршированное паштетом из
гусиной печенки, под соусом из трюфелей. И наконец,
сыр «Стилтон», пирожное или мороженое и кофе с
бренди. На десерт сэр Уинстон особенно предпочитал
сливки. Осушив очередной кувшинчик жирного ла-
комства, он воинственно осведомлялся у окружаю-
щих:

— Кто-нибудь еще хочет сливок?

Среди напитков Клементина предпочитала красное
вино, Уинстон — шампанское. Его любимой маркой
была «Pol Roger». Холодильник, подаренный чете
Черчиллей их близким другом лордом Бивербруком,
позволял охлаждать шампанское до необходимой тем-

пературы. Кроме того, на столе всегда имелись портвейн, бренди и конечно же виски. На ужин Уинстон ограничивался консоме — крепким бульоном из мяса или дичи. Перед сном он съедал несколько сэндвичей, запивая их при этом любимым шампанским.

Все разговоры за обедом обычно крутились вокруг какого-нибудь очередного политического кризиса. Председательствовал за столом Черчилль. Однажды Уинстон, прерывая своего сына Рандольфа, закричал:

— Не перебивай меня, когда я пытаюсь перебить тебя.

Близко знавший Черчилля лорд Моран вспоминает:

— Уинстон всегда говорит так, чтобы позабавить и развлечь самого себя. У него и в мыслях не было производить на кого-то впечатление. Ему никогда не нужна была помощь от собеседников, тем более, если это — женщины. Все его темы в основном касаются прошлого, некоторые описывают мирные времена, другие же Англо-бурскую войну или атаку 21-го уланского полка под Омдурманом. В ходе беседы он наслаждается собственными прилагательными, Уинстон обожает использовать в одном контексте четыре или пять слов одинакового значения. Он, как старик, показывает вам свои орхидеи не потому, что они прекрасны, а потому, что он их сам любит. Неудивительно, что все его слушатели, утомленные долгим днем, только и ждут, когда представится шанс, чтобы они смогли быстро улизнуть в постель, оставив Уинстона наедине с теми, кто так и не решился прервать его монолог[382].

Зная болтливость мужа, Клементина советовала его друзьям и коллегам по работе:

— Все, что хотите сказать, давайте ему в письменном виде. Он совершенно не слушает или не хочет слушать, когда думает о чем-то своем. Зато Уинстон всегда рассмотрит все, что написано на бумаге[383].

Если в Чартвелле Черчилля и слушали, то в консервативной партии и палате общин для нашего главного героя настанут тяжелые времена. После безуспешных речей по вопросам отделения Индии Уинстон превратится в вестминстерского изгоя. Ирония же истории заключалась в том, что, когда Черчилль начнет предупреждать о нацистской Германии, на его речах будут присутствовать лишь несколько верных друзей и пустые зеленые скамейки палаты общин.

После подписания Мюнхенского соглашения в сентябре 1938 года Чартвелл превратится в оплот свободы. Гарольд Макмиллан, посетивший загородную резиденцию Черчилля в апреле 1939 года, так описывает беспрецедентное оживление, царившее в кентском особняке:

— Повсюду были разбросаны карты, секретари бегали туда-сюда, бесконечно звонили телефоны. А Черчилля волновал лишь один вопрос: «Где, черт возьми, Британский флот?» Я навсегда запомню тот весенний день и то чувство власти, энергии и непрерывного потока действий, исходивших от Уинстона, не занимавшего в то время никакой официальной должности[384].

Черчилль недолго оставался не у дел. 3 сентября 1939 года в четверть двенадцатого все, кто был в Чарт-

велле, собрались около радио, передававшее обращение премьер-министра Невилла Чемберлена:

— Официально заявляю вам, что никакого ответа
не последовало. С этой минуты наша страна находится
в состоянии войны с Германией.

Спустя всего несколько часов в кабинете Уинстона
зазвонил телефон. Это был премьер-министр, он предложил Черчиллю пост, который тот занимал четверть
века назад, — первый лорд Адмиралтейства. По всем
кораблям флота тут же прошел радиосигнал: «Уинстон
вернулся!»

После начала войны Чартвелла постигнет судьба
большинства английских поместий — его закроют.
Кроме того, будут предприняты дополнительные меры конспирации — замаскированы знаменитые чарт-
веллские озера под ничем не примечательные заросли
кустарников. После назначения Черчилля на должность премьер-министра 10 мая 1940 года его новой
загородной резиденцией станет Чекерс. Но даже здесь
глава государства не мог чувствовать себя спокойно.
Во время полнолуния Чекерс великолепно просматри-
вался с воздуха, превращаясь в идеальную мишень для
люфтваффе.

В интересах государственной безопасности будет
выбрана еще одна загородная резиденция — Дитчли
Парк, имение Рональда и Нэнси Три. В этом особняке
Черчилль создаст привычный для себя образ жизни.
Тот же дневной сон, те же застолья с «Pol Roger», сигарами и бренди. Были, правда, и нововведения. Уинстон все чаще будет обращаться к своему любимому
фильму «Леди Гамильтон» с Вивьен Ли и Лоуренсом

Оливье в главных ролях. Единственное, что напоминало о военном времени и той должности, которую занимал Черчилль, будут красные коробки с секретной информацией и люди в военной форме, сидевшие за столом среди прочих гостей.

Несмотря на все заботы о Британской империи, Уинстон не забывал и о своем любимом Чартвелле, откуда каждый понедельник в дом номер 10 по Даунинг-стрит присылались фрукты и овощи. После падения Франции 19 мая 1940 года он приедет в любимый замок, чтобы пробыть там несколько часов и насладиться привычным пейзажем. Возвращение в кентский особняк легко объяснимо. Черчилль отлично понимал, что после падения Франции начнется битва за Британию и для того, чтобы выстоять, потребуются нечеловеческие усилия. И где их брать, как не в родном доме.

Следующий визит состоится в мае 1942 года. Делясь своими впечатлениями с Рандольфом, Уинстон вспоминал:

— На прошлой неделе я был в Чартвелле, где нашел весну во всем ее великолепии. Гуси, которых я прозвал флотскими адъютантами, и черные лебеди — все пали жертвами лисиц. Правда, меня приятно удивил рыжий кот, который продолжил со мной дружеские отношения, несмотря на столь длительное отсутствие[385].

В июне 1943 года Черчилль приедет навестить своих любимых золотых рыбок. Во время одной из встреч с товарищем Сталиным Уинстон признается, что обожает этих животных.

— Вы их едите на завтрак? — прозвучит вопрос советского диктатора[386].

Вернувшись в Чартвелл в апреле 1945 года, Черчилль с ужасом обнаружит, что часть его любимцев были украдены, другие умерли. Уинстон плакал, делясь с женой своим несчастьем:

— Дорогая, я обратился за помощью в Скотланд-Ярд, с тем чтобы они поймали вора. Хотя я боюсь, что мы больше никогда не увидим наших бедных малюток[387].

8 мая 1945 года Англия праздновала День Победы. После шести лет бесконечных трудов и Клементина, и Уинстон были истощены. Черчиллю шел семьдесят первый год. Его жена втайне надеялась, что после поражения на июльских выборах 1945 года Уинстон подаст в отставку и оставит общественную и политическую жизнь. Среди прочего открытым оставался вопрос о возвращении в Чартвелл, содержание которого стало слишком дорогостоящим. Да и дети уже давно выросли, свив себе собственные семейные гнезда. В октябре 1945 года Клементина признавалась своей кузине:

— После шести лет Чартвелл освобожден! Это очень печально, но мы ездим туда каждые выходные и бродим среди груд пыли и заплесневевших книг. Садовник сказал нам, что вернуть сад в прежнее состояние никогда не удастся[388].

Для того чтобы облегчить управление домом будет уменьшена кухня, закрыты кладовая и комната для мытья посуды. Столовая станет использоваться в качестве кинозала, а гостиная преобразована в студию. Последнее нововведение продержится недолго, и спустя несколько лет гостиной будет возвращена ее прежняя роль.

Несмотря на предпринятую Клементиной реорганизацию хозяйства, Уинстон по-прежнему сомневался, стоит ли им продолжать жить в кентском особняке. Так и не найдя лучшего выхода, Черчилль в очередной раз выставил Чартвелл на продажу. Узнав об этом, его старый друг лорд Камроуз решил спасти детище Уинстона. Позже он признавался:

— Я подумал — если Англия смогла подарить первому герцогу Мальборо за его победы Бленхеймский дворец, неужели она лишит своего главного спасителя собственного дома?

Лорд Камроуз найдет шестнадцать богатых людей, согласившихся выкупить Чартвелл, превратив Черчилля в пожизненного арендатора за небольшую плату 350 фунтов в год. После смерти Уинстона Чартвелл передавался фонду «Национальное доверие». Имена всех благодетелей, согласившихся пожертвовать свои деньги, будут высечены на специальной мемориальной доске, размещенной на восточной стене дома. Благодаря лорда Камроузу, Уинстон скажет:

— Я много думаю над твоим по-королевски благородным замыслом — превратить Чартвелл в национальное достояние. Могу тебя заверить, Клемми и я предпримем все возможное, чтобы сделать этот дом и сад интересным для будущих поколений[389].

После награждения Черчилля в 1946 году орденом «За заслуги»* одна из комнат будет отведена под му-

___

* Одна из высших наград Британской империи. Присуждается монархом за выдающиеся заслуги в разных областях; число награжденных, не считая иностранцев, не должно превы-

зей. Начиная с этого момента, Чартвелл перестанет быть обыкновенным семейным домом, превратившись в своеобразную святыню с многочисленными паломниками — от школьников до монархов, желавших засвидетельствовать свое уважение великому человеку. Безусловно, Черчиллю льстило подобное отношение, но «старый лев Британской империи» еще не собирался сходить с мировой арены. 5 марта 1946 года в Фултоне им будет прочитана знаменитая речь «Мускулы мира», положившая начало «холодной войне». Во время выступления в Гааге в 1948 году Уинстон предложит создать Соединенные Штаты Европы, прообраз современного Евросоюза. В 1951 году Черчилль приведет тори к долгожданной победе на всеобщих выборах, вновь став первым министром короля.

Второе премьерство окажется гораздо спокойнее первого. Как вспоминал личный врач Уинстона лорд Моран:

— В эти четыре года он боролся с двумя главными проблемами — с плохой экономикой и плохим здоровьем. И в первом и во втором Уинстон был бессилен[390].

В 1953 году у Черчилля случился инсульт. Парализованными оказались левая рука и нога, на время пропала речь. Несмотря на тяжелое состояние, Уинстон не переставал удивлять близких своей жаждой к жизни. Через несколько недель после удара секретарь ка-

---

шать 24 человек. Учрежден Эдуардом VII в 1902 году. — *Примеч. авт.*

бинета* лорд Норманбрук, навестивший своего босса, вспоминает:

«Джон Колвилл и я обедали с премьером, сидевшим в инвалидной коляске. После обеда Уинстон сказал:

— А теперь я хочу самостоятельно встать на ноги.

Мы стали его разубеждать, но Уинстон даже не хотел нас слушать. Он только и продолжал повторять:

— Я хочу встать и сделаю это!

Поняв, что переубедить Уинстона не удастся, мы решили встать позади коляски, чтобы подхватить его в случае падения. Заметив это, он отмахнулся от нас тростью и резко произнес:

— Отойдите подальше, если я и встану, то только самостоятельно!

Затем он спустил ноги на пол, схватил ручки коляски и гигантским усилием, так что даже капли пота выступили на его лбу, поднял себя. Продемонстрировав нам, что он в состоянии сделать это, Уинстон сел обратно в коляску, улыбнулся и закурил сигару»[391].

Ему потребуется шесть месяцев, чтобы восстановить здоровье. 30 ноября 1954 года Уинстон отметит свое восьмидесятилетие. Меньше чем через полгода, в апреле 1955 года, Черчилль подал прошение об отставке. Вспоминая о прощальной церемонии в Букин-

---

* Государственный служащий высокого ранга, отвечающий за подготовку заседаний кабинета, оформление протоколов заседаний и доведение решений кабинета до сведения соответствующих организаций. Назначается премьер-министром. — *Примеч. авт.*

гемском дворце, сэр Уинстон скажет своему секретарю Джоку Колвиллу:

— Знаешь, во время моего разговора с королевой Елизаветой случилось невероятное. Она предложила мне стать герцогом*.

— И что же вы ответили? — удивленно спросил Джон.

— Я уже готов был согласиться. Меня так тронули ее красота, очарование и доброта, что сначала я решил принять данное предложение. Но затем я понял, что должен умереть таким как есть — Уинстоном Черчиллем[392].

Еще девять с половиной лет патриарх мировой политики будет наслаждаться любимым поместьем. В конце октября 1964 года, незадолго до своего девяностолетнего юбилея, он уедет из Чартвелла в Лондон. Как потом окажется, это будет его последний визит сюда.

Уже после смерти Уинстона, в двадцать пятую годовщину нападения фашистских войск на Советский Союз, 22 июня 1966 года, Чартвелл откроется для широкой публики. При содействии Клементины и младшей дочери Мэри будет немного изменен внутренний интерьер дома, что придаст замку его прежний довоенный вид, когда он был символом борьбы за свободу и одним из самых известных семейных домов в Западной Европе.

---

* Черчиллю был предложен титул герцога Лондонского. — *Примеч. авт.*

Глава VI.

«МУЗА ХУДОЖНИКА»

В борьбе с «черным псом»

Лето 1915 года станет первым поражением в политической карьере Уинстона Черчилля. Через восемь месяцев после начала Первой мировой войны им будет разработан грандиозный план по захвату Дарданелл, с последующей капитуляцией Османской империи. Несмотря на все надежды, связанные с данной операцией, высадка союзных войск закончится катастрофой. Галлипольский полуостров превратится во второе Арлингтонское кладбище, став последним пристанищем для 45 тысяч солдат.

За поражением на военном фронте последует кризис на политическом. Либеральное правительство во главе с Дэвидом Ллойд Джорджем уступит место национальной коалиции, в состав которой входят представители обеих партий — либералы и консерваторы. Платой, которую потребуют тори за сохранение политического равновесия, станет удаление Черчилля из состава нового кабинета министров.

Должно будет пройти сорок лет, прежде чем Клемент Эттли назовет захват Дарданелл «самой одаренной стратегической операцией всей Первой мировой войны»[393]. В середине же 1915 года многие думали иначе. Окончательной точки в данном вопросе не поставлено и по сей день. На протяжении более девяноста лет, произошедших с момента трагедии, историки и военные будут спорить о причинах данной катастрофы и той роли, которую сыграл в ней Уинстон Черчилль. Конечно, глупо было бы отрицать и принижать влияние, оказанное им на разработку и претворение в жизнь дарданелльской операции. Но не меньшей ошибкой было бы делать из него единственного «козла отпущения», закрывая глаза на просчеты аналитиков, отсутствие слаженности исполнения между военными ведомствами.

Так или иначе, но кровь Дарданелл багровым пятном ляжет на дальнейшую репутацию Черчилля. Самое же страшное ему предстояло пережить в первые месяцы после трагедии. «Я стал похож на морское животное, извлеченное на берег, — вспоминал он спустя годы. — Мои жилы готовы были лопнуть под напором страшного давления. Каждая клетка моего организма кипела жаждой деятельности, а я оказался в партере и был вынужден наблюдать за разворачивающейся драмой, довольствуясь ролью безучастного зрителя»[394].

Лишенный деятельности Уинстон впадет в тяжелую депрессию — семейный недуг рода Черчиллей. Один из исследователей этой династии отмечает, что пять из семи герцогов Мальборо были подвержены резким перепадам настроения и страдали депрессивными состояниями[395]. Не минет эта горькая чаша и Уинстона, прозвавшего ее «черным псом». Полное понимание личности Черчилля невозможно без учета столь решающего фактора. В дни кризисов и неудач «черный пес», срываясь с цепи, набрасывался на свою жертву, безжалостно терзая его усталое тело и душу.

Вспоминая лето 1915 года, жизнелюбивый Черчилль, всегда олицетворявший собой ненасытную жажду всего мирского, признается своему личному врачу:

— Однажды в молодые годы краски жизни на два или три года поблекли для меня. Я четко выполнял свою работу, заседал в парламенте, но черная депрессия полностью поглотила мое существо. С тех пор я не люблю стоять на краю платформы, когда мимо проносится курьерский поезд. Мне также не нравится стоять у борта корабля и смотреть вниз, на воду. Еще одно мгновение — и все кончено. Всего лишь несколько капель отчаяния[396].

Со временем депрессивные состояния приведут Черчилля к глубокому пессимизму. В этом плане очень характерен один случай. 20 октября 1943 года Уинстон навестит своего старого друга сэра Дадли Паунда, находившегося при смерти. Делясь своими впечатлениями об этой встрече, Черчилль скажет:

— Лицо Дадли было неподвижно... — Уинстон попытался изобразить безжизненное выражение лица умирающего. — Он взял мою руку, и когда я сказал ему слова утешения, которые должны были быть ему приятны, он сильно сжал мою кисть. Несмотря на всю тяжесть своего состояния, Дадли находился в здравом рассудке и отлично понимал все, что я ему говорил. Он умер в день битвы при Трафальгаре.

Здесь Черчилль выдержит небольшую паузу и добавит:

— Смерть — это самый великий дар, которым Бог может наградить человека[397].

Незадолго до своего восьмидесятилетнего юбилея Уинстон признается Чарльзу Уилсону:

— Я больше не нахожу жизнь интересной и привлекательной. В ней нет места веселью. Люди либо низменны, либо слишком глупы, чтобы совладать с новыми вехами современного мира[398].

Не большим оптимизмом веет и от фразы:

— Гнусный мир! Если бы мы заранее знали, что нас здесь ждет, никто не пожелал бы появиться на свет[399].

В чем же заключалась причина столь тяжелых психических состояний? Прохладное отношение со стороны родителей — маловероятно, наследственность — частично, неспособность принять собственные промахи и ошибки, загоняя чувство вины внутрь себя, — возможно. Однажды Уинстон признается, что с первых же дней своей политической карьеры только усилием воли заставлял себя не думать о неудачах:

— Мне казалось, что я не смогу сохранять душевное равновесие, копаясь в собственных ошибках[400].

Дарданелльская кампания станет исключением. Черчилль не мог не осознавать масштабов произошедшей трагедии. Своему другу В. С. Бланту, заставшему его во время занятия живописью, он скажет пропитанные горечью слова:

— На моих руках больше крови, чем красок[401].

В 1969 году Клементина признается официальному биографу своего мужа Мартину Гилберту:

— Провал в Дарданеллах преследовал Уинстона в течение всей его жизни. После ухода из Адмиралтейства он считал себя конченым человеком. Возможность вернуться в правительство казалась ему нереальной. Я думала, он никогда не справится с собой. Я даже боялась, что он умрет от горя[402].

Для восстановления душевного равновесия Уинстон и Клемми уедут в небольшой загородный домик времен Тюдоров Хоу Фарм, снятый ими на летний период. Хоу Фарм был перестроен для загородной резиденции в 1900 году известным архитектором Эдвином Лутенсом, он проектировал центральные здания и резиденцию вице-короля в Нью-Дели. Живописные окрестности Саррея окажут благоприятное воздействие на Черчилля. Он даже станет думать, а не купить ли ему один из близлежащих домов. Обращаясь к своему брату, воевавшему в то время все в тех же пресловутых Дарданеллах, Уинстон заметит:

— Как бы я хотел, чтобы ты был с нами. Здесь и вправду восхитительная долина с прекрасным садом, который наполнен искрящимися летними бриллиантами. Живем мы очень просто, хотя и имеем все необходимое для нормального и достойного образа жизни — горячие ванны, холодное шампанское, новые блюда и старое брэнди[403].

Среди немногочисленных гостей, навещавших чету Черчиллей в те дни, была жена Джека Гвенделин со своим младшим сыном Генри. Все делалось для того, чтобы жизнь Уинстона была интереснее. Но могли ли умиротворенная природа и семейная идиллия вернуть Черчиллю душевное равновесие? К сожалению, нет. Рана была слишком глубока, и очень мало времени прошло с момента трагедии. Уинстон часами бродил с отрешенным взглядом по газонам, иногда останавливаясь и бормоча себе что-то под нос, взмахивал руками и принимался жестикулировать, словно пытаясь что-то доказать невидимому собеседнику.

Клементину не на шутку пугало состояние мужа. Она всерьез боялась, что, поддавшись депрессии, Уинстон пойдет на крайние меры и сможет свести счеты с жизнью. Выход предложила никогда не унывающая Гвенделин. Она увлекалась акварелью и в один из июньских дней, демонстративно выйдя на лужайку, принялась рисовать, чем немало заинтриговала своего деверя. Заметив его любопытство, Гуни предложила Уинстону самому принять участие в творческом процессе. Черчилль сделал несколько мазков и поразился произошедшей перемене. Уинстону захотелось рисовать еще и еще. И живописные окрестности Саррея как нельзя лучше подходили для этой цели — необычный пруд с изящным поворотом, колышущиеся верхушки деревьев, разбросанные по долине дома с характерными крышами и дымовыми трубами и конечно же стога сена, наполнявшие воздух атмосферой пасторальной умиротворенности и спокойствия.

При таких весьма необычных обстоятельствах и состоялась эта историческая встреча Уинстона с — как он сам позже назовет — «музой художника»[404]. Сам

Черчилль считал, что познакомился с этой дамой впервые:

— Достигнув сорокалетнего возраста, я ни разу не обращался к помощи кисти или карандаша, я смотрел до этого на процесс создания картины как на особую тайну[405].

Отчасти так оно и было, но только отчасти. Художественные опыты в Саррее были далеко не первым приобщением к живописи великого политика. Еще во время своей учебы в Аскоте Уинстон изучал рисование, а бесчисленную переписку со своей матерью украшал забавными зарисовками и собственными иллюстрациями. Перейдя в Хэрроу, Черчилль выбрал рисование в качестве дополнительной дисциплины. Объясняя причины своего поступка, Уинстон признавался леди Рандольф:

— Моя дорогая мамочка, я очень обеспокоен изучением рисования. Папа сказал, что учиться пению пустая трата времени, поэтому я переключился на живопись.

— Я уверена, ты сможешь добиться всего, чего захочешь, — заметила Дженни.

— Правда, мистер Дэвидсон* сказал мне, что одно дело брать уроки и совсем другое — посвятить себя живописи, поэтому я намерен заниматься полтора часа в неделю, и если мне еще удастся брать один час с армейским классом, то я вполне смогу овладеть данной дисциплиной. Рисование может принести 1 200 баллов на будущих экзаменах, а сейчас каждый балл на счету.

---

* Классный руководитель Уинстона в Хэрроу. — *Примеч. авт.*

Уинстон быстро освоит художественный материал, признаваясь не без гордости:

— Я делаю большие успехи, и уже в состоянии изобразить небольшие пейзажи, мосты и другие подобные вещи[406].

Если же говорить о поступлении в Сэндхерст, то сначала художественные способности Уинстона не принесут ему особой пользы. Только во время третьей попытки, оказавшейся, как известно, удачной, будущий член Королевской академии искусств наберет по рисованию 339 баллов из возможных 500[407].

Пройдет двадцать пять лет, и все изменится. Взяв в руки кисть на поляне перед Хоу Фарм, Черчилль захочет рисовать все больше и больше. Чувствуя нетерпение Уинстона, Гуни вручит ему набор художника для своего шестилетнего сынишки. Но Черчиллю этого уже было мало. Он хотел рисовать маслом, и только маслом*.

---

* Объясняя позже привязанность к этому выразительному средству, Уинстон будет выделять следующие преимущества масла перед акварелью и карандашом: «Во-первых, вы можете легко исправить любую ошибку. Один взмах мастихином (стальная или роговая пластинка в виде лопатки или ножа, применяется для удаления красок и чистки палитры. — Д. М.) — и с холста удалены вся кровь и слезы утра, предоставив вам возможность все начать заново. Во-вторых, вы можете приблизиться к вашей проблеме с различных направлений. У вас нет необходимости двигаться от светлых тонов к темным. Вы можете начать с достаточно скромных пастельных оттенков и затем уже, когда почувствуете необходимость, обратиться к более ярким цветам. И наконец, само вещество настолько легко управляемо. Вы можете класть слой за слоем, экспериментировать,

25 июня 1915 года, вернувшись в Хоу Фарм после очередного заседания Комитета по Дарданеллам, Уинстон привез с собой мольберт, холсты, скипидар, масляные краски и решил самостоятельно окунуться в бурлящую реку творчества:

«Было светло-голубое небо. Кажется, ну что может быть проще — смешать синий цвет с белым и замазать им верхнюю часть холста. Для этого не нужно обладать какими-то способностями или талантом. Я же очень робко принялся смешивать краски. Тонкой кисточкой нанес синий и с огромной опаской белый, жирной чертой перечеркнувший все. Я сделал вызов, хорошо продуманный вызов, но такой робкий и нерешительный, полный оцепенения и колебания, что он не достоин даже простого упоминания.

Вдруг послышался звук приближающегося автомобиля. Это была жена художника сэра Джона Лавери.

— Живопись, а что вы боитесь! Дайте-ка мне кисть, нет, нет побольше.

Шлепок в скипидар, в палитру — белый, синий, затем несколько яростных мазков по холсту. Это было неотразимо. Ни одна темная сила не смогла бы устоять перед страстным напором леди Лавери. Лишь только холст беспомощно скалился пред нами. Все чары испарились, все комплексы исчезли. Я схватил самую большую кисть и набросился на свою жертву со

изменять свой план в зависимости от временных или погодных условий. И всегда помните, в случае неудачи, в вашей власти все соскоблить и начать сначала». (Churchill Winston S. Op. cit., p. 18—19.)

страшной яростью. Больше никогда я не чувствовал робость перед холстом»[408].

С семьей Лавери у Черчилля сложатся плодотворные и длительные отношения, весьма характерные для британского политика. Уинстон часто будет работать в лондонской студии сэра Джона, нарисовав там много картин, включая свой знаменитый автопортрет. Лавери вспоминает:

— Мистера Черчилля часто называют моим учеником, что, конечно, очень приятно, потому что я знаю немного любителей, у которых было бы такое же глубокое понимание света и более чем уверенное владение основными техническими приемами.

В 1919 году Лавери возьмет одну из работ Уинстона — собственный портрет, написанный Черчиллем в 1915 году в мастерской Лавери, — на выставку в лондонской галерее, ежегодно устраиваемой Королевским обществом портретистов. Эта выставка, на которой также будут представлены работы таких известных мастеров, как Фрэнк Солсбери и сэр Освальд Бирли, станет первой публичной демонстрацией искусства Черчилля.

Приобщившись к высокому искусству, Уинстон научится любить и ценить красоту окружающего мира.

«До того как я попробовал рисовать, я и понятия не имел, сколько может рассказать пейзаж, — делился он своими впечатлениями. — Его краски стали для меня более насыщенными, более важными и более различимыми. Я стал замечать, что, прогуливаясь, уже инстинктивно обращаю внимание на расцветку листа, отражения в лужах, сказочно-пурпурные очертания гор, совершенные формы зимних веток, дымчатое очертание далекого горизонта. Я и так обращал на все эти вещи внимание, но теперь они приобрели для меня новый смысл. Мой ум, ведомый интересом и фантазией, стал улавливать впечатления от гораздо более мелких деталей. И каждое такое впечатление несло свое удовольствие и пользу»[409].

Полюбив природу во всех ее проявлениях, Уинстон стал более внимателен и к женской красоте. Одна из его секретарей, мисс Филлис Моир, замечает:

— У него было заостренное визуальное восприятие. Он испытывал так хорошо знакомое художникам чувство восхищения при виде красивого очертания или необычного цвета. Это же касалось и красивых женщин. Его глаза загорались, а на лице тут же появлялась улыбка[410].

Черчилль с большим чувством подходил к своим занятиям живописью. Его выход на пленэр представлял собой величественное зрелище. Сначала появлялись садовники — кто нес холст и подрамник, кто кисти и палитру, кто тюбики и мастихин. За ними следовал Уинстон, одетый в сюртук из белого тика, в легкой широкополой шляпе и с сигарой во рту. Оценив пейзаж, он давал указание размещать оборудование и устанавливать зонт для защиты от солнца. Когда все приготовления были закончены, Черчилль отпускал всю свою свиту и приступал к работе. Живопись стала единственным увлечением великого англичанина, в котором он был немногословен. Как вспоминает его близкая подруга Вайолет Бонэм Картер:

— Он рисует молча и завороженно, напряженно всматриваясь в пейзаж, который намеревается перенести на холст[411].

Помимо своей эстетической привлекательности, благотворное влияние живописи заключалось и в том, что она смогла исцелить Черчилля от тяжелейшего приступа депрессии. С удивлением для себя он обнаружил, что, концентрируясь на холсте, он забывает обо всех политических дрязгах и неприятностях. Однажды Уинстон признается своей кузине Клэр Шеридан:

— Иногда я готов бросить почти все, ради занятия живописью[412].

Его секретарь Эдвард Марш, бывший свидетелем первых художественных опытов Черчилля, вспоминает:

— Новое увлечение отвлекло его внимание. Оно оказало успокаивающее воздействие, принеся в растерзанную душу Уинстона мир и спокойствие[413].

Сам Черчилль, делясь своими впечатлениями, напишет спустя годы: «Я даже не знаю, как бы я смог пережить эти ужасные месяцы с мая по ноябрь, когда ушел из кабинета министров, если бы в мою жизнь не вошел этот новый великий интерес. В течение всего лета я рисовал самозабвенно. Еще никогда я не находил подобного рода деятельности, которая полностью защищала бы от мрачных мыслей. Взять, к примеру, гольф. Он совершенно не подходит для этих целей. Играя партии, я больше половины времени думаю о делах. Даже между чаккерами в поло то и дело промелькнут печальные мысли. В живописи же все иначе. Я не знаю какого-либо другого занятия, которое, совершенно не изматывая тело, настолько полно бы поглощало ум. Какие бы заботы ни принес день, какие бы угрозы ни таило в себе будущее, едва картина начинает рождаться, все тревоги отступают, им больше нет места в голове. Они уходят в тень и исчезают во мраке. Даже время почтительно отступает в сторону»[414].

Оставшись не удел в результате провала дарданелльской кампании, Черчилль в звании майора отправится на фронт. В начале 1916 года он примет командование 6-м батальоном Королевских шотландских стрелков. Несмотря на все опасности Первой мировой, Уинстон и на фронте продолжит свои художественные эксперименты, нарисовав за время службы четыре картины — три на линии огня и одну в укрытии. Делясь впечатлениями со своей женой, он признается ей:

— Моя дорогая, ты знаешь, мне кажется, живопись станет для меня истинным наслаждением и источником вдохновения, если, конечно, я вернусь целым и невредимым[415].

Подобное хладнокровие произвело огромное впечатление на его подопечных. Каждый раз, когда войска выходили на линию фронта, Черчилль, как ни в чем не бывало, уделял некоторое время рисованию. Постепенно пейзаж все больше покрывался воронками от разрывов и артиллерийских снарядов. Когда работа над картиной уже подходила к концу, Уинстон стал угрюмым и замкнутым. После пяти или шести дней мрачное настроение вновь сменили прежняя веселость и очарование школьника. Пораженный подобной переменой, офицер Эдмонд Хейквелл спросил своего командира:

— Сэр, что-то случилось?

— Меня очень беспокоило, что я никак не мог изобразить воронку от взрыва, — ответил Уинстон. — Вчера мне это удалось. Моя воронка больше походила на холм или гору, но, добавив немного белого, я с удивлением обнаружил, что она приняла нужный вид[416].

В мае 1916 года политическая ситуация в Великобритании изменилась, предоставив Уинстону хорошую возможность для возвращения в Лондон. Свой первый уик-энд семья Черчиллей провела в Бленхеймском дворце и загородной резиденции генерала сэра Яна Гамильтона в Постлип Холле в Глочестершире. Отправляясь на отдых, Уинстон захватил с собой все необходимое для продолжения художественных экспериментов. Ставшая свидетелем его работы над холстом жена сэра Яна Джейн записала в своем дневнике: «Уинстон замечателен, очень искренен и убедителен в своей работе, рисуя, словно молния»[417].

С тех пор живопись станет постоянной составляющей в жизни великого политика. Мольберты, краски и многочисленные холсты всегда сопровождали Уинстона в бесчисленных поездках и командировках. В каждом доме, который снимала чета Черчиллей, устраивалась студия. Даже в жестком временном графике Уинстон всегда старался выкроить часок-другой для занятия своим новым и, пожалуй, самым сильным увлечением. Он рисовал везде: в министерских кабинетах и королевских покоях, в пустыне Маракеш и на побережье Франции, на английских полянах и канадских озерах, солнечных пляжах и в рыболовецких деревнях.

В сентябре 1927 года, будучи министром финансов, Черчилль был приглашен на выходные в шотландскую королевскую резиденцию Балморал. Большую часть уик-энда Уинстон провел за мольбертом, рисуя с фотографии церковный погост кафедрального собора Святого Павла. В разговоре с личным секретарем короля Георга V лордом Стэмфордхэмским он признается:

— Я с наслаждением провел время в Балморале. Я очень рад, что Его Величество разрешило мне использовать министерские покои в качестве студии, и я уж предпринял все меры предосторожности, чтобы не оставить пятна на викторианской шотландке[418].

Покидая Балморал, Уинстон по просьбе короля передаст свою картину местному благотворительному обществу, которая выставит ее на аукцион для продажи. Черчилль будет приятно удивлен, узнав, что в ходе торгов цена картины достигла 120 фунтов*, превысив даже самые смелые его ожидания.

Не всегда занятия живописью заканчивались столь же безобидно, как в Балморале. В марте 1921 года, во время каирской конференции, Уинстон решил посетить пирамиды, отправившись туда на верблюдах вместе с Клементиной, Лоуренсом Аравийским, Гертрудой Белл и своим бессменным телохранителем Вальтером Томсоном. Корреспондент «Palestine Weekly» написал тогда: «Во время посадки на верблюда мистер Черчилль потерял равновесие и упал на землю. Несмотря

_____

* Эквивалентно 5 тысячам фунтов в современных деньгах. — *Примеч. авт.*

на рваную рану, полученную в результате падения, он продолжил путешествие и даже умудрился сделать несколько набросков пустыни Сахара»[419].

На самом деле все могло быть гораздо хуже. Черчилль, занимавший в то время пост колониального министра, был очень непопулярен среди египтян. Его поезд закидывали камнями, а передвижение на автомобиле встречали злобными криками и бранью. Но Уинстон не обращал на них никакого внимания. Он демонстративно садился на одной из улиц и начинал рисовать, попутно объясняя сопровождавшим его генералам, что никогда не следует бросать живопись. Говорил же Уинстон обычно так громко, что военных гораздо больше волновали вопросы безопасности, нежели искусства.

Но в этот раз все обошлось. В Лондоне Черчилля ждали гораздо более заинтересованные слушатели. В 1921 году журнал «The Strand Magazine» предложил Уинстону написать статью о его новом увлечении. В отличие от своего мужа, ухватившегося за данную идею, Клементина скептически отнеслась к подобному предложению. Не хватало еще, чтобы его осмеяли искусствоведы и художники-профессионалы. Пытаясь переубедить свою жену, Черчилль скажет ей:

— Клемми! Моя статья совершенно не связана с политикой, следовательно, и не должна подвергаться критике из-за моих политических взглядов. Например, статьи мистера Бальфура о гольфе и философии или мистера Бонар Лоу о шахматах были бы встречены вполне достойно.

— Никак нельзя, чтобы в статье были использованы только твои репродукции, а сам текст написал бы кто-нибудь другой?

— Обещаю, что я сделаю ее очень легкой и развлекательной, нисколько не обижая профессиональных художников. Напротив, я собираюсь подбодрить всех остальных, чтобы и они, взяв в руки кисти, получили такое же удовольствие от занятия живописью[420].

Черчилль напишет статью «Живопись как времяпрепровождение», которая выйдет в декабрьском и январском номерах «The Strand Magazine» за 1921 и 1922 годы. Одновременно с Уинстоном свои материалы в журнал также представят Пэлем Грэнвилл Вудхауз, Эдгар Уэллес, Артур Конан Дойл, а также Энрико Карузо.

В 1924 году, будучи уже министром финансов, Черчилль получит предложение от журнала «Nash's Pall Mall Magazine» написать более общую статью, посвященную его увлечениям. Новая статья, больше половины которой будет посвящено живописи, получит скромное название «Хобби». В 1926 году американский журнал „Cosmopolitan“, так же как и «Nash's Pall Mall Magazine» входящий в империю знаменитого газетного магната Уильяма Рандольфа Херста, опубликует эту статью в сокращенном варианте под названием «Когда жизнь меня утомляет, я обращаюсь к хобби».

Доработав спустя три года изначальный текст статьи «Живопись как времяпрепровождение», Черчилль отдаст его в «Сто самых лучших английских эссе», составленных его близким другом Ф. Е. Смитом. Объясння свое желание включить в сборник этот материал, Ф. Е. Смит заметит:

— Данная статья Уинстона — это Черчилль в своем наилучшем виде — с открытым характером, ярким талантом выражения и свежестью интеллектуального вызова[421].

В 1930 году полная версия «Хобби» будет опубликована в «The Sunday Chronicle» под заголовком «Человеческие увлечения».

В отличие от 1921 года и тем более 1924 года, когда Черчилль занимал пост министра финансов, публикации 1930 года и последующего десятилетия носили не столько рекламный, сколько материальный характер. После финансового краха и лишения поста канцлера казначейства Уинстон оказался безработным, не считая законотворческой деятельности в нижней палате парламента. Единственным средством к существованию стали статьи и книги, выходящие из-под его пера, и каждая публикация в данном случае ценилась на вес золота. В 1932 году две статьи Черчилля, «Хобби» и «Живопись как времяпрепровождение», войдут в сокращенном виде в сборник его эссе «Мысли и приключения», принесший их автору как моральное, так и материальное удовлетворение.

После войны ситуация вновь изменится. Теперь Черчилль был, что называется, «нарасхват». В 1946 году в «The Strand Magazine» состоится очередная публикация его статей, украшенных репродукциями последних работ. На следующий год издатель Джон Бенн предложит Уинстону объединить свои материалы в отдельную «красочную книгу» «Живопись как времяпрепровождение», выпуск которой придется на 1948 год.

Даже для такого искушенного славой автора, как Черчилль, книга будет иметь огромный успех, выдержав многочисленные переиздания, а также переводы на французский, немецкий, финский и даже японский языки. Несмотря на все обилие тиражей, во всех этих публикациях использовались сокращенные версии авторского текста. Первое же полное издание за все восемьдесят лет, прошедших с момента выхода «The Strand Magazine», будет опубликовано лишь в 2003 году Дэвидом Комбсом в его книге «Жизнь сэра Уинстона Черчилля через его живопись»[422]. Благодаря кропотливой работе, проведенной Комбсом за почти сорокалетний период, удалось не только восстановить оригинальный текст, но и впервые составить полный каталог картин Черчилля.

Возвращаясь же к самому тексту статьи, нужно сказать, Уинстон лукавил, когда говорил, что его статья станет «очень легкой и развлекательной». «Живопись как времяпрепровождение» содержит в себе не только личные впечатления автора. Большую часть в ней занимают его собственные размышления о живописи, художественной технике и других эстетических вопросах. Например, Черчилль проводит параллель между живописью и военным искусством. И главным для него здесь являются не столько сходные принципы, сколько сам подход. Прежде чем начать сражение, разрабатывается план и определяется так называемый стратегический резерв. В случае с живописью определяются пропорции и соотношение отдельных элементов. И художник, и полководец одинаково кропотливо готовятся к предстоящему действу.

В своей работе Черчилль пытается определить границы художественного триединства — художник, картина, натура — и призывает к научному подходу при анализе роли зрительной памяти в жизни творческих людей. Последняя тема будет с восторгом подхвачена известным историком и искусствоведом Эрнстом Гомбричем.

Искусство искусством, но жизнь диктовала Уинстону свои непреложные условия и правила. «Чудесный и ужасный»[423] 1921 год приготовит Черчиллю и более суровые испытания, нежели падение с верблюда или враждебность критиков. Весной мать Уинстона Дженни, все так же любившая приемы и балы, как и много лет назад, примет приглашение леди Фрэнсис Хорнер и отправится в ее поместье в Сомерсете. Она как раз только что вернулась из Рима, где приобрела себе самые «изящные туфельки от лучших итальянских мастеров».

Новый прием был как нельзя кстати, предоставив ей отличную возможность похвастаться новой покупкой. Когда все гости уже собрались к чаю, Дженни надела итальянские туфли и побежала вниз по старой лестнице. За три ступеньки до конца она поскользнулась и, потеряв равновесие, упала.

— Сама я не видела, что произошло, — вспоминает леди Хорнер, — услышала только звук падения и вскрик. Дженни никак не могла встать. Я подложила под ее спину и ноги подушки и вызвала врача. Он приехал через четверть часа и обнаружил у нее серьезный перелом левой ноги[424].

Травма и вправду оказалась серьезной. Переломаны были обе кости голени над щиколоткой. Сначала все было хорошо, но спустя две недели участок кожи над переломом почернел, и началась гангрена. У Дженни резко поднялась температура. Боясь за здоровье своей матери, Уинстон послал за хирургом. В ходе небольшого консилиума был решен вопрос об ампутации ноги. Когда об этом сообщили леди Рандольф, она позвала к себе хирурга и решительным голосом произнесла:

— Единственное, о чем я прошу вас, режьте достаточно высоко, чтобы избежать повторной операции.

Нога была ампутирована выше колена.

Леди Рандольф стоически пережила случившееся. Когда ее навестила Элеонор Уоррендер, Дженни приветствовала свою подругу шуткой:

— Видите, дорогая, теперь я уже не смогу встать не с той ноги[425].

Через две недели после операции, 23 июня, Уинстон телеграфировал одному из своих родственников: «Опасность определенно миновала, температура постепенно снижается»[426]. А меньше чем через неделю, 29 июня, наступил кризис. Не успела Дженни закончить свой завтрак, как у нее началось сильнейшее кровотечение из ампутированной ноги.

— Сестра! Сестра! — закричала леди Рандольф. — Из меня хлещет кровь[427].

Прежде чем сиделка успела наложить жгут, Дженни потеряла слишком много крови. К ней тут же примчится Уинстон, не успевший даже сменить пижаму, но она уже впадет в кому и, не приходя в сознание, скончается спустя несколько часов.

Смерть «последней из викторианок»[428], как выразился Асквит, станет тяжелым испытанием для Черчилля. Несмотря на ее расточительность, казавшуюся чрезмерной даже для такого мота, как Уинстон, и многочисленные замужества — после неудачного брака с Корнуэллисом Уэстом в 1918 году шестидесятичетырехлетняя Дженни вышла за Монтегю Порча, который был младше ее старшего сына на три года, — Черчилль продолжал любить свою «дорогую мамочку». Как заметила ее двоюродная сестра, во время похоронной церемонии, состоявшейся 2 июля в Блэдоне, «Уинстон и Джек выглядели овдовевшими». Единственное, что утешало Черчилля, — «конец был быстр и прошел безболезненно». Если бы леди Рандольф выжила, то из-за внезапного кровотечения ей пришлось бы снова ампутировать ногу. Так что смерть в данном случае больше напоминала избавление. 1 июня Уинстон сказал леди Айслингтон трогательные слова:

— По крайне мере, она больше не страдает от боли и никогда не узнает старости, немощи и одиночества. Нам с Джеком ее очень не хватает, но что до нее самой, я не думаю, что она много потеряла. Впереди ее ждали долгие испытания, в конце которых она могла надеяться только на кратковременную передышку. Жаль, что вы не видели ее покоящуюся в мире после всех радостей и бурь своей жизни. Она казалась прекрасной и величественной[429].

Не успел Черчилль оправиться от одной утраты, как спустя всего полтора месяца его ждал новый удар. Желая, чтобы его дети немного отдохнули и подышали морским воздухом, Уинстон отправит их с молодой французской няней мадемуазель Роуз в местечко Бродстейрз, графство Кент. Веселую переписку с перечислением обычных курортных мелочей и забав прервала тревожная новость — его любимая Мэриголд, которой еще не исполнилось и трех лет, сильно простудилась. Бедняжка никогда не отличалась крепким здоровьем, постоянно страдая то фарингитом, то затяжными приступами кашля.

С побережья стали поступать противоречивые сведения — то сообщали, что ей стало значительно лучше, то что ее состояние снова ухудшилось. Чувствуя, что происходит что-то неладное, Клементина быстро отправилась в Бродстейрз. Мэриголд слабела на глазах. Ни о какой перевозке в Лондон не могло быть и речи. Оставалось надеяться только на местного доктора, оказавшегося недостаточно компетентным. Вскоре к ним приехал и Черчилль, вместе с лучшим специалистом из Лондона. Однако было уже слишком поздно. После острой ангины началось заражение крови, не оставив ни малейших шансов на спасение. Ранним утром 23 августа «душка-милашка», как любили называть дочку супруги, скончалась. Черчилль сидел у изголовья ее кровати, и по его щекам катились слезы; Клементина же «кричала, словно умирающий зверь»[430].

Это была уже третья потеря в семье Черчилля меньше чем за пять месяцев. В апреле в одной из парижских гостиниц покончил жизнь самоубийством брат Клементины Билл Хозье, в июне трагически скончалась леди Рандольф, а теперь еще и Мэриголд.

— С ее смертью мы понесли тяжелую и мучительно-болезненную утрату, — заметит Уинстон одному из своих друзей. — Очень жалко, что столь молодая жизнь вынуждена заканчивать свое существование, когда она еще так красива и счастлива[431].

Мэриголд похоронили 26 числа на лондонском кладбище Кенсал Грин. Кроме членов семьи и близких друзей на церемонии также присутствовали фотографы из местных газет. Они воспользовались моментом и сделали несколько памятных снимков, однако по просьбе Уинстона ни одна из фотографий так и не была опубликована. Пройдет год, и в семье Черчиллей родится новый ребенок — Мэри, осенью же 1921 года им необходимо было свыкнуться с тяжелой потерей.

Уинстон отправился в Шотландию погостить в замке своего друга герцога Сазерландского. Как и шесть лет до этого, в минуту отчаяния Черчилль вновь обратится к краскам, пытаясь в неторопливом рисовании местных пейзажей найти душевное спокойствие и умиротворенность. Пока гости развлекались на теннисном корте, Уинстон методично выходил на пленэр, полностью отдав себя во власть творчества. Своей жене он признается:

— Сегодня во второй половине дня я зарисовал прекрасную реку с раскинувшимися на заднем фоне темно-красными и золотыми холмами[432].

Пройдут годы, но чета Черчиллей так никогда и не сможет забыть эту боль. Клемми будет винить себя, что не смогла вовремя спасти бедную малышку, Уинстон же — с присущей ему сентиментальностью трогательно всхлипывать каждый раз при упоминании своего четвертого ребенка. Когда во время Второй мировой войны первый личный секретарь Черчилля сэр Лесли Роуэн женится и спросит Уинстона, сколько нужно иметь детей, умудренный горьким опытом Черчилль ответит:

— Определенно не меньше четырех.

А потом, немного подумав, добавит:

— Одного для матери, одного для отца, одного на рост семейства и одного на случай несчастья[433].

Оправившись после потери близких, Черчилль продолжил идти по извилистым дорогам политики и собственного творчества. И в том, и в другом случае на его пути встречались разные люди. И если благодаря многочисленным биографам и воспоминаниям современников фигуры политиков видны отчетливо, то коллеги по мольберту и кисти пребывают в тени. Кто были те люди, которые помогали Уинстону в его художественных экспериментах? Выше уже упоминалось имя сэра Джона Лавери. Также огромное влияние на Черчилля как живописца оказал Вальтер Ричард Сикерт, известный британский художник, учившийся в молодые годы у самого Дега. Он как бы являлся прямой ниточкой, связывавшей вторую четверть XX века с импрессионистами и постимпрессионистами.

Сикерт стал одним из близких друзей матери Клементины леди Бланч Хозье, познакомившись с ней в Дьепе, где она жила со своими детьми на рубеже веков. Много лет спустя Клементина признается младшей дочери Мэри, что втайне от своей матери восхищалась талантом их нового друга. Она могла часами стоять и смотреть, как Вальтер создает очередную картину. После Дьепа их пути разойдутся на двадцать семь лет.

В 1927 году с Клементиной произойдет несчастный случай. Переходя в Лондоне дорогу, она попадет под автобус. Хотя Клементина получила незначительные ушибы, это происшествие будет подробно описано во многих газетах, откуда Сикерт и узнает о случившемся. Глубоко потрясенный, он решит проведать Клементину, проживающую в тот момент в доме номер 11 по Даунинг-стрит. Увидев Вальтера, она несказанно удивится, но еще больше обрадуется ее муж, с первых же минут общения со Сикертом сумевший найти с ним общий язык. Со временем они станут близкими друзьями, не раз практикуя совместные занятия живописью — сначала в резиденции Черчилля как канцлера казначейства, а затем в его загородном доме в Чартвелле.

Сикерт научит Уинстона подготавливать холст для работы, задействовать несколько уровней для одноцветных тонов, использовать фотографии в качестве памятки при рисовании картины, а также методу переноса изображения фотографии на холст с точным сохранением существующих пропорций. Работа с фотографиями окажется весьма своевременной, особенно после того, как близкий друг Черчилля, профессор Фредерик Линдеманн, подарит ему последнюю по тем временам модель фотоаппарата. Для Уинстона, не имеющего художественного образования и не знакомого с тонкостями черчения, советы Сикерта были более чем полезны. В одном из разговоров со своей женой Черчилль признается ей:

— Знаешь, Клемми, я глубоко взволнован теми горизонтами, что открыл Вальтер. Я вижу, что стал рисовать намного лучше. Он и вправду оказал мне огромную помощь[434].

Особенно сильно влияние Сикерта чувствуется в таких работах Черчилля, как портрет лорда Бальфура и его племянницы, портрет герцога Вестминстерского, а также знаменитое полотно «Чаепитие в Чартвелле». Примечательно, что большинство картин этого периода были портреты.

Помимо Лавери и Сикерта, большое влияние на развитие Черчилля как живописца окажет его старый знакомый, французский художник Поль Мейз. Они познакомились в далеком 1916 году в окопах Первой мировой войны, когда Мейз был приписан сержантом связи к британским экспедиционным войскам и использовал свои художественные способности для фиксирования мельчайших деталей незнакомых местностей. В 1934 году Поль попросит старого друга написать предисловие к своим военным мемуарам, на что Уинстон с радостью согласится. Позже Мейз приобретет себе недвижимость в Англии, что еще больше сблизит их.

В 1930-х годах Черчилль часто любил останавливаться в мотеле Святого Георга, который был расположен вблизи небольшого городка Дре и принадлежал супругам Консуэле и Жаку Бальзану. У них частенько бывали знаменитости — художники, писатели, музыканты, включая и таких постоянных гостей, как Черчилль и Мейз. Однажды, когда Уинстон собирался сделать очередную зарисовку местного пейзажа, Консуэла пригласила Поля Мейза и еще трех художников на ланч. Нисколько не смущенный присутствием профессионалов, Черчилль не только стал демонстративно рисовать, но и привлек их к своим занятиям.

— Так, Пол, ты будешь рисовать деревья, — произнес громким голосом Уинстон, раздавая четыре кисти, — ты, Сегонжак, небо, ты, Симон Леви, воду, ты, Маршан, пейзаж, а я буду за вами присматривать.

В результате на свет появилась необычная картина, ставшая коллективным плодом творчества[435].

В 1933 году Черчилль познакомился еще с одним мастером живописи сэром Уильямом Никольсоном. Он как раз приехал по рекомендации друзей в Чартвелл, чтобы зарисовать идиллию семейной жизни Черчиллей, которые в апреле 1933 года отмечали серебряный юбилей своей свадьбы. Их отношения не ограничились только этой работой. Никольсон будет часто посещать Чартвелл, сделав, по воспоминаниям дочери Уинстона Сары, множество «небольших и забавных зарисовок нашего дома». Сам Черчилль рассказывал своему другу сэру Джону Розенштейну:

— Я думаю, что человек, который научил меня больше всех живописи, это Уильям Никольсон[436].

Особенно это заметно, когда Уинстон обращался к нехарактерным для него мягким тонам.

Среди знакомых Черчилля были не только художники-профессионалы. Например, его телохранитель в период с 1950 по 1965 год Эдмунд Мюррей также любил рисовать маслом. Неудивительно, что два джентльмена быстро нашли общий язык. Сержант Мюррей постоянно сопровождал своего шефа в многочисленных поездках и был одним из немногих, кто находился рядом с ним во время его выхода на пленэр. Именно ему Уинстон доверял почетную миссию сделать фотографии тех мест, которые позже становились темами его картин.

Вообще, фотографии составляли важную часть художественной деятельности Уинстона, любившего использовать их в качестве источника для своих картин. Как вспоминал один из камердинеров Черчилля Норман Макгован:

— Он часто покупал высококачественные фотографии во Франции и Италии, это были различные здания, деревья и другие объекты, впечатлившие его. Кроме того, мы делали и цветные снимки, чтобы в какой-нибудь пасмурный, непогожий день в Англии использовать их для воссоздания цветовой палитры. Многие картины, нарисованные Уинстоном во время каникул, были не больше чем наброски и эскизы, сама же раскраска происходила, как правило, недели или месяцы спустя в студии[437].

В отличие от политики и литературы, где Черчилль был более чем уверен в собственных силах, с живописью дело обстояло иначе. Уинстон скромно оценивал собственные художественные достижения. Он всегда был открыт для критики и восприятия новых идей. К похвалам же Черчилль относился подозрительно, подсознательно понимая, что не только за художественные заслуги хвалят его картины. Однако бывали и исключения. 10 января 1921 года Уинстон был приглашен на обед в Париж, организованный французским политическим деятелем Луи Лушером. На следующее утро после торжества Черчилль встретился с недавно избранным президентом Третьей республики Александром Мильераном, обсудив с ним вопросы Восточной Европы и Ближнего Востока.

Покидая на следующий день Париж, Уинстон вместе со своим однокашником по Хэрроу и Сэндхерсту, майором Джеральдом Гейгером, посетил художественную выставку в знаменитой галерее Друе на рю Ройяль. Внимание Черчилля привлек некий художник Шарль Морин. Он долгое время стоял около его картин, изучая технику живописца и внимательно прислушиваясь к высказываемой знатоками критике[438]. Гейгер ничего не мог понять. Он знал про увлечение Уинстона, но чем смог привлечь его внимание никому не известный художник? На самом же деле за Шарлем Морином скрывался не кто иной, как сам Черчилль. Он отослал на выставку несколько картин и был немало удивлен, когда узнал, что шесть из них были проданы, сделав его теперь не только высокооплачиваемым журналистом, но и «хорошо продаваемым художником»[439].

Триумф в Париже имел свое продолжение и в Лондоне. В 1925 году на проходившей в Сандерлэндхаусе на Курзон-стрит выставке среди художников-непрофессионалов работа Уинстона, посвященная его любимому Чартвеллу, «Зимний солнечный свет» заняла первое место. Как и во время французской выставки, фамилия Черчилль также не стояла под представленным холстом. Только если в Париже этого захотел сам Уинстон, то в Лондоне за анонимность выступили организаторы мероприятия, пожелавшие сделать оценки картин как можно более объективными.

В жюри вошли знаменитый покровитель искусств сэр Джозеф Давин, молодой историк искусств Кеннет Клар и портретист сэр Освальд Бирли. Когда решалась судьба картины Черчилля, Давин высказал сомнения в том, что «Зимний солнечный свет» нарисован любителем, слишком уж она была хороша. Нечастый случай, когда попытка снять картину с конкурса была бы настолько приятна ее автору. Как бы там ни было, но картина осталась, принеся Уинстону заслуженный успех, а членам жюри — смешанное чувство удивления и стыда, когда они узнали имя ее автора.

Обратившись к живописи в тяжелые минуты жизни, Черчилль останется верным ей до конца своих дней. Мольберт и краски станут его лучшими антидепрессантами. Благодаря своему новому увлечению Уинстон найдет в себе силы пережить 1930-е годы — десять «пустынных» лет без живой воды по имени деятельность. Столь суровое испытание могло кого угодно поставить на колени. Черчилль же, воспользовавшись одним из главных атрибутов любого художника — зонтом для защиты от Солнца, смог уберечь себя от безжалостных лучей неприятия и общественной изоляции.

3 сентября 1939 года страна вновь обратится к своему герою. Отложив на время палитру и краски, Уинстон в который уже раз выйдет на политическую аре-

ну, чтобы сразиться за свою страну и свои идеалы. Как покажет время, данный бой станет самым важным в полувековой карьере нашего борца. Живопись же, почтительно отойдя в сторону, примется ждать своего звездного часа.

Мировое признание

Годы Второй мировой войны станут определяющими в карьере Черчилля и как государственного деятеля, и как спасителя нации.

«Пять лет непрерывного возбуждения», — как он их сам потом назовет[440].

Полностью поглощенный спасением мира, Уинстон приостановит на время свои занятия живописью. Единственным исключением станет посещение в январе 1943 года любимой Марокканской пустыни — «Парижа Сахары»[441], как он любил ее величать. Во время проведения конференции в Касабланке Черчилль скажет американскому президенту:

— Вы не можете, побывав в Северной Африке, не посетить Марракеш. Давайте проведем там пару дней. Я должен быть с вами, когда вы увидите, как заходит солнце за снежные хребты Атласских гор.

Рузвельт согласится. Они пересекут пустыню на военных джипах и направятся в сторону виллы Тейлора*, принадлежащей американскому вице-консулу.

---

* Согласно некоторым данным, после войны эта вилла была продана госпожой Тейлор, причем не по финансовым, а сугубо по политическим мотивам. Республиканка Тейлор не мог-

Для охраны высокопоставленных друзей будут предприняты специальные меры безопасности. На всем пути следования, составлявшем 240 километров, выставят военные патрули. Когда кортеж будет останавливаться на ланч, его станет прикрывать сверху военная авиация. Секретные службы также закодируют имена двух глав государств: «Ваш номер 1» и «Наш номер 1» или просто А1 и В1[442].

Добравшись до виллы Тейлора, Уинстон заберется на крышу, туда же поднимут коляску с Президентом США. Черчилль и Рузвельт, два самых дружественных лидера Второй мировой, сидели рядом, наблюдая за величественным заходом солнца. Это был момент спокойствия и тишины среди всеобщего грохота и ужаса мировой войны.

— Это место самое красивое на нашей планете, — прошептал Уинстон[443].

Вечером во время званого обеда Черчилль и Рузвельт произнесли хвалебные тосты в честь друг друга. Растроганный приемом, Уинстон немного спел. Пусть это было и не слишком музыкально, зато от чистого сердца.

На следующий день Рузвельт вернулся в Соединенные Штаты. В полдень Черчилль телеграфировал своей жене: «Мы остановились на вилле Тейлора. Погода прекрасная. Я собираюсь немного порисовать. Мой друг уехал. Все признали, что я не переоценил красоту

ла себе позволить находиться в спальне, где спал демократ Рузвельт. После продажи виллой совсем недолго владел Комте де Бреойль, пока она не перешла в руки короля Хасана из Марокко.

этого места»[444]. Забравшись на башню, Уинстон в течение длительного времени молча смотрел на Атласские горы. Затем сел за мольберт, раскрыл стол и приступил к рисованию[445]. Картина, написанная Черчиллем в тот день, станет единственной за все шесть лет Второй мировой. Он подарит ее Рузвельту в память об их совместном заходе солнца.

Телохранитель Черчилля инспектор Томсон вспоминал, что во время знаменитых военных переездов Уинстон часто брал с собой мольберты, холсты и краски. Однако он «редко бывал слишком оптимистичен»[446], чтобы обращаться к творчеству. Исключением был только конец 1943 года. После Тегеранской конференции Черчилль заболел воспалением легких и был вынужден отправиться для поправки здоровья на виллу Тейлора, вновь наслаждаясь дорогим Марракешем. Состояние Уинстона не на шутку пугало его близких. Сам же Черчилль смотрел на происходящее стоически, признаваясь своей дочери Саре:

— Если я умру, не волнуйся: война уже выиграна![447]

Теперь у него было достаточно свободного времени, чтобы между совещаниями с Эйзенхауэром и Монтгомери об открытии второго фронта заняться живописью, в очередной раз зарисовав любимый пейзаж.

— Более подходящего места трудно было и найти, — вспоминал Вальтер Томсон, — вся сцена была наполнена буйством света, что всегда вдохновляло его ум[448].

Однако ничего не произошло. За день до нового, 1944 года Уинстон признался Клементине:

— Дорогая, я недостаточно силен для занятий живописью[449].

В остальные же дни борьба за мир поглощала всю энергию британского премьера, не оставляя ему времени для мольберта и красок.

Одержав в мае 1945 года победу над фашизмом, Черчилль был готов продолжить борьбу против распространения коммунистической диктатуры. Но английский народ думал иначе. На вторую половину июля в Великобритании объявят всеобщие выборы, не проводившиеся ни разу за последние десять лет. Подсчет голосов состоится в четверг 26 июля 1945 года. За день до этого, 25 июля, Уинстон, плодотворно поработав до четверти второго ночи, отправится спать с «верой, что британцы пожелают, чтобы я продолжал работу»[450].

На следующее утро премьер проснется от резкой физической боли, словно предвещающей предстоящую трагедию. 26 июля станет черным четвергом для семьи Черчиллей. Уже в середине дня станет ясно, что консерваторы потерпели сокрушительное поражение. Среди потерявших свои места в парламенте окажутся сын Уинстона Рандольф и его зять Дункан Сендис. Когда лорд Моран, пытаясь успокоить Черчилля, заговорит о «неблагодарности» английского народа, Уинстон оборвет его, сказав:

— О нет! у них были трудные времена[451].

Одному из своих помощников капитану Пиму он признается:

— Англичане проголосовали так, как посчитали нужным. Это и есть демократия. За нее мы с вами и боремся.

Несмотря на все благородство, в глубине души Черчилль был обескуражен. Вернувшись после аудиенции у короля Георга VI, он с горечью в голосе произнесет:

— Это мучительно больно после всех этих лет лишиться поводьев.

— По крайней мере, сэр, вы выиграли скачки, — заметит кто-то из присутствующих.

— Да, и после этого меня выкинули прочь, — не своим голосом ответит Уинстон.

Покидая дом номер 10 по Даунинг-стрит, Черчилль скажет Энтони Идену:

— Тридцать лет моей жизни связаны с этими комнатами. Я больше никогда не буду сидеть здесь. Вы будете, но не я.

Было ли данное поражение трагедией или спасением? Клементина, больше склонявшаяся ко второму варианту, попытается утешить своего мужа:

— Возможно, и в этом поражении есть свои скрытые плюсы.

Но Уинстон ее не слышал.

— Если они и есть, то они скрыты настолько хорошо, что я их не вижу, — резко ответит он[452].

Результаты выборов не просто лишили Черчилля поста премьера, они лишили его самого главного — деятельности. Меньше чем через две недели после поражения Уинстон признается лорду Морану:

— Я не могу приучать себя к безделью всю оставшуюся жизнь. Намного лучше быть убитым в самолете или умереть, как Рузвельт. Теперь я иду спать в полночь, потому что мне нечего больше делать[453].

Оказавшись в бездеятельном вакууме, Черчилль в который уже раз в своей жизни почувствовал приближение «черного пса». Чтобы окончательно не пасть жертвой депрессивного монстра, Уинстон, как и за тридцать лет до этого, обратится к мольберту, скипидару и краскам. В сентябре 1945 года он отправится в Италию на виллу де ля Роза, бывший военный штаб своего друга фельдмаршала Алексендера, где постарается возобновить занятия живописью. Как вспоминает его дочь Сара:

— Первая картина оказалась успешной — ярко освещенное озеро и лодки под нависшим утесом с миниатюрной деревней, расположенной у основания в солнечном свете.

Вечером Уинстон признается ей:

— У меня сегодня был счастливый день.

«Сложно сказать, как давно я не слышала от него подобное», — напишет Сара в письме к своей матери[454].

Личный врач Черчилля был свидетелем этих событий, он так описывает настроение Уинстона: «Когда Уинстон находил подходящий вид, чтобы запечатлеть его на холсте, он садился и работал в течение пяти часов, с кистями в руках, лишь изредка отвлекаясь, чтобы поправить свое сомбреро, постоянно спадающее на брови»[455].

Всего за двадцать пять дней итальянских каникул Уинстоном будет написано пятнадцать картин. Как и за тридцать лет до этого, живопись окажет благотворное воздействие на душевный мир британского политика. Однажды, когда они оба с Алексендером сидели около своих мольбертов и рисовали местный пейзаж озера Комо, Черчилль прервался и произнес:

— Ты знаешь, после того как я лишился поста, я думал, что это слишком жестоко, учитывая, через что мне пришлось пройти.

Сказав это, он улыбнулся, окинул рукой пейзаж, который пытался перенести на холст, и затем добавил:

— Но жизнь предоставляет компенсацию — если бы я все еще занимал должность, то не смог бы находиться здесь и наслаждаться этим приятным климатом и великолепным пейзажем![456]

Неудивительно, что после этого Уинстон написал в письме к своей любимой Клемми: «Мне намного лучше, и я ни о чем не беспокоюсь. У нас здесь нет газет с того самого дня, как мы покинули Англию, и я не испытываю ни малейшего желания переворачивать их страницы. Это первый раз за многие годы, когда я полностью изолирован от мира. В самом деле, ты была права — „и в этом поражении есть свои скрытые плюсы“»[457].

В конце 1945 года Черчиллю поступит предложение от лондонского представителя издательского дома «Time-Life» Вальтера Грабнера написать серию статей, посвященных живописи за 75 тысяч долларов*.

— Вы очень щедры, — поблагодарит Уинстон. — Это самое большее, что мне предлагали до сих пор. Но, к сожалению, я сейчас не могу писать.

---

* Соответствует примерно 800 тысячам долларов в современном эквиваленте. — *Примеч. авт.*

Необходимо пояснить, почему ставший спустя восемь лет лауреатом Нобелевской премии по литературе Уинстон Черчилль в 1945 году «не мог писать». Согласно налоговому законодательству того времени, после вступления 3 сентября 1939 года в должность первого лорда Адмиралтейства Черчилль официально приостановил свою «профессиональную деятельность» в качестве автора. При нарушении данного обязательства каждое написанное им слово подпадало под сложную систему налогообложения, заставляя отчислять в казну с каждого фунта 19 шиллингов и 6 пенсов*, то есть 97,5 % дохода. Даже публикация военных речей, хотя и выходила под фамилией Черчилля, официально редактировалась его сыном Рандольфом. Писать же фактически бесплатно Уинстон не хотел, часто повторяя слова доктора Джонсона: «Только болваны пишут, не получая за это денег»[458]. Для выхода из налогового тупика Черчилль создаст собственный фонд «Чартвелл Траст», в который будут поступать все доходы от литературной и журналистской деятельности. Основное же благосостояние Фонда будет принадлежать детям Уинстона, освободив его, таким образом, от налогов.

До учреждения же Фонда Черчилль и вправду был не в состоянии писать. Поэтому вместо текста он предложит Грабнеру свои картины, созданные во время

---

* 1 фунт стерлингов равен 20 шиллингам. В настоящее время, после введения в 1971 году десятичной денежной системы, 1 шиллинг равен 5 пенсам, а 1 фунт — соответственно 100 пенсам. До 1971 года 1 шиллинг равнялся 12 пенсам, а 1 фунт — 240 пенсам. – *Примеч. авт.*

последнего пребывания на юге Франции и Италии. Грабнер и этому будет рад, не переставая удивляться:

— Сэр, и когда вы только находите время, чтобы заниматься живописью?

На что Уинстон ответит с присущим ему чувством юмора:

— Все очень просто. У гения много талантов[459].

Репродукции картин выйдут в январском номере «LIFE Magazine» и, как и следовало ожидать, будут пользоваться огромным успехом у публики.

В 1947 году Уинстон отправит две свои работы в Королевскую академию искусств. Как и в случае с парижской выставкой 1921 года, картины будут подписаны вымышленным именем — мистер Дэвид Винтер. К большому удивлению Черчилля, его работы не только рассмотрят, но и примут, а ему в 1948 году пожалуют звание Почетного члена Королевской академии искусств. В дипломе, подписанном покровителем Академии королем Георгом VI, будет записано: «Это уникальное назначение стало возможно благодаря постоянной службе нашему Королевству и его людям, а также Вашим достижениям в искусстве живописи»[460].

Не успев стать академиком, Уинстон тут же примется убеждать президента Академии сэра Альфреда Мюннинга в необходимости возобновления ежегодных обедов, проходимых под патронажем Академии. Это было нелегко, как вспоминал Черчилль, ему пришлось «несколько раз уколоть»[461] мистера Мюннинга, прежде чем тот согласился. Первый обед был устроен в апреле 1949 года.

Выставляясь на ежегодных выставках Академии, Уинстон продолжал скромно оценивать свои художественные достижения. В 1953 году он признается одному из своих друзей:

— Мне как-то неловко выставлять свои картины напоказ, они для меня как дети — хотя и ведут себя плохо, все равно любимы[462].

Когда же в конце 1940-х годов ему предложат организовать выставку его работ, он откажется, сказав:

— Они не достойны этого. Эти картины представляют ценность только потому, что написаны, — здесь Уинстон широко улыбнется и продолжит, — прославленным человеком.

Хотя Черчилль никогда не считал себя великим живописцем, его целеустремленность и трудолюбие за мольбертом были не меньшими, чем за письменным столом. Инспектор Томсон, охранявший Уиинстона на протяжении тридцати лет, был глубоко поражен пристрастием своего шефа к мольберту и краскам:

— Я не раз сопровождал его во время каникул, и страсть, с которой он относился к своему увлечению, меня удивляла. Обычно Уинстон начинал рисовать с раннего утра и продолжал с небольшим перерывом на ланч до семи вечера. И когда в конце рабочего дня я очищал его палитру, она выглядела словно собранные вместе пятьдесят радуг[463].

Черчилль сутками мог заканчивать уже готовую работу, исправляя ее до бесконечности. При любом удобном случае он всегда старался проконсультироваться с профессионалами. Всего Уинстоном за его более чем сорокалетнюю карьеру художника будет нарисовано свыше 500 картин. На что президент Академии сэр Чарльз Вилер с удивлением воскликнет:

— Я просто не знаю, и когда вы находите время на все ваши занятия помимо живописи[464].

Всегда обладавший большим чувством юмора, Черчилль и в живописи иногда позволял себе некоторые вольности. Вайолет Бонэм Картер вспоминала, как однажды они остановились в загородном доме и Уинстон решил зарисовать ничего из себя не представлявший, одноцветный и скучный местный пейзаж. Каково же было ее удивление, когда, посмотрев на картину своего друга, она обнаружила эффектно возвышающиеся горные гряды, непонятно откуда появившиеся позади унылой и плоской равнины. Тщетно она всматривалась в местный пейзаж, пытаясь найти хоть какие-то признаки горных массивов.

— Ну и что? — сказал Уинстон, заметив ее удивление. — Я же не мог оставить все таким же скучным и безжизненным[465].

Не менее характерен и другой случай, произошедший в сентябре 1945 года во время отдыха на вилле Алексендера, где Черчилль восстанавливался после поражения на выборах 1945 года. Однажды вечером, когда хозяина не было дома, взгляд Уинстона упал на одну из висевших на стене картин. Она показалось ему тусклой и безжизненной. Недолго думая, он решил исправить этот недостаток, добавив немного ярких и светлых тонов. Картина была снята со стены, извлечена из рамы и отдана для экспериментов экс-премьеру. Дочь Уинстона Сара высказала сомнения в правомерности подобного обращения с чужой собственностью.

Она хотела остановить своего отца, но было уже поздно: «победоносно» схватив картину, он умчался в ванную комнату. На следующее утро откорректированный шедевр предстал перед гостями.

— Это было великолепно! — забыв про свое первоначальное недовольство, воскликнула Сара.

Картина была обратно вставлена в раму и помещена на прежнее место[466].

Все эти «художественные проказы» нисколько не сказались на восприятии творчества Черчилля. Как бы не возражал автор, но остановить общественное признание было не в его силах. В 1950 году при содействии бизнесмена Джойса Клайда Холла* и Энтони Мойра двенадцать картин Черчилля (как и на прошлых выставках — анонимно) были представлены на воскресном бранче американской Ассоциации директоров искусствоведческих музеев. Аналогично предыдущим экспозициям, работы Уинстона привлекли к себе большое внимание среди профессионалов. Как заметил один из критиков:

— Анализируя эти картины, определенно можно сказать только одно — кто бы ни был их автор, он явно не художник по выходным.

Услышав положительные отзывы, Уинстон будет приятно удивлен, признавшись Саре:

— Похвала в отношении живописи обрадовала меня больше чем все, что говорили до этого про мою литературную и политическую деятельность[467].

---

* Джойс Клайд Холл (1891—1982) — американский бизнесмен, основатель знаменитой фирмы по производству праздничных открыток «Hallmark Cards». — *Примеч. авт.*

В 1952 году картина Черчилля «Гобелен в Бленхейме», выставлявшаяся в 1948 году в Королевской академии, будет представлена в королевской коллекции на масштабной выставке «Британская жизнь: от Елизаветы I до Елизаветы II».

Со временем работы Черчилля будут выставляться во многих европейских странах, Канаде, США, Австралии и Японии. Картины, написанные рукой Уинстона, войдут в состав постоянных экспозиций таких всемирно известных музеев, как Королевская академия искусств, галерея Тейт, музей искусств в Далласе, Смитсонианский институт в Вашингтоне и Метрополитен-музей в Нью-Йорке. Черчилль всегда притягивал к себе публику, и живопись в данном случае не стала исключением. В начале 1958 года Уинстон получил от президента Эйзенхауэра предложение организовать экспозицию из его картин на территории Соединенных Штатов.

Демонстрация работ Черчилля имела в данном случае не столько художественное, сколько политическое значение. «Перевозная выставка ваших работ привлечет к себе большое внимание среди людей, интересующихся живописью, — напишет Дуайт в своем послании. — Также я уверен, что она укрепит дружбу между двумя нашими странами. После тура по всей стране пройдет волна положительных эмоций, что не только приятно, но и весьма полезно»[468]. Черчилль, хотя и отнесся с изрядной долей скептицизма к данному предложению, впоследствии согласится на организацию экспозиции, во многом благодаря энтузиазму своей дочери Сары.

Первая личная выставка Уинстона из 35 работ будет организована в Канзас-Сити (штат Миссури, США) в 1958 году. 21 января, в день открытия, ее посетили 5 427 человек. Многие любители искусства, обращаясь к творчеству Черчилля, психологически готовили себя к элементарным ошибкам и промахам в его картинах. Каково же было их удивление, когда они обнаружили, что, несмотря на громкое имя автора, эти работы сами по себе выглядят очень привлекательно. Как писала «The Kansas City Times»: «Еще никогда в истории Нельсоновской галереи искусств за один день не приходило столько посетителей. Хотя их и привлекло имя Черчилля, большинство из них остались довольны экспозицией»[469].

Всего выставку посетит свыше полумиллиона человек. На работы своего старого друга придет посмотреть и экс-президент США Гарри Труман. Делясь впечатлениями, он не станет скрывать своего восторга:

— Они чертовски хороши. По крайней мере, вы уверены, что на них изображено, чего, кстати, не всегда можно сказать о многих работах современных художников[470].

Вслед за ним и директор галереи Лоуренс Сикман скажет:

— По большей части Уинстон реалист. Его деревья выглядят как деревья, дома — как дома. Достаточно одного взгляда на его работы, чтобы понять — он испытывает сильную привязанность к ярким тонам[471].

Комментируя любовь своего друга к ярким оттенкам, коллега Черчилля как по шпаге, так и по кисти, фельдмаршал Алексендер, заметит:

— Он очень любит краски и использует их слишком много. Именно поэтому его картины столь резки. Он не может устоять, чтобы не использовать все цвета своей палитры[472].

Из Канзас-Сити экспозиция отправится сначала в тур по США: Дейтройт, Нью-Йорк, Вашингтон, Провиденс, Даллас, Миннеполис и Лос-Анджелес, затем будет показана в Канаде: Торонто, Монреаль, Фредериктон и Ванкувер, в Австралии: Канберра, Сидней, Брисбан, Мельбурн, Гобарт, Аделаида и Перт, а также в Новой Зеландии: Данедин, Кристчерч, Веллингтон и Окланд.

Первая персональная выставка на родине художника состоится в 1959 году в лондонской Диплома-галерее. В экспозиции, проходившей под патронажем Королевской академии искусств, будет представлено 62 работы Уинстона. За всю историю Черчилль станет пятым академиком, который еще при жизни удостоится столь масштабной выставки. Сам Уинстон в день открытия находился на вилле Ля-Пауза и получал все новости от своей жены Клементины.

«13 МАРТА 1959 ГОДА
МОЙ ДОРОГОЙ.
ЗА ДОЛГО ДО ТОГО, КАК ТЫ ПОЛУЧИШЬ ЭТО ПИСЬМО, ДО ТЕБЯ ДОЙДУТ НОВОСТИ, ЧТО ВЧЕРА В ЧЕТВЕРГ, В ДЕНЬ ОТКРЫТИЯ ТВОЕЙ ВЫСТАВКИ, ЕЕ ПОСЕТИЛО 3 210 ЧЕЛОВЕК. НАЧАЛАСЬ ТАКАЯ ДАВКА, ЧТО ОРГАНИЗАТОРЫ БЫЛИ ВЫНУЖДЕНЫ ОТКРЫТЬ ТРЕТЬЮ ЗАЛУ, И ВСЕ КАРТИНЫ ПРИШЛОСЬ ПЕРЕВЕШИВАТЬ. ПРЕДСТА-

вители Академии очень возбуждены и говорят, что для персональной выставки такое количество посетителей — рекорд. В прошлом году проходила выставка Леонардо да Винчи, так на нее в день открытия пришло только 1 172 человека. Бедный Леонардо...

Любящая тебя, Клемми».

«16 марта 1959 года
Мой дорогой.
...Твои картины бьют все новые и новые рекорды. За четыре дня со дня открытия — четверг, пятница, суббота, воскресенье (полдня) — твою выставку посетило 12 283 человека...

С любовью, от преданной тебе Клемми».

«5 мая 1959 года
Мой дорогой.
...Сообщаю последние новости по поводу выставки. К твоему приезду число посетителей превысит 100 000 человек...

Любящая тебя, Клемми»[473].

В день закрытия экспозиции ее посетило 141 000 человек[474].

«Похоже, все глубоко поражены той яркостью, силой и самоуверенностью, которые исходят от этих картин, — заметит искусствовед Джон Лондон в „News Chronicle“. — Даже некоторые современные художники признали, что дюжина работ могла бы смело соперничать с лучшими шедеврами импрессионистов»[475].

С ним соглашался и искусствовед Джон Расселл из «The Sunday Times»:

«Все без исключения картины выдержаны в необычной тональности с заразительной веселостью. Все выполнено с высоким профессионализмом. В одной из своих картин 1920-х годов сэр Уинстон смог справиться сразу с тремя вышеперечисленными трудностями. Больше же всего его любовь к жизни передают картины, сделанные на южном берегу Франции. Обратите внимание на работы, которые он создал в восьмидесятидвух- и восьмидесятитрехлетнем возрасте. Какая импульсивность и свободно парящий восторг над окружающим миром!»[476]

Почувствовав приятный вкус общественного признания, Черчилль стал менее категоричен в оценках собственных полотен. Трудно сказать, насколько они стали ему ближе, но факт остается фактом: начиная со второй половины 1950-х годов Уинстон уже не стеснялся дарить картины своим друзьям и близким. До поры до времени раздача собственных работ была необсуждаемым табу для британского политика. Однажды он признался своей тетке Лесли Леони:

— Мои картины слишком плохи, чтобы их продавать, и слишком дороги, чтобы просто дарить в другие руки[477].

Со временем его позиция стала меняться. Премьер-министр Австралии сэр Роберт Мензис, знавший Черчилля еще с 1936 года, в течение многих лет мечтал об одной из его работ. Обычно все просьбы заканчивались неубедительными отказами. Каково же было удивление Роберта, когда в один из его визитов в Чартвелл в 1955 году Уинстон сказал:

— Кстати, ты должен иметь одну из моих картин.

Ситуация осложнялась тем, что одновременно с Мензисом в студии Черчилля находился президент

Королевской академии, выбирающий картины для очередной выставки. Роберт был конечно же рад щедрому предложению Уинстона, но в глубине души боялся, что ему подарят картину, забракованную профессионалом. Так бы оно и произошло, если бы в дело не вмешался зять Черчилля Кристофер Соамс. Заметив во взгляде Мензиса смесь восхищения и разочарования, он тут же обратился к Уинстону, который собирался передать Роберту не самый лучший образец своего творчества:

— О, это недостаточно хорошая работа для вашего старого друга. Как насчет той, что висит на стене?

Пока Черчилль застыл в длительном раздумье, Мензис разразился благодарностями, быстро схватил картину и тут же удалился[478].

Иногда, правда, требовались и менее героические усилия для получения работ Черчилля. Например, когда Артур Зульцберг отмечал двадцатилетний юбилей своей издательской деятельности в «The New York Times», его жена Ифигения решила подарить нечто «особое», выбрав для этого одну из работ Уинстона, от которого Артур был без ума. Отлично зная, что картины чартвеллского мастера практически недоступны, она решила все-таки рискнуть и обратилась за помощью к британскому послу в Париже Глодвину Джеббу. Последний посоветовал связаться с Кристофером Соамсом.

Кристофер с пониманием отнесся к предложению Ифигении:

— Я знаю, как мой тесть любит вашего мужа, но он лучше расстанется с одним из своих детей, чем с какой-то работой. — И затем неожиданно добавил: — Да, кстати, ваша картина уже в пути[479].

Как и у любого художника, у Черчилля были не только свои поклонники, но и свои критики. Например, искусствовед Роберт Пейн утверждал, что именовать Уинстона крупным живописцем — глубокое заблуждение. По мнению Пейна, у Черчилля никогда не получались портреты. Все люди на его полотнах выглядели плоско и безжизненно. Уинстона вдохновляли лишь обширные пространства, человек же не представлял для него большого интереса. Хотя в подобной критике и есть немного истины, Роберт Пейн явно сгустил краски. Черчилль и вправду редко рисовал портреты, говоря, что «деревья никогда не жалуются». Обычно фигура человека нужна была ему лишь для драматизации размеров и масштабов пейзажа. При изображении же людей он использовал технику импрессионистов — несколько небрежных мазков, соединенных в единое целое.

Другие критики продолжали видеть в Уинстоне «художника по выходным». Например, Денис Саттон, известный искусствовед журнала «Apollo», считал, что его достижения в области живописи находятся на уровне «любителя и ничего больше». По его мнению, живопись для Черчилля была лишь «методом релаксации». Об этом же говорит и искусствовед Аарон Бергман:

— Работы Уинстона представляют собой яркий пример живописи на отдыхе.

По мнению Эрика Ньюмена, искусствоведа газеты «The Sunday Times», хотя многие работы Черчилля и «восхитительны, в них отсутствует волшебство, свойственное крупным художникам, всю свою жизнь тратящим на поиск таинственной природной красоты»[480].

Большинство же критиков сходятся во мнении, что, хотя Черчилль и не являлся великим художником, его работы не лишены искры гениальности. Например, характеризуя художественный стиль Уинстона, профессор Томас Бодкин замечает:

— Одним из наиболее выдающихся свойств его картин является экстраординарная решительность. Его работы излагают факты, хотя и не всегда точны в некоторых деталях, которые для его творчества никогда не являлись самой важной составляющей[481].

В 1982 году президент Королевской академии сэр Хью Кэссон назвал Черчилля «любителем с выраженным природным талантом... если бы у него было больше практики и академических знаний, из него получился бы высокий профессионал, особенно как колорист»[482].

Об этом же говорит и сэр Освальд Бирли:

— Если бы Уинстон уделял живописи столько же времени, сколько он уделял политике, он стал бы одним из величайших художников нашей планеты[483].

Высокая популярность автора определила и высокие цены на его произведения. В 1977 году одна из работ Уинстона была продана за 148 тысяч фунтов стерлингов. В мае 1965 года несколько полотен были выставлены на первом трансатлантическом аукционе Сотсби, проходившем в одно время в Лондоне и в Нью-Йорке. При помощи спутникового канала торги велись одновременно в двух странах, при этом покупатели могли расплачиваться как в долларах, так и в фунтах. Одну из картин Черчилля купил техасский нефтяной миллионер за 39 200 долларов и 22 цента.

С годами эти суммы возрастут на порядок. Только за последние десять лет картины великого англичанина удвоились в цене. В декабре 2006 года его «Вид на Тинхерир», написанный в 1951 году во время визита в Марокко, был продан за 612,8 тысячи фунтов[484]. А в июле 2007 года во время лондонских торгов аукционного дома Sotheby's стоимость работы Черчилля «Чартвелл: пейзаж с овцами» превысила 1 миллион фунтов.

Невольно встает вопрос: чем была обусловлена столь высокая цена — достижениями автора как художника или как личности? Главный редактор журнала «Art News» доктор Артур Фракфуртер отвечает на это следующим образом:

— Я думаю, и тем и другим. Единственное, что я могу сказать определенно, — я не знаю ни одного знаменитого художника, который был бы к тому же столь великим премьером[485].

Эпилог

1960-е годы стали самыми спокойными в яркой и насыщенной событиями жизни Уинстона Черчилля. В основном он проводил время в своем любимом Чартвелле либо на отдыхе в Монте-Карло. В апреле 1975 года один из сотрудников казино вспоминал, что отчетливо помнит грузную фигуру великого англичанина, медленно двигавшуюся в сторону игорных столов. Свои ставки он делал обычно на красные номера 18 и 22.

— Месье, как правило, не везло, — замечает местный крупье[486].

Уинстон по-прежнему сохранил остроту ума и смелость суждений. Так, например, в свою семьдесят пятую годовщину на вопрос: «Сэр, испытываете ли вы какой-нибудь страх в отношении смерти?» — мэтр мировой политики ответил в своем излюбленном стиле, смешав воедино юмор, парадокс и собственную значимость:

— Я готов встретиться с Творцом. Другое дело, готов ли Творец к такому тяжкому испытанию, как встреча со мной![487]

Однако в целом силы стали все чаще покидать великого человека, превратив последние десять лет его жизни в мучительное ожидание конца.

Летом 1962 года во время очередного отдыха в Монте-Карло с восьмидесятисемилетним Черчиллем произошел несчастный случай. Вечером 28 июня перед тем, как лечь спать в своем номере «Hotel de Paris», Уинстон поскользнулся и, падая, сломал ногу. До кровати он так и не добрался. Расположившись настолько удобно, насколько это было возможно, Черчилль принялся ждать. Британского политика обнаружили спустя час. Как вспоминает одна из медсестер:

— Я нашла его лежащим на полу в спальне. Он накрыл себя шерстяным одеялом и подложил под голову несколько подушек. Сэр Уинстон был в здравом рассудке и казался очень спокойным.

Увидев медсестру, он произнес с улыбкой на лице:

— Леди, по-моему, я сломал себе ногу[488].

Пострадавшего осмотрел доктор Дэвид Робертс, живший на Ривьере. По его рекомендации Черчилля положили в расположенную неподалеку больницу Принцессы Грейс, где ему наложили гипс. Своему секретарю Уинстон скажет:

— Энтони, если это конец, то я хочу умереть только в Англии[489].

На следующий же день его перевезут в Лондон на самолете ВВС Ее Величества, который специально вызовут для этого. Черчилля поместят в Мидлсекскую больницу, где ему будет сделана срочная операция. Спустя три недели Уинстон уже сможет передвигаться без посторонней помощи. Несмотря на удовлетворительное состояние, в больнице Черчилль пробудет еще пять недель. По воспоминаниям медсестер, находясь под наблюдением врачей, сэр Уинстон был в очень хорошем расположении духа, особенно после ежедневных киносеансов в его палате[490].

После перелома ноги Черчилль стал стареть не по дням, а по часам.

— Несмотря на хорошую для своего возраста физическую форму, сэр Уинстон стал несколько вялым и безразличным в отношении целого ряда событий, — признавался его личный секретарь Монтагю Браун[491].

Об этом же говорила и дочь Черчилля Сара: «Когда я сидела с ним долгими вечерами, он постоянно спрашивал, сколько времени. Я отвечала, после чего он тяжело вздыхал. Через полчаса он спрашивал снова:

— Который час?

Я отвечала.

— О, боже, — говорил он.

Я думаю, отец все дольше и дольше молчал, потому что чувствовал, что сказал все, что мог сказать, написал все, что мог написать, сделал все, что мог сделать, и теперь с должным терпением ожидал наступления конца. Должно быть, это было очень трудно для него»[492].

8 апреля 1963 года Черчилль стал Почетным гражданином США, вторым после генерала Лафайета. На протяжении всей своей жизни Уинстон питал большую симпатию к этой стране. После возвращения из Вестминстерского колледжа в марте 1946 года в маленьком городке Фултон, где Черчилль прочитал небезызвестную речь «Мускулы мира», определившую

дипломатические отношения на дальнейшие сорок с лишним лет, он признается Трумэну:

— Если бы мне предоставили шанс второй раз появиться на свет, я захотел бы родиться в Америке. Это единственная страна, где молодой человек знает, что перед ним распахнуты ворота безграничного будущего[493].

Не менее примечательна была и фраза, сказанная Черчиллем во время одного из своих последних визитов в США:

— Я должен сейчас покинуть вас и вернуться домой в Британию.

Затем он сделал паузу, улыбнулся и добавил:

— Мою вторую родину[494].

Столь великая честь, как почетное гражданство, была с иронией воспринята некоторыми средствами массовой информации. Например, «Daily Express» в своем номере от 10 апреля опубликовала карикатуру с подписью — «Самый великий американец, принявший участие во Второй мировой войне»[495]. Но Уинстона мнение других уже, похоже, мало волновало, намного важнее для него был день рождения своей жены Клементины — 1 апреля ей исполнилось семьдесят восемь. В письме к ней он писал:

«МОЯ ДОРОГАЯ,
ПРИЗНАЮСЬ ТЕБЕ В СВОЕЙ НАИВЫСШЕЙ ЛЮБВИ И ШЛЮ СОТНИ ПОЦЕЛУЕВ. ХОТЯ Я ИЗРЯДНО ГЛУП И ПОХОЖ НА МЕЛКОГО БУМАГОМАРАТЕЛЯ, КАРАНДАШОМ, ЧТО Я ПИШУ ТЕБЕ, ВОДИТ МОЕ СЕРДЦЕ.

ТВОЙ ЛЮБЯЩИЙ У.»[496].

Это письмо станет одним из последних, написанных сэром Уинстоном собственной рукой.

В мае 1963 года Черчилль объявит о прекращении своей парламентской деятельности. Следующие выборы станут первыми в XX веке, которые пройдут без участия великого британца.

Летом Уинстон в последний раз примет участие в круизе на яхте «Кристина», принадлежавшей его близкому другу Аристотелю Онассису. 12 августа с ним случится легкий инсульт. Навестивший его в Чартвелле фельдмаршал Монтгомери признается младшей дочери Уинстона Мэри:

— Он не в состоянии читать ни книги, ни бумаги. Он лишь лежит целый день в постели и ничего не делает[497].

Это был медленный, слишком медленный закат. Видя ухудшавшееся состояние Черчилля, все чаще стал собираться комитет «Оставь надежду», отвечавший за организацию его похорон. Зная, что его личный секретарь Монтагю Браун принимает активное участие в заседаниях комитета, Уинстон ему скажет:

— Запомни, самое главное, чтобы на моих похоронах было как можно больше военных духовых оркестров![498]

У него их будет девять.

В октябре 1963 года в семье Черчиллей произошла трагедия. В ночь с 18-го на 19-е число, приняв слишком большую дозу снотворного, скончалась их старшая дочь Диана. Ей не было и пятидесяти пяти. Клементина в тот момент находилась в Вестминстерской больнице, Уинстон же в своем лондонском доме номер 28 по Гайд-парк-гейт. Мэри вспоминала, что, когда она сказала отцу о случившемся, он сначала немного встрепенулся, а затем «на него нашло долгое и безжизненное молчание»[499].

27 июля 1964 года Черчилль последний раз в своей жизни посетил заседание палаты общин. Двое членов парламента помогли ему войти в палату и поддерживали его, когда он, как положено, сделал свой последний приветственный поклон спикеру. Сэр Уинстон поклонился, улыбнулся и медленно сел на почетное место. Патриарх мировой политики, Черчилль пришел не для того, чтобы сказать речь, он пришел, чтобы проститься с палатой, сыном которой он себя не раз называл. Экс-премьер-министр Гарольд Макмиллан, взяв слово, сказал то, что было у всех на душе:

— Жизнь человека, которого мы сейчас чтим, уникальна. Пожилые члены парламента не смогут вспомнить что-нибудь сопоставимое с этим явлением. Молодые же члены, как бы долго ни будет длиться их жизнь, вряд ли увидят что-либо более достойное[500].

Все встали со своих мест и стоя приветствовали самого популярного британца тысячелетия.

На следующий месяц Черчилля сразил очередной инсульт. В тяжелом состоянии он был доставлен в больницу Эдуарда VII, где его навестил Дуайт Эйзенхауэр, приехавший в Лондон в связи с двадцатилетним юбилеем высадки союзных войск в Нормандии. Когда Дуайт вошел в палату, старческие глаза Уинстона загорелись — он узнал своего давнего друга. Черчилль был парализован и не мог говорить, но, даже несмотря на болезнь, он медленно протянул свою старческую ладонь к Эйзенхауэру и положил ее на правую руку экс-президента. Так, молча, они держали друг друга за руки, вспоминая, как вместе сражались за Свободу и Мир. Через десять минут Уинстон медленно разжал руку своего старого друга, поднял ее немного вверх и показал свой фирменный V-знак. Выходя из больничной палаты, Эйзенхауэр скажет своему помощнику:

— Я только что простился с Уинстоном, но вы никогда не сможете проститься с его мужеством[501].

30 ноября Уинстону исполнилось 90 лет, говоря словами его лечащего врача — «великое достижение для человека с такими привычками»[502]. За день до юбилея около его дома стали собираться жители Лондона, с тем чтобы поздравить соотечественника с круглой датой. Увидев около своего дома людей, Черчилль появился в открытом окне спальни и поприветствовал собравшихся, распевавших внизу «С днем рожденья тебя!».

На следующее утро, в день торжества, Клементина пригласила в спальню мужа весь обслуживающий персонал — нянь, прислугу и секретарей. Все выпили по бокалу шампанского. Пользуясь случаем, хозяйка дома поблагодарила собравшихся за их преданность и заботу. Своему мужу она подарила золотое сердечко с выгравированными цифрами «90». Юбиляр повесил его на цепочку для часов рядом с другим подарком своей жены, сделанным в день их бракосочетания 56 лет назад, — рубиновой «каплей крови». В полдень сэра Уинстона поздравил премьер-министр, пожелав ему самого наилучшего.

Вечером для узкого круга гостей был накрыт праздничный стол. Среди приглашенных в основном были члены семьи и близкие друзья, включая чету Колвиллов, Энтони Идена, Монтагю Брауна. Как вспоминала младшая дочь Уинстона Мэри:

— Несмотря на праздник, в глубине души мы все чувствовали, что конец уже близок[503].

Предчувствия не обманули Мэри — Черчиллю оставалось жить меньше двух месяцев. Несмотря на свой солидный возраст, Уинстон продолжал наслаждаться едой, сигарами и стаканчиком бренди, который он выпивал каждый вечер. Так продолжалось до 9 января 1965 года. Вечером его зять Кристофер Соамс предложил Уинстону шампанского, в ответ Черчилль прошептал:

— Как мне все надоело!

Это были последние слова великого человека. На следующий день, 10 января, у него случился обширный инсульт, и он впал в кому. Только через неделю информация о состоянии здоровья экс-премьера просочилась в газеты. В субботу 16 января на первой полосе «Guardian» появился заголовок: «Сэр Уинстон серьезно болен»[504].

Столь длительная задержка со стороны средств массовой информации объясняется не халатностью журналистов, а чрезмерной опекой со стороны членов семьи Черчилля, не желавших информировать широкую публику о кризисном состоянии главы семейства. После первой публикации новости о болезни Черчилля начали транслироваться по радио и телевидению. К дому номер 28 по Гайд-парк-гейт стали стекаться люди. Боясь, что толпа людей сможет нарушить покой больного, полиция преградила вход в

Гайд-парк-гейт. Для соблюдения тишины всем машинам «скорой помощи» и пожарным, проезжающим в Нижнем Кенсингтоне, был дан приказ выключать свои сирены. Немногие из собравшихся в тот день могли предположить, что сэр Уинстон еще целую неделю будет бороться за свою жизнь. Несмотря на долгое ожидание, сильный ливень и промозглую погоду, около его дома постоянно дежурила толпа в 200—300 человек.

Вся Англия погрузилась в траур. В воскресенье 17 января королева Елизавета II посетила утреннюю службу в церкви Святого Лоуренса, в ходе которой были прочитаны молитвы в честь ее самого известного подданного. В этот же день многие прихожане пришли помолиться за здоровье своего экс-премьера в Вестминстерское аббатство. Ведущий службу архиепископ Йоркский доктор Когган сказал собравшимся прихожанам:

— Снова и снова он находил правильные слова для правильных действий, вдохновляя народы в час испытания[505].

В течение следующей недели все средства массовой информации следили за состоянием здоровья Черчилля, это стало главной темой всех изданий. В среду 20 января «Guardian» писала: «Сэр Уинстон проспал целый день». В четверг — «Состояние сэра Уинстона ухудшилось». В пятницу — «Состояние сэра Уинстона без изменений». В субботу — «Состояние сэра Уинстона ухудшилось»[506].

Для большинства англичан столь длительное сопротивление болезни было более чем символичным —

и на смертном одре Черчилль оставался все тем же несломленным борцом. Заголовок «К бою!», опубликованный 19 января на первой полосе «Daily Express», был весьма типичным для той ситуации[507]. Сэр Уинстон и вправду продолжал бороться, только уже не за жизнь, а за смерть. В течение всех 70 лет не раз повторявший, что он скончается в годовщину смерти своего отца лорда Рандольфа, Черчилль и в бессознательном состоянии с какой-то мистической решимостью шел к намеченной дате. Однажды он признавался Чарльзу Уилсону:

— Я не боюсь смерти, но собираюсь сделать это наилучшим образом[508].

Высшие силы предоставят ему такую возможность.

В воскресенье 23 января состояние Черчилля резко ухудшится. Рандольф, Мэри, Сара и Клементина, не отходя, сидели у его постели. Как вспоминал лечащий врач:

— Ночью двадцать четвертого стало понятно, что кризис неминуем. Его дыхание стало поверхностным и затрудненным. В восемь утра оно прекратилось. Мэри посмотрела на меня. Я подошел к постели, но Уинстона уже с нами не было[509].

Ровно за 70 лет до этого дня в своем лондонском доме скончался отец Черчилля лорд Рандольф.

В половине третьего дня в палате лордов было зачитано послание королевы: «Я приказываю, чтобы сэру Уинстону были устроены государственные похороны — его тело должно находиться в Вестминстерском зале, после чего перенесено для отпевания в кафедральный собор Святого Павла»[510].

За всю историю Великобритании лишь пять личностей, не являвшихся членами королевской семьи, были удостоены государственных похорон: Питт II, Нельсон, Веллингтон, Гладстон и Черчилль. В XX веке сэр Уинстон был единственным.

Вечером на другом конце света, в Вашингтоне, Берлинский филармонический оркестр под управлением великого дирижера Герберта фон Караяна исполнял Шестую «Патетическую» симфонию П. И. Чайковского. Перед началом выступления Караян объявил, что посвящает это исполнение памяти великого человека. Как вспоминает присутствующий на этом концерте руководитель одной из канадских радиостанций Поль Робинсон:

— Это был прекрасный жест со стороны Герберта. Исполнение симфонии также превратилось в одно из самых трогательных и запоминающихся посвящений[511].

Со смертью Черчилля заканчивалась последняя глава многовековой книги о величии Британской империи. Недаром, услышав новость о кончине своего старого товарища по оружию, генерал де Голль произнес:

— С этого момента Англия уже не является великой державой[512].

Похороны Черчилля, подготовка к которым велась уже в течение двенадцати лет, не просто стали венцом уходящей эпохи, они сами по себе приобрели статус события исторического масштаба. Выражая свое соболезнование, многочисленные международные организации — ООН, Совет НАТО, Конгресс США, Совет Европы — временно приостановили свою работу. За период с того дня, когда было впервые объявлено о болезни Черчилля, 15 января, до дня его похорон, 30 января, премьер-министр Англии отменил несколько зарубежных поездок и два радиовыступления. Королева Елизавета II изменила планы своего путешествия. Также в день похорон были отменены все футбольные матчи и закрыто большинство магазинов. Даже празднование семисотлетней годовщины парламента было отложено — в память о самом старом его члене. А Национальная ассоциация школьных учителей отменила свою забастовку, посчитав, что обстановка для этого явно неподходящая.

Траурная церемония началась 27 января. Тяжелый гроб, сделанный из вековых бленхеймских дубов, был перенесен из дома номер 28 по Гайд-парк-гейт в Вестминстерский зал. Несмотря на сильный ветер и мокрый дождь, на всем пути следования траурной церемонии собралось 320 тысяч человек. В течение трех суток неиссякаемый поток людей шел в Вестминстер, чтобы проститься с последним титаном уходящей эпохи. Чтобы дань уважения смогли отдать как можно больше людей, лондонское метро работало круглосуточно. На улицах были установлены пункты бесплатной раздачи горячего супа, бутербродов и чая.

30 января в девять часов сорок пять минут гроб с телом сэра Уинстона был вынесен из Вестминстерского зала. Биг-Бен пробил четверть и замолчал до утра следующего дня. Траурный катафалк приняли уланы 21-го полка, в составе которого лейтенант Черчилль шел в атаку в битве при Омдурмане. Они передали

гроб гвардейским гренадерам, с которыми сэр Уинстон сражался в окопах Первой мировой войны. Водрузив гроб на специальный лафет, который использовали еще на похоронах королевы Виктории в 1901 году, процессия двинулась в сторону Трафальгарской площади.

Траурное шествие возглавил оркестр Британских военно-вооруженных сил, исполняющий траурный марш из Третьей симфонии Бетховена. За ним медленно везли гроб, накрытый штандартом Соединенного Королевства «Юнион Джек», поверх которого лежала черная бархатная подушечка с орденом Подвязки. За катафалком следовали члены семьи покойного — жена, дети, внуки и муж Мэри Кристофер Соамс, с которым Черчилль был особенно близок в последние годы своей жизни. Мужчины шли пешком, женщины ехали в каретах, запряженных шестерками лошадей и предоставленных лично королевой Елизаветой II. За ними следовали кавалерия конной гвардии, кавалерский оркестр, британские моряки и члены лондонской полиции.

Дойдя до Ксенофанта, памятника жертвам Первой мировой войны, расположенного в центре Уайтхолла, представители французского движения Сопротивления замахали наполеоновскими триколорами, выразив благодарность сэру Уинстону за его борьбу против фашизма. Неподалеку от французов находились делегации норвежского и датского движения Сопротивления, которые также приехали почтить память великого англичанина. В Сент-Джеймском саду прозвучали первые из девяноста пушечных выстрелов — по одному выстрелу на каждый год жизни покойного.

Достигнув Трафальгарской площади, траурная процессия, растянувшаяся к тому времени на полтора километра в длину, повернула на восток и сначала по Стрэнд-стрит, а затем по Флит-стрит направилась в сторону базилики Святого Павла. В собор гроб с телом покойного внесли восемь гвардейцев Гренадерского полка. Черчиллю была оказана великая честь — на его отпевании присутствовала королева Елизавета II. За всю свою многовековую историю Британия знала лишь несколько случаев, когда монарх лично присутствовал на похоронах своего подданного, в жилах которого не текла королевская кровь. Последним, кого отпевали в соборе Святого Павла, был герцог Веллингтон в 1852 году. Даже Гладстона, которому также были устроены государственные похороны, отпевали в Вестминстерском аббатстве.

Помимо членов королевской семьи и первых лиц государства на траурной церемонии в базилике Святого Павла присутствовало около трех тысяч человек из ста двенадцати стран. Среди приглашенных были генерал де Голль и генерал Эйзенхауэр, четыре короля и одна королева, три президента и два вице-президента, одиннадцать премьер-министров и два канцлера, а также шестнадцать министров иностранных дел. Двенадцать мужчин, которые близко работали с покойным в годы Второй мировой войны, держали концы гробового покрывала.

Из собора Святого Павла траурный кортеж направился в Тауэр, где их встретили шеренги солдат шотландского полка и бифитеры, одетые в парадные красно-золотые мундиры. На всем пути следования траурного кортежа от Вестминстера до Тауэра стояли толпы людей, занявших свои места еще с прошлой ночи.

На тауэрской пристани гроб был установлен на катер, с тем чтобы доставить тело усопшего на вокзал Ватерлоо. Когда катер под звуки «Правь, Британия!» стал подниматься вверх по Темзе, крановщики всех лондонских доков склонили к реке стрелы своих кранов, почтя столь торжественным приветствием память великого человека. С вокзала Ватерлоо траурный кортеж был доставлен на специальном поезде времен Битвы за Британию с локомотивом класса «Уинстон Черчилль» к небольшому сельскому кладбищу Блэдон, расположенному в трех километрах от Бленхеймского дворца. Здесь были захоронены родители Уинстона, лорд и леди Рандольф, и его брат Джек. Еще в 1959 году, когда обсуждался вопрос о месте его захоронения, Черчилль сказал, что не желает лежать ни в Чартвелле, ни в Вестминстерском аббатстве. Ему ближе Блэдон[513].

На всем пути следования траурный кортеж встречали англичане. Личный секретарь Черчилля в годы Второй мировой войны сэр Лесли Роуван, сопровождавший гроб с телом покойного, вспоминал:

— После шумного Лондона две одинокие фигуры стали для меня олицетворением того, что на самом деле значил Черчилль для обычных людей. Сначала я увидел на плоской крыше дома мужчину в форме Военно-воздушных сил Великобритании. Он внимательно всматривался в железную дорогу. Увидев наш поезд, он поднес ладонь к фуражке и отдал нам честь. Дальше по ходу следования траурного кортежа я обратил внимание на обычного фермера, который, заметив нас, снял кепку и низко поклонился великому соотечественнику[514].

В Блэдоне катафалк встретили местные мальчишки, каждый из которых нес большую свечу. После захоронения на могилу были возложены два венка: «Моему дорогому Уинстону — Клемми» и «От благодарной Родины и Британского Содружества наций — Елизавета II»[515].

Когда все желающие проститься отдали дань последнему титану уходящей эпохи, остались лишь ангелы, которые, унося ввысь бессмертную душу Уинстона, торжественно запели:

> Дух благородный зла избег,
> Сподобился спасенья;
> Кто жил, трудясь, стремясь, весь век, —
> Достоин искупленья.
> Обвеян с горних он высот
> Любовию предвечной, —
> О, пусть весь сонм блаженных шлет
> Привет ему сердечный![516]

Примечания

[1] Номер от 30 мая 1874 года. Цитируется по Pelling H. Winston Churchill. P. 17.

[2] Daniels J. Churchill's Spencer Ancestry Of Skeletons in the Cupboard. Finest Hour, № 68.

[3] Письмо от 7 июня 1899 года. Churchill Winston S. My Early Life. P. 214—215.

[4] Churchill Randolph S. Winston S. Churchill. V. I. P. 353.

[5] Pelling H. Op. cit. P. 21.

[6] Мартин Р. Леди Рандольф Черчилль. С. 50.

[7] Бедарида Ф. Черчилль. С. 28.

[8] Роуз Н. Черчилль. Бурная жизнь. С. 26.

[9] Бедарида Ф. Op. cit. С. 28.

[10] Churchill W. S. Churchill's American Heritage. Статья представлена на официальном сайте У. С. Черчилля. http://www.winstonchurchill.org/i4a/pages/index.cfm?pagied=759

[11] Snell E. Urban myths: Indian forebears, Finest Hour, № 104.

[12] Coote C. R. A Churchill Reader. P. 42.

[13] Роуз Н. Op. cit. С. 9.

[14] Churchill Randolph S. Winston S. Churchill. V. I. P. 19.

[15] Письмо от 14 апреля 1874 года. Ibid. V. I. P. 23.

[16] Мартин Р. Указ. соч. С. 49.

[17] Письмо от 30 ноября 1874 года. Churchill Randolph S. Op. cit. V. I. P. 2.

[18] Pelling H. Op. cit. p. 19.

[19] Запись от 14 июля 1954 года. Moran C. Struggle for survival. P. 299.

[20] Трухановский В. Г. Уинстон Черчилль. С. 5.

[21] Мартин Р. Указ. соч. С. 275.

[22] Pelling H. Op. cit. P. 20.

[23] Роуз Н. Op. cit. С. 7.

[24] Уткин А. И. Черчилль: победитель двух войн. С. 10.

[25] Churchill Randolph S. Op. cit. V. I. P. 4,5.

[26] Jenkins R. Churchill. P. 10.

[27] Мартин Р. Указ. соч. С. 290.

[28] Номер от 4 ноября 1874 года. Цитируется по Pelling H. Winston Churchill. P. 31.

[29] Churchill Randolph S. Winston S. Churchill. V. I. P. 35—36.

[30] Churchill Winston S. My Early Life. P. 1.

[31] Churchill Randolph S. Op. cit. V. I. P. 38.

[32] Churchill Winston S. Op. cit. P. 2.

[33] Ibid. P. 3.

[34] Churchill Winston S. Op. cit. P. 9.

[35] Ibid. P. 10—11.

[36] Churchill Randolph S. Op. cit. V. I. P. 49—52.

[37] Письмо от 26 декабря 1882 года. Ibid. V. I. P. 49.

[38] Ibid. V. I. P. 50.

[39] Например, письма за декабрь 1882 года лорду и леди Рандольф. Ibid. V. I. P. 48—49.

[40] Churchill Winston S. Op. cit. P. 12.

[41] Запись 22 июля 1953 года. Moran C. Churchill. The Struggle for Survival. P. 152. Лорд Моран указывает, что данное замечание относилось к приготовительной школе в Брайтоне. Скорее всего, он ошибся — столь суровая оценка больше относится к Сент-Джорду, нежели к гораздо более миролюбивому заведению сестер Томсон.

[42] Churchill Randolph S. Op. cit. V. I. P. 54—55.

[43] Churchill Winston S. Op. cit. P. 11—12.

[44] Churchill Randolph S. Op. cit. V. I. P. 53.

[45] Churchill Winston S. Op. cit. P. 12.

[46] Ibid. P. 13.

[47] Gilbert M. Churchill: A Life. P. 7.

[48] Churchill Randolph S. Op. cit. V. I. P. 67.

[49] Роуз Н. Черчилль. С. 18.

[50] Churchill Winston S. Marlborough, Book I. V. I. P. 33.

[51] Churchill Randolph S. Op. cit. V. I. P. 53.

[52] Письмо от 11 января 1899 года. Ibid. V. I. P. 441.

[53] Роуз Н. Op. cit. C. 21.

[54] Письмо от 13 июля 1886 года. Churchill Randolph S. Op. cit. V. I. P. 78—79.

[55] Мартин Р. Указ. соч. C. 156.

[56] Churchill Winston S. A History of the English-speaking peoples. V. IV. P. 298—299.

[57] Письмо леди Рандольф за июль 1887 года. Churchill Randolph S. Winston S. Churchill. V. I. P. 94.

[58] Churchill Winston S. My Early Life. P. 15.

[59] Ibid. P. 15—16.

[60] Churchill Randolph S. Op. cit. V. I. P. 96.

[61] Churchill Winston S. Op. cit. P. 17.

[62] Письмо от 27 февраля 1927 года главному редактору The Times. Цитируется по A Worthy Panegyric, Finest Hour, №133. P. 9.

[63] Churchill Winston S. Op. cit. P. 17.

[64] Bingham E., Bingham H. Schooldays. Yong Winston's Mr. Somervell, Finest Hour, № 86.

[65] Churchill Winston S. Op. cit. P. 17—18.

[66] Роуз Н. Черчилль. C. 29—30.

[67] Churchill Randolph S. Op. cit. V. I. P. 139.

[68] Churchill W. S. Man of the Millennium? Статья представлена на официальном сайте У. С. Черчилля

http://www.winstonchurchill.org/i4a/pages/index.
cfm?pagied=818

[69] Churchill Winston S. Op. cit. P. 19.

[70] Ibid. P. 74.

[71] Gilbert M. Churchill: A Life. P. 23.

[72] Номер Daily News за август 1911 года. Цитируется по Бедарида Ф. Черчилль. С. 94.

[73] Churchill Randolph S. Op. cit. V. I. P. 179.

[74] Письмо от сентября 1892 года. Ibid. V. I. P. 182.

[75] Churchill Winston S. Op. cit. P. 29—30.

[76] Churchill Randolph S. Op. cit. V. I. P. 189—190.

[77] Churchill Winston S. Op. cit. P. 30.

[78] Ibid. P. 40—41.

[79] Письмо от 7 марта 1893 года. Churchill Randolph S. Op. cit. V. I. P. 190—191.

[80] Роуз Н. Указ. соч. С. 35.

[81] Письмо от 4 августа 1893 года. Churchill Randolph S. Winston S. Churchill. V. I. P. 194.

[82] Sandys C. Chasing Churchill. P. 71.

[83] Письмо от 9 августа 1893 года. Churchill Randolph S. Op. cit. V. I. P. 196—198.

[84] Письмо от 3 августа 1893 года. Ibid. V. I. P. 198.

[85] Ibid. P. 36.

[86] Lord Rosebery Lord Randolph Churchill. P. 72.

[87] Churchill Winston S. Lord Randolph Churchill. V. II. P. 465.

[88] Мартин Р. Указ. соч. С. 210—211.

[89] Churchill Winston S. Op. cit. V. II. P. 484.

[90] Мартин Р. Указ. соч. С. 216.

[91] Churchill Winston S. My Early Life. P. 62.

[92] Gilbert M. Winston S. Churchill. V. VIII. P. 364—372.

[93] Mather J. H. Lord Randolph Churchill: Maladies et Mort. Finest Hour. № 93; Mather J. H. Leading Churchill Myths: Lord Randolph Churchill Died of Syphil // Finest Hour. N 117.

[94] Churchill Winston S. Op. cit. P. 73.

[95] Письмо от 6 июля 1895 года. Churchill Randolph S. Op. cit. V. I. P. 255.

[96] Churchill Winston S. My Early Life. P. 59—60.

[97] Письма от 4 и 11 октября 1895 года. Churchill Randolph S. Winston S. Churchill. V. I. P. 263—264.

[98] Письмо от 15 ноября 1895 года. Ibid. V. I. P. 268, 271.

[99] Номер New York Tribune за 13 декабря 1900 года. Цитируется по Ibid. V. I. P. 542—543.

[100] Sandys C. Chasing Churchill. P. 36.

[101] Churchill Winston S. Op. cit. P. 84.

[102] Ibid. P. 83—86.

[103] Достоевский Ф. М. Бесы. Ч. I, глава 5, VIII.

[104] Запись от 24 июля 1958 года. Moran C. Churchill. The Struggle for Survival. P. 437—438.

[105] Номер от 7 декабря 1895 года. Цитируется по Sandys C. Op. cit. P. 28.

[106] Письмо от 4 августа 1896 года. Churchill Randolph S. Op. cit. V. I. P. 288—289.

[107] Churchill Winston S. Op. cit. P. 100.

[108] Письмо от 14 октября 1896 года. Churchill Randolph S. Op. cit. V. I. P. 295.

[109] Письмо от 4 ноября 1896 года. Ibid. V. I. P. 301.

[110] Churchill Winston S. Op. cit. P. 121.

[111] Письмо от 5 сентября 1897 года. Churchill Randolph S. Op. cit. V. I. P. 351.

[112] Churchill Winston S. The Malakand Field Force / Frontiers and Wars. P. 109—110.

[113] Churchill Randolph S. Op. cit. V. I. P. 358—359.

[114] Письмо от 22 декабря 1897 года. Ibid. V. I. P. 363.

[115] Gilbert M. Churchill: A Life. P. 79.

[116] Churchill Randolph S. Op. cit. V. I. P. 362.

[117] Бедарида Ф. Черчилль. С. 44.

[118] Gilbert M. Op. cit. P. 76.

[119] Churchill Winston S. My Early Life. P. 161.

[120] Письмо от 10 января 1898 года. Churchill Randolph S. Op. cit. V. I. P. 385.

[121] Письмо от 10 июля 1898 года. Jenkins R. Churchill. P. 38.

[122] Churchill Winston S. Op. cit. P. 166.

[123] Gilbert M. Op. cit. P. 90.

[124] Письмо от 24 августа 1898 года. Churchill Randolph S. Op. cit. V. I. P. 405—406.

[125] Churchill Winston S. Op. cit. P. 182.

[126] Churchill Winston S. The River War, Frontiers and Wars. P. 308.

[127] Письмо Яну Гамильтону от 16 сентября 1898 года. Churchill Randolph S. Op. cit. V. I. P. 418.

[128] Churchill Winston S. My Early Life. P. 194.

[129] Запись от 21 января 1954 года. Moran C. Op. cit. P. 241.

[130] Sandys C. Churchill Wanted Dead or Alive. P. 16.

[131] Churchill Winston S. My Early Life. P. 228—229.

[132] Sandys C. Op. cit. P. 17.

[133] Ibid. P. 22.

[134] Письмо от 3 ноября 1899 года. Ibid. P. 30.

[135] Данная история была рассказана в 1963 году сыну Черчилля Рандольфу мисс Клегг, дочерью Джорджа Клегга. Churchill Randolph S. Winston S. Churchill. V. I. P. 353.

[136] Письмо в Morning Post от 20 ноября 1899 года. Цитируется по Sandys C. Op. cit. P. 52.

[137] Churchill Winston S. Op. cit. P. 243—244.

[138] Sandys C. Op. cit. P. 50, 65.

[139] Ibid. P. 53.

[140] Churchill Winston S. London to Ladysmith, Frontiers and Wars. P. 384.

[141] Churchill Winston S. My Early Life. P. 250.

[142] Churchill Winston S. London to Ladysmith, Frontiers and Wars. P. 386.

[143] Ibid. P. 398−399.

[144] Ibid. P. 400−401.

[145] Мартин Р. Указ. соч. С. 327−328.

[146] Churchill Winston S. Op. cit. P. 405.

[147] Sandys C. Op. cit. P. 99.

[148] Churchill Winston S. Op. cit. P. 410.

[149] Sandys C. Op. cit. P. 106−108.

[150] Churchill Randolph S. Op. cit. V. I. P. 487−490.

[151] Sandys C. Op. cit. P. 110−111.

[152] Ibid. P. 114.

[153] Churchill Winston S. Op. cit. P. 410.

[154] Churchill Winston S. My Early Life. P. 278−280.

[155] Выступление в Дурбанском городском зале, Натал, Южная Африка, от 23 декабря 1899 года. Churchill Winston S. Winston Churchill's Speeches. P. 5.

[156] Письмо от 28 января 1900 года. Churchill Randolph S. Op. cit. V. I. P. 510.

[157] Best G. Churchill: Study in Greatness. P. 77.

[158] Письмо от 25 ноября 1915 года. Soames M. Winston and Clementine. P. 119.

159 Roberts A. Hitler and Churchill. P. 18—19.

160 Ramsden J. Man of the Century. P. 149.

161 Bonham Carter V. Winston Churchill as I knew Him. P. 15—18.

162 Fishman J. My darling Clementine. P. 11.

163 Запись от 8 сентября 1945 года. Moran C. Churchill. The Struggle for Survival. P. 17.

164 Gilbert M. Winston S. Churchill. V. VIII. P. 388.

165 Уткин А. И. Черчилль: победитель двух войн. С. 51.

166 Роуз Н. Черчилль. Бурная жизнь. С. 76.

167 Письмо от 8 августа 1908 года. Soams M. Clementine and Winston. P. 13.

168 Gilbert M. Churchill. A Life. P. 29—30.

169 Churchill Randolph S. Winston S. Churchill. V. I. P. 230.

170 Роуз Н. Op. cit. С. 76.

171 Churchill Winston S. My Early Life. P. 51.

172 Gilbert M. Op. cit. P. 46.

173 Churchill Winston S. Op. cit. P. 56.

174 Номера Pall Mall Gazette и St. James's Gazette за 5 ноября 1894 года. Цит. Pelling H. Winston Churchill. P. 39.

175 Churchill Winston S. Op. cit. P. 57.

176 Письмо от 3 ноября 1894 года. Churchill Randolph S. Op. cit. V. I. P. 233.

177 Бедарида Ф. Черчилль. С. 39.

[178] Письмо от 12 ноября 1896 года. Churchill Randolph S. Op. cit. V. I. P. 296—297.

[179] Ibid. V. I. P. 544.

[180] Ibid. V. II. P. 111.

[181] Письмо от 28 ноября 1898 года. Ibid. V. I. P. 425.

[182] Роуз Н. Указ. соч. С. 77.

[183] Письмо за январь 1901 года. Churchill Randolph S. Op. cit. V. I. P. 544.

[184] Gilbert M. Winston S. Churchill. V. VI. P. 327.

[185] Jenkins R. Churchill. P. 28.

[186] Churchill Randolph S. Op. cit. V. I. P. 293.

[187] Soams M. Clementine Churchill. P. 36.

[188] Churchill Randolph S. Op. cit. V. II. P. 197.

[189] Номер Sunday Express за октябрь 1967 года. Цитируется по Sandys C. Churchill Wanted Dead or Live. P. 62.

[190] Churchill Randolph S. Op. cit. V. II. P. 252.

[191] Письмо от 29 ноября 1898 года. Ibid. V. I. P. 437.

[192] Роуз Н. Указ. соч. С. 77.

[193] Soams M. Clementine and Winston. P. 3.

[194] Jenkins R. Churchill. P. 134.

[195] Churchill Randolph S. Winston S. Churchill. V. II. P. 249.

[196] Soams M. Clementine Churchill. P. 36.

[197] Fishman J. My darling Clementine. P. 9.

[198] Churchill Randolph S. Op. cit. V. II. P. 250—251; Fishman J. Op. cit. P. 12.

[199] Письмо от 16 апреля 1908 года. Soams M. Clementine and Winston. P. 7.

[200] Jenkins R. Op. cit. P. 107.

[201] Письмо от 16 апреля 1908 года. Soams M. Clementine and Winston. P. 7.

[202] Письмо от 27 апреля 1908 года. Soams M. Clementine and Winston. P. 9.

[203] Письмо от 27 апреля 1908 года. Ibid. P. 9.

[204] Номер от 7 августа 1908 года. Цитируется по Pelling H. Winston Churchill. P. 115.

[205] Письмо от 7 августа 1908 года. Soams M. Op. cit. P. 11.

[206] Письмо от 7 августа 1908 года. Ibid. P. 11.

[207] Письмо от 8 августа 1908 года. Ibid. P. 13.

[208] Письмо от 10 августа 1908 года. Soams M. Clementine Churchill. P. 47.

[209] Роуз Н. Черчилль. Бурная жизнь. С. 79.

[210] Soams M. Op. cit. P. 49.

[211] Письма от 12 августа 1908 года. Soams M. Clementine and Winston. P. 14—15.

[212] Письмо от 12 августа 1908 года. Gilbert M. Churchill. A Life. P. 198.

[213] Soams M. Clementine Churchill. P. 50.

[214] Pelling H. Op. cit. P. 115.

[215] Письма от 13 августа 1908 года. Soams M. Clementine and Winston. P. 15.

[216] Soams M. Clementine Churchill. P. 52.

[217] Fishman J. Op. cit. P. 13, 15.

[218] Bonham Carter M, Pottle M. (eds) Lantern Slides: The Diaries and Letters of Violet Bonham Carter, 1904—1914. P. 162.

[219] Soams M. Clementine Churchill. P. 52.

[220] Письма августа 1908 года. Soams M. Op. cit. P. 16.

[221] Churchill Randolph S. Op. cit. V. II. P. 269—270.

[222] Jenkins R. Op. cit. P. 141.

[223] Pelling H. Op. cit. P. 116.

[224] Soams M. Clementine Churchill. P. 54—55.

[225] Fishman J. Op. cit. P. 17.

[226] Pelling H. Op. cit. P. 116.

[227] Fishman J. Op. cit. P. 18.

[228] Bonham Carter V. Winston Churchill as I knew him. P. 237.

[229] Уткин А. И. Черчилль: победитель двух войн. С. 90.

[230] Бедарида Ф. Черчилль. С. 88.

[231] Уткин А. И. Указ. соч. С. 83.

[232] Churchill Randolph S. Winston S. Churchill. V. II. P. 688.

[233] Churchill Winston S. In the Air, Thoughts and Adventures. P. 134.

[234] Churchill Winston S. Op. cit. P. 134.

[235] Churchill Randolph S. Op. cit. V. II. P. 697.

[236] Churchill Randolph S. Op. cit. V. II. P. 697—698.

[237] Churchill Winston S. Op. cit. P. 135.

[238] Письмо от 23 октября 1913 года. Soams M. Clementine and Winston. P. 78—79.

[239] Sterling C. H. Churchill and Air Travel // Finest Hour, № 118.

[240] Pelling H. Winston Churchill. P. 168.

[241] Churchill Randolph S. Op. cit. V. II. P. 697.

[242] Письмо от 30 ноября 1913 года. Ibid. V. II. P. 699.

[243] Письмо от 30 ноября 1913 года. Ibid. V. II. P. 700.

[244] Уткин А. И. Указ. соч. С. 93.

[245] Churchill Randolph S. Op. cit. V. II. P. 697.

[246] Churchill Winston S. Op. cit. P. 133.

[247] Письмо от 23 октября 1913 года. Soams M. Op. cit. P. 79.

[248] Gilbert M. Churchill. A Life. P. 252.

[249] Письмо от 7 декабря 1913 года. Churchill Randolph S. Op. cit. V. II. P. 701.

[250] Soams M. Op. cit. P. 83.

[251] Письмо от 29 ноября 1913 года. Ibid. P. 82.

[252] Письмо от 3 ноября 1913 года. Ibid. P. 81.

[253] Письмо от 29 мая 1914 года. Ibid. P. 87.

[254] Письмо от 29 мая 1914 года. Ibid. P. 87.

[255] Письмо от 4 июня 1914 года. Ibid. P. 90.

256 Письмо от 5 июня 1914 года. Ibid. P. 91.

257 Письмо от 6 июня 1914 года. Ibid. P. 91.

258 Письмо от 6 июня 1914 года. Ibid. P. 91−92.

259 Churchill Winston S. Op. cit. P. 139−140.

260 Gilbert M. Winston S. Churchill. V. IV. P. 197.

261 Письмо от 9 марта 1919 года. Soams M. Clementine and Winston. P. 219.

262 Churchill Winston S. Op. cit. P. 146−148.

263 Gilbert M. Op. cit. V. IV. P. 211.

264 Запись 11 сентября 1953 года. Moran C. Churchill. The Struggle for Survival. P. 191.

265 Gilbert M. Churchill. A Life. P. 730.

266 Churchill Winston S. Second World War. V. II. P. 141.

267 Gilbert M. Op. cit. V. VII. P. 41−42.

268 Sandys C. Chasing Churchill. P. 148−149.

269 Ibid. P. 151−152.

270 Gilbert M. Op. cit. V. VII. P. 335.

271 Finest Hour, № 118. P. 13.

272 Письмо от 26 сентября 1953 года. Gilbert M. Op. cit. V. VIII. P. 890 Аналогичные мысли Уинстон высказывал и своему лечащему врачу:

— Лучше, чтобы люди никогда не научились летать. Мир содрогнулся, когда братья Райт поднялись в небо. Это был ужасный час для бедной Англии.

(Запись от 24 июня 1954 года. Moran C. Op. cit. P. 280.)

Самое интересное заключалось в том, что, досадуя по поводу развития авиации, Черчилль продолжал способствовать ее развитию. В июле 1953 года им был подготовлен специальный меморандум по дальнейшей модернизации вертолетов. Тогда этот вид летательных аппаратов только начинал свое развитие, и они еще были достаточно несовершенны. На высоте 100 метров у них отказывал либо мотор, либо пропеллер. Меморандум Черчилля был направлен как раз на проведение дополнительных исследований, способных устранить эти недостатки.

[273] Запись от 3 декабря 1953 года. Moran C. Op. cit. P. 223.

[274] Churchill Winston S. My Early Life. P. 45.

[275] Запись от 16 февраля 1955 года. Moran C. Churchill. The Struggle for Survival. P. 351.

[276] Thomson K. Racing to Victory: Churchill and The Lure of the Turf // Finest Hour, № 102.

[277] Churchill Winston S. Op. cit. P. 45.

[278] Письмо от 11 января 1894 года. Churchill Randolph S. Op. cit. V. I. P. 225.

[279] Ibid. V. I. P. 247.

[280] Ibid. V. I. P. 247.

[281] Письмо от 23 сентября 1896 года. Churchill Randolph S. Op. cit. V. I. P. 308.

[282] Письмо от 14 октября 1896 года. Ibid. V. I. P. 309—310.

[283] Thomson K. Op. cit.

[284] Churchill Randolph S. Op. cit. V. I. P. 305.

285 Langworth B. F. Churchill and Polo. The Hot Pursuit of his Other Hobby // Finest Hour, № 72.

286 Письмо брату Джеку от 15 октября 1896 года. Churchill Randolph S. Op. cit. V. I. P. 305.

287 Ibid. V. I. P. 306.

288 Langworth B. F. Op. cit.

289 Churchill Winston S. Op. cit. P. 99.

290 Письмо от 9 февраля 1899 года. Churchill Randolph S. Op. cit. V. I. P. 429.

291 Churchill Winston S. Op. cit. P. 207.

292 Russell D. S. Lt. Churchill, 4th Queen's Own Hussars // Материал конференции, организованной Международным черчиллевским обществом ICS в Бостоне в октябре 1995 года. Текст выступления представлен на официальном сайте У. С. Черчилля: http://www.winstonchurchill.org/i4a/pages/index.cfm?pagied=638

293 Churchill Randolph S. Op. cit. V. I. P. 432.

294 Churchill Winston S. Op. cit. P. 207—208.

295 Langworth B. F. Op. cit.

296 Gilbert M. Winston Churchill. V. V. P. 222.

297 Легран Ж., Добсон К. Уинстон Черчилль. С. 95.

298 Churchill Randolph S. Op. cit. V. I. P. 246.

299 Легран Ж., Добсон К. Указ. соч. С. 53.

300 Gilbert M. Op. cit. V. VIII. P. 563.

301 Thomson K. Op. cit.

[302] Ibid.

[303] Трухановский В. Г. Уинстон Черчилль. С. 45.

[304] Gilbert M. Churchill. A Life. P. 25.

[305] Письмо от 4 сентября 1898 года. Churchill Randolph S. Winston S. Churchill. V. I. P. 414—415.

[306] Gilbert M. Op. cit. P.25.

[307] Мартин Р. Указ. соч. С. 52.

[308] Churchill Winston S. A Second Choice, Thoughts and Adventures. P. 5.

[309] Gilbert M. Op. cit. P.41.

[310] Churchill Winston S. My Early Life. P. 77.

[311] Sandys C. Chasing Churchill. P. 191.

[312] Hall D. J. The Book of Churchilliana. P. 50.

[313] Запись от 21 мая 1954 года. Moran C. Churchill. The Struggle for Survival. P. 269—270.

[314] Hecho a Mano, № 26.

[315] Выступление в палате общин от 4 июня 1940 года. Churchill Winston S. Winston Churchill's Speeches. P. 218.

[316] Packwood A. Cigars: Protecting the Premier // Finest Hour, № 106.

[317] Ibid.

[318] Ibid.

[319] Ibid.

[320] Ibid.

[321] Gilbert M. Winston S. Churchill. V. VI. P. 1195.

[322] Уткин А. И. Черчилль: победитель двух войн. С. 51.

[323] Запись 9 июня 1953 года. Moran C. Op. cit. P. 115.

[324] Ramsden J. Man of the Century. P. 140.

[325] Запись 28 мая 1953 года. Moran C. Op. cit. P. 115.

[326] Кей Хейлл не решится опубликовать данную версию в своей книге, посчитав, что здесь Черчилль выглядит слишком неугомонным. На самом деле сэру Уинстону уже нечего было бояться за свою репутацию. К тому времени его статус величайшего героя Британской империи был непоколебим. Чего стоит хотя бы тот факт, что во время коронации ему дали бриллиантовую подвязку, которую в XVIII веке носил его великий предок — первый герцог Мальборо, а в XIX веке не менее великий герцог Веллингтон. (Ramsden J. Op. cit. P. 87—88.)

[327] Ramsden J. Op. cit. P. 135.

[328] Моруа А. Умение использовать смешные черты. Письма незнакомке.

[329] Churchill Winston S. Cartoons and Cartoonist, Thoughts and Adventures. P. 20.

[330] Churchill Winston S. Ibid. P. 20.

[331] Humes J. C. Winston Churchill. P. 95.

[332] Запись за июнь 1947 года. Moran C. Op. cit. P. 30.

[333] Запись от 1 января 1952 года. Ibid. P. 61.

[334] Sandys C. Op. cit. P. 195 и Ramsden J. Op. cit. P. 140.

335 Churchill Winston S. My Early Life. P. 5. После тридцати лет жизни в Чартвелле Черчилль признается лорду Морану, что купил этот дом только из-за прекрасного вида на Кентский пейзаж. (Запись от 31 мая 1955 года. Moran C. Churchill. The Struggle for Survival. P. 379.)

336 Churchill Sarah Thread in Tapestry. P. 22.

337 Kingsley M. Chartwell Revisited with Celia Sandys // Finest Hour, № 88.

338 Churchill Winston S. Cartoons and Cartoonist, Thoughts and Adventures. P. 20.

339 Churchill Winston S. Election Memories, Thoughts and Adventures. P. 162.

340 Pelling H. Winston Churchill. P. 328.

341 Gilbert M. Winston S. Churchill. V. IV. P. 793.

342 Ibid. V. IV. P. 793.

343 Ibid. V. IV. P. 794.

344 Письмо от 20 или 27 июля 1921 года. Soames M. Winston and Clementine. P. 239.

345 Ibid. P. 262.

346 Письмо от 2 сентября 1923 года. Ibid. P. 273.

347 Pelling H. Op. cit. P. 328.

348 Garnett O. Chartwell. P. 15.

349 Ibid. P. 15.

350 Soams Emma Chartwell Childhood // Finest Hour, № 71.

351 Garnett O. Op. cit. P. 16.

[352] Запись 13 июля 1953 года. Moran C. Op. cit. P. 145.

[353] Hall D. J. Man of Kent, Kentish Man // Finest Hour, № 111.

[354] Sandys C. Chasing Churchill. P. 96.

[355] Garnett O. Op. cit. P. 16.

[356] Письмо от 17 февраля 1924 года. Ibid. P. 18.

[357] Письмо от 17 апреля 1924 года. Soames M. Op. cit. P. 281—282.

[358] Garnett O. Op. cit. P. 19.

[359] Kingsley M. Op. cit.

[360] Письмо к Клементине от 19 августа 1924 года. Soames M. Op. cit. P. 284.

[361] Письмо от 7 сентября 1925 года. Garnett O. Op. cit. P. 19.

[362] Письмо Хора Бивербруку от 15 февраля 1926 года. Gilbert M. Winston S. Churchill. V. V. P. 145.

[363] Gilbert M. Winston S. Churchill. V. V. P. 107.

[364] Garnett O. Chartwell. P. 20.

[365] Запись от 22 декабря 1954 года. Moran C. Churchill. The Struggle for Survival. P. 341.

[366] Churchill Winston S. My Early Life. P. 28.

[367] Bonham Carter V. Winston Churchill as I knew Him. P. 152.

[368] Запись от 12 апреля 1958 года. Moran C. Op. cit. P. 429.

[369] Письмо от 7 января 1897 года. Churchill Randolph S. Winston S. Churchill. V. I. P. 296.

370 Ramsden J. Man of the Century. P. 136.

371 Запись от 10 апреля 1957 года. Moran C. Op. cit. P. 419.

372 Sandys C. Op. cit. P. 98.

373 Легран Ж., Добсон К. Уинстон Черчилль. С. 63.

374 Gilbert M. Op. cit. V. V. P. 420—421.

375 Pelling H. Winston Churchill. P. 408.

376 Gilbert M. Op. cit. V. V. P. 730.

377 Ibid. V. V. P. 857.

378 Garnett O. Op. cit. P. 23.

379 Gilbert M. Op. cit. V. V. P. 374.

380 Humes J. C. Winston Churchill. P. 65.

381 Запись от 12 апреля 1954 года. Moran C. Op. cit. P. 261.

382 Запись от 20 декабря 1941 года (Moran C. Churchill at War. P. 8). Запись от 3 декабря 1953 года (Moran C. Churchill. The Struggle for Survival. P. 224). Один из друзей Черчилля вспоминал, что в момент их первой встречи он просидел целый час около постели Уинстона, в то время как он в своем излюбленном тяжеловесном стиле Гиббона описывал опасности и ужасы битвы при Омдурмане. (Запись от 30 декабря 1953 года. Moran C. Op. cit. P. 238.) Неудивительно, что манера общения Черчилля оставалась загадкой для Франклина Рузвельта. Американский президент так и не смог понять, как Уинстону удалось занимать столько лет руководящие посты, оставаясь почти что в информационном вакууме — прямом следствии его манеры общения.

[383] Jenkins R. Churchill. P. 572.

[384] Gilbert M. Op. cit. V. V. P. 1054—1055.

[385] Ibid. V. VI. P. 99.

[386] Garnett O. Op. cit. P. 30.

[387] Письмо от 6 апреля 1945 года. Soames M. Op. cit. P. 523.

[388] Письмо от 30 октября 1945 года. Gilbert M. Op. cit. V. VIII. P. 164.

[389] Письмо от 29 декабря 1945 года. Ibid. V. VIII. P. 176.

[390] Moran C. Op. cit. P. 59.

[391] Garnett O. Op. cit. P. 34—35.

[392] Gilbert M. Op. cit. V. VIII. P. 1124.

[393] Gilbert M. Winston S. Churchill. V. VIII. P. 1074.

[394] Churchill Winston S. Painting as Pastime. P. 16.

[395] Запись от 24 июля 1958 года. Moran C. Churchill. The Struggle for Survival. P. 438.

[396] Запись от 14 августа 1944 года. Moran C. Churchill at War. P. 204.

[397] Запись от 24 октября 1943 года. Ibid. P. 147.

[398] Запись от 4 мая 1954 года. Moran C. Churchill. The Struggle for Survival. P. 263.

[399] Бедарида Ф. Черчилль. С. 356.

[400] Запись от 13 сентября 1944 года. Moran C. Churchill at War. P. 222.

[401] Бедарида Ф. Цит. соч. С. 116.

[402] Gilbert M. Op. cit. V. III. P. 473.

[403] Письмо от 19 июня 1915 года. Ibid. V. III. P. 501—502.

[404] Churchill Winston S. Op. cit. P. 16.

[405] Ibid. P. 14.

[406] Письма за январь и 12 июня 1890 года. Churchill Randolph S. Winston S. Churchill. V. I. P. 130—131, Gilbert M. Churchill. A Life. P. 24.

[407] Во время первых двух попыток результат Черчилля составит 196 и 247 баллов соответственно. Churchill Randolph S. Op. cit. V. I. P. 180, 186, 193.

[408] Churchill Winston S. Op. cit. P. 17.

[409] Coombs D. Sir Winston Churchill's Life Through his Paintings. P. 108.

[410] Ibid. P. 136.

[411] Bonham Carter V. Winston Churchill as I knew him. P. 465.

[412] Pelling H. Winston Churchill. P. 331.

[413] Gilbert M. Op. cit. V. III. P. 502.

[414] Coombs D. Op. cit. P. 107; Churchill Winston S. Op. cit. P. 31.

[415] Письмо от 22 февраля 1916 года. Soams M. Clementine and Winston. P. 179.

[416] Gilbert M. Op. cit. V. IV. P. 658—659.

[417] Coombs D. Op. cit. P. 30.

[418] Gilbert M. Op. cit. V. V. P. 244.

[419] Ibid. V. IV. P. 556.

[420] Письма от 10 и 14 февраля 1921 года. Soams M. Op. cit. P. 227—229.

[421] Coombs D. Op. cit. P. 44.

[422] Coombs D. Op. cit. P. 40—117.

[423] Так охарактеризовал данный период сэр Арчибальд Синклер в одном из своих писем Черчиллю в конце августа 1921 года. (Gilbert M. Op. cit. V. IV. P. 600.)

[424] Мартин Р. Леди Рандольф Черчилль. С. 412.

[425] Ibid. P. 412.

[426] Gilbert M. Op. cit. V. IV. P. 601.

[427] Мартин Р. Указ. соч. С. 413.

[428] Pelling H. Op. cit. P. 327.

[429] Gilbert M. Op. cit. V. IV. P. 604, 603, 606.

[430] Soams M. Clementine Churchill. P. 230.

[431] Gilbert M. Op. cit. V. IV. P. 613.

[432] Письмо от 18—19 сентября 1921 года. Soams M. Clementine and Winston. P. 241.

[433] Роуэн, кстати, будет четко следовать данному совету, о чем с радостью и сообщит своему боссу в апреле 1959 года. (Gilbert M. Op. cit. V. VIII. P. 1289.)

[434] Письмо от 26 сентября 1927 года. Soams M. Op. cit. P. 309.

[435] Coombs D. Op. cit. P. 148, 183.

[436] Ibid. P. 146.

[437] Ibid. P. 182.

[438] Gilbert M. Op. cit. V. IV. P. 513—515.

[439] Soams M. Op. cit. P. 228.

[440] Reynolds D. In Command of History. P. 1.

[441] Churchill Winston S. Second World War. V. IV. P. 622.

[442] Sandys C. Chasing Churchill. P. 105.

[443] Запись от 24 января 1943 года. Moran C. Churchill at War. P. 99.

[444] Gilbert M. Winston S. Churchill. V. VII. P. 314.

[445] Запись от 24 января 1943 года. Moran C. Op. cit. P. 100.

[446] Coombs D. Sir Winston Churchill's Life Through his Paintings. P. 163.

[447] Gilbert M. Op. cit. V. VII. P. 606.

[448] Coombs D. Op. cit. P. 163.

[449] Gilbert M. Churchill. A Life. P. 765.

[450] Gilbert M. Winston S. Churchill. V. VIII. P. 105.

[451] Запись от 26 июля 1945 года. Moran C. Struggle for Survival. P. 3.

[452] Gilbert M. Op. cit. V. VIII. P. 108—111.

[453] Запись от 8 августа 1945 года. Moran C. Op. cit. P. 6.

[454] Gilbert M. Op. cit. V. VIII. P. 134.

[455] Запись от 3 сентября 1945 года. Moran C. Op. cit. P. 12—13.

[456] Coombs D. Op. cit. P. 171.

[457] Письмо от 5 сентября 1945 года. Soams M. Clementine and Winston. P. 535.

[458] Reynolds D. Op. cit. P. 7—8; Gilbert M. Op. cit. V. VIII. P. 132; Запись от 1 сентября 1945 года. Moran C. Op. cit. P. 11; Письмо леди Рандольф от 25 октября 1897 года Churchill Randolph S. Winston S. Churchill. V. I. P. 356.

[459] Coombs D. Op. cit. P. 174.

[460] Ibid. P. 51.

[461] Pelling H. Winston Churchill. P. 578.

[462] Gilbert M. Churchill. A Photographic Portrait. P. 346.

[463] Coombs D. Op. cit. P. 134.

[464] Hall D. J. The Book of Churchilliana. P. 121.

[465] Bonham Carter V. Winston Churchill as I knew Him. P. 464—465.

[466] Запись от 9 сентября 1945 года. Moran C. Op. cit. P. 18—19.

[467] Запись от 9 сентября 1945 года. Moran C. Op. cit. P. 18—19.

[468] Ibid. P. 199.

[469] Номер от 27 января 1958 года. Цитируется по Alberigi M. Churchill as Painter. The Artist and His Critics // Finest Hour, № 85.

[470] Coombs D. Op. cit. P. 202.

[471] Alberigi M. Op. cit.

[472] Gilbert M. Winston S. Churchill. V. VIII. P. 142.

[473] Soams M. Op. cit. P. 630—633.

[474] Ramsden J. Man of the Century. P. 130.

[475] Номер от 3 ноября 1959 года. Цитируется по Alberigi M. Op. cit.

[476] Coombs D. Op. cit. P. 209—210.

[477] Ibid. P. 245.

[478] Ibid. P. 190.

[479] Ibid. P. 195.

[480] Alberigi M. Op. cit.

[481] Coombs D. Op. cit. P. 187.

[482] Alberigi M. Op. cit.

[483] Robbins R. C. Churchill as Artist Half Passion, half Philosophy // Finest Hour, № 100.

[484] Finest Hour, № 133. P. 11.

[485] Alberigi M. Op. cit.

[486] Трухановский В. Г. Уинстон Черчилль 3-е изд. С. 447.

[487] Coote C. R. A Churchill Reader. P. 65.

[488] Gilbert M. Winston Churchill. V. VIII. P. 1335.

[489] Jenkins R. Churchill. P. 911.

[490] Pelling H. Winston Churchill. P. 628.

[491] Письмо английскому послу в Германии сэру Фрэнку Робертсу от 13 февраля 1963 года. Gilbert M. Op. cit. P. 1341.

[492] Трухановский В. Г. Черчилль. 5-е изд. С. 428.

[493] Sandys C. Chasing Churchill. P. XXIII.

[494] Ibid. P. 210.

[495] Ramsden J. Man of the Century. P. 23.

[496] Письмо от 8 апреля 1963 года. Soams M. Clementine and Winston. P. 641.

[497] Письмо от 1 сентября 1963 года. Gilbert M. Op. cit. V. VIII. P. 1347.

[498] Ibid. V. VIII. P. 1347.

[499] Ibid. V. VIII. P. 1349.

[500] Humes J. C. Winston Churchill. P. 148−149.

[501] Ibid. P. 149.

[502] Запись от 30 ноября 1954 года. Moran C. Churchill. The Struggle for Survival. P. 334.

[503] Gilbert M. Op. cit. V. VIII. P. 1357−1358.

[504] Ramsden J. Op. cit. P. 7.

[505] Gilbert M. Op. cit. V. VIII. P. 1359.

[506] Ramsden J. Op. cit. P. 8.

[507] Ibid. P. 9.

[508] Запись от 11 октября 1951 года. Moran C. Op. cit. P. 53.

[509] Ibid. P. 460.

[510] Gilbert M. Op. cit. V. VIII. P. 1360−1361.

[511] P. E. Robinson Herbert von Karajan: Maestro as Superstar. P. 133.

[512] Ramsden J. Op. cit. P. 3.

[513] Gilbert M. Op. cit. V. VIII. P. 1307.

[514] Pelling H. Op. cit. P. 631.

[515] Номер The Times от 31 января 1965 года. Цитируется по Gilbert M. Op. cit. V. VIII. P. 1364.

[516] Гете И. В. Фауст, часть II, действие V. Перевод Н. А. Холодковского.

Список литературы

Список отечественной литературы

Бедарида Ф. Черчилль. Пер. с фр. Е. Н. Юдиной. М., 2003.

Легран Ж., Добсон К. Уинстон Черчилль. Пер. с фр. К. Зуевой. М., 1999.

Мартин Р. Леди Рандольф Черчилль. М., 1998.

Роббинс К. Черчилль. Пер. с англ. В. В. Симонова. Ростов-на-Дону, 1997.

Роуз Н. Черчилль. Бурная жизнь. Пер. с англ. Е. Ф. Левиной. М., 2003.

Трухановский В. Г. Уинстон Черчилль. М., 1982.

Трухановский В. Г. Черчилль. 5-е изд. М., 2003.

Уткин А. И. Черчилль: победитель двух войн. Смоленск, 1999.

Черчилль У. С. Мускулы мира. М., 2002.

Список иностранной литературы

Best G. Churchill. A Study in Greatness. London: Penguin Books, 2002.

Bibesco M. Sir Winston Churchill: Master of Courage. Translated from the French by V. Kean. New York: The John Day Company, 1959.

Bonham Carter V. Winston Churchill as I knew Him. London: Collins Clear-Type Press, 1965.

Broad L. Winston Churchill: The Years of Preparation. New York: Hawthorn Books Inc. Publishers, 1958.

Buczacki S. Churchill and Chartwell: The untold Story of Churchill's Houses and Gardens. London: Frances Lincoln Ltd., 2007.

Churchill R. S. Winston S. Churchill: Youth. V. I. London: Heinemann, 1966.

Churchill R. S. Winston S. Churchill: Young Statesman. Vol. II. London: Heinemann, 1967.

Churchill S. S. Thread in Tapestry. London: Andre Deutsch, 1967.

Churchill W. S. A History of the English-speaking Peoples. V. I—IV. London: Cassel, 2002.

Churchill W. S. Frontiers and Wars: His four early works covered his life as soldier and war correspondent edited in one volume. New York: Harcourt, Brace & World, Inc., 1962.

Churchill W. S. Great Contemporaries. London: Macmillan, 1942.

Churchill W. S. Lord Randolph Churchill. Vol. I—II. London: Macmillan, 1906.

Churchill W. S. Marlborough: His Life and Times. Book I—II (v. I—IV). Chicago: The University of Chicago Press, 2002.

Churchill W. S. My Early Life. London: Eland, 2002.

Churchill W. S. Painting as Pastime. New York: Whittlesey House, 1950.

Churchill W. S. Second World War. V. I—VI. London: Penguin Books, 2005.

Churchill W. S. Thoughts and Adventures. London: Odham Press Limited, 1949.

Winston Churchill's Speeches. Never give in!, ed. Churchill W. S. London: Pimlico, 2006.

Colville J. The Fringes of Power: The Incredible Inside Story of Winston Churchill During World War II. Guilford, Connecticut: The Lyons Press, 2002.

Coote C. R. A Churchill Reader: The Wit and Wisdom of Sir Winston Churchill. Cambridge: The Riverside Press, 1954.

Coombs D. Sir Winston Churchill's Life Through his Paintings. London: Chaucer Press, 2003.

Cowles V. Winston Churchill: The Era and the Man. New York: The Universal Library Grosset and Dunlap, 1956.

Fishman J. My darling Clementine: The Story of Lady Churchill. New York: David McKay Company Inc., 1963.

Forster J, Bapasola J. Winston and Blenheim: Churchill's Destiny. Woodstock: Blenheim Palace, 2005.

Garnett O. Chartwell Kent. London: The National Trust, 2004.

Gilbert M. Churchill: A Life. London: Pimlico, 2000.

Gilbert M. Churchill: A Photographic Portrait. London: Pimlico, 1999.

Gilbert M. Winston S. Churchill. V. III. London: Heinemann, 1971.

Gilbert M. Winston S. Churchill. V. IV. London: Heinemann, 1975.

Gilbert M. Winston S. Churchill. V. V. London: Heinemann, 1976.

Gilbert M. Winston S. Churchill: Finest Hour. V. VI. London: Heinemann, 1983.

Gilbert M. Winston S. Churchill: Road to Victory. V. VII. London: Heinemann, 1986.

Gilbert M. Winston S. Churchill: Never Give In. V. VIII. London: Heinemann, 1988.

Hall D. The Book of Churchilliana. London: New Cavendish Books, 2002.

Humes J. C. Winston Churchill. New York: DK Publishing, 2003.

Jenkins R. Churchill. London: Pan Books, 2002.

Kraus R. The Men Around Churchill. New York: J. B. Lippincott Company, 1941.

Lewis B. R. Churchill: An Illustrated History. London: The Reader's Digest Association Limited, 2005.

Lukacs J. Churchill: Visionary. Statesman. Historian. New Haven & London: Yale University Press, 2003.

Manchester W. The Last Lion: Winston Spencer Churchill; Visions of Glory: 1874—1932. New York: Dell Publishing, 1989.

Manchester W. The Last Lion: Winston Spencer Churchill; Alone: 1932—1940. New York: Dell Publishing, 1989.

McGinty S. Churchill's Cigar. London: Macmillan, 2007.

McGowan D. My Years with Churchill. New York: British Book Centre, 1958.

Moran C. Churchill at War 1940—1945. London: Robinson, 2002.

Moran C. Churchill. The Struggle for Survival. London: Robinson, 2006.

Nel E. Winston Churchill by his Personal Secretary: Recollections of The Great Man by A Woman Who Worked for Him throughout the crucial war years from 1941 to 1945. Lincoln: Universe, 2007.

Parker M. S. J. Sir Winston Churchill. Norwich: Jarrold Publishing, 2003.

Winston Churchill Studies in Statesmanship, ed. Parker R. A. C. London: Brassey's, 2002.

Paterson M. Winston Churchill the Photography. Cincinnati: David and Charles, 2006.

Pelling H. Winston Churchill. Ware: Wordsworth Editions Limited, 1999.

Ramsden J. Man of the Century: Winston Churchill and His Legend since 1945. London: Harper Collins Publishers, 2003.

Reynolds D. In Command of History. Churchill Fighting and Writing the Second World War. London: Penguin Books, 2005.

Roberts A. Hitler and Churchill: Secrets of Leadership. London: Phoenix, 2004.

Lord Rosebery. Lord Randolph Churchill. London: Arthur L. Humphreys, 1906.

Sandys C. Chasing Churchill. The Travels of Winston Churchill. London: Harper Collins Publisher, 2004.

Sandys C. Churchill. London: Contender Books, 2003.

Sandys C. Churchill Wanted Dead or Live. London: Harper Collins Publishers, 2000.

Soams M. Winston and Clementine: The Personal Letters of the Churchills. New York: Mariner Books, 2001.

Soams M. Clementine Churchill: The Biography of a Marriage. New York: Mariner Books, 2003.

Sebba A. American Jenny: The remarkable Life of Lady Randolph Churchill. New York: W. W. Norton and Company, 2007.

Stafford D. Churchill and Secret Service. London: Abacus, 2007.

Stafford D. Roosevelt and Churchill: Man of Secrets. London: Abacus, 2000.

Thomson W. Assignment: Churchill. New York: American Book-Stratford Press, 1955.

Thomson W. Beside the Bulldog: The Intimate Memoirs of Churchill's Bodyguard. London: Apollo Publishing, 2003.

Список статей из журнала Международного черчиллевского общества «Finest Hour»

Adams N. An Ardent Ally: Lady Randolph and Winston's Political Career // Finest Hour, № 98.

Alberigi M. Churchill as Painter. The Artist and His Critics // Finest Hour, № 85.

Bingham E., Bingham H. Schooldays. Yong Winston's Mr. Somervell // Finest Hour, № 86.

Breckenridge C. Art as Therapy: How Churchill Coped // Finest Hour, № 120.

Churchill W. S. My New York Misadventure // Finest Hour, № 136.

Cooper D. Winston and Clementine // Finest Hour, № 83.

Courtenay P. H. Churchilliana: Chartwell Menu Holders and More Roussillon Plumes // Finest Hour, № 133.

Daniels J. Churchill's Spencer Ancestry of Skeletons in the Cupboard // Finest Hour, № 68.

Digby M. Chartwell: A Gardener's view // Finest Hour, № 111.

Dilks D. The Queen and Mr. Churchill // Finest Hour, № 135.

Druckman D. In Winston's Footsteps: Retracing Churchill's South African Escape // Finest Hour, № 47.

Fletcher G. J. Spencer Churchill (p) at Harrow School 1888—1892: Part I // Finest Hour, № 133.

Fletcher G. J. Spencer Churchill (p) at Harrow School 1888—1892: Part II // Finest Hour, № 134.

Freeman J. Eddie Marsh: A Profile // Finest Hour, № 131.

Gabriel J. H. The Orpen Portrait: Winston Churchill at the Nadir of His Career // Finest Hour, № 118.

Glueckstein F. Winston Churchill and Colonist II «Perhaps, he said quizzically, Providence had given him Colonist as a comfort for his old age and to console him for disappointments» // Finest Hour, № 125.

Hall D. J. Man of Kent, Kentish Man // Finest Hour, № 111.

Hall D. J. Lady Randolph in Winston's Boyhood // Finest Hour, № 98.

Hamblin G. Frabjous Days: Chartwell Memories // Finest Hour, № 117.

Harrison M. Charting Churchill's Life as Painter // Finest Hour, № 120

Johnston D. L. Master of the English Language // Finest Hour, № 46.

Kimball W. F. Like Goldfish in a Bowl: The Alcohol Quotient // Finest Hour, № 134.

Kingsley M. Chartwell Revisited with Celia Sandys // Finest Hour, № 88.

Kops J. M. Manalapan Estates, Florida: The Churchill Connection and a New Painting Discovery // Finest Hour, № 116.

Langworth B. F. Churchill and Polo. The Hot Pursuit of his Other Hobby // Finest Hour, № 72.

Langworth R. «Fiel Pero Desdichado» Sidney Street, Gallipoli, and Other Dead Cats // Finest Hour, № 35.

Mather J. H. How Healthy Was Churchill? // Finest Hour, № 82.

Mather J. H. Leading Churchill Myths: Lord Randolph Churchill Died of Syphilis // Finest Hour, № 117.

Mather J. H. Lord Randolph Churchill: Maladies et Mort // Finest Hour, № 93.

McMenamin M. and Zoller C. Becoming Winston Churchill // Finest Hour, № 134.

Packwood A. Cigars: Protecting the Premier // Finest Hour, № 106.

Plumpton J. G. Citizen Churchill: A Son of America Though a Subject of Britain // Finest Hour, № 60.

Plumpton J. G. How The King Stopped Churchill From Risking His Life // Finest Hour, № 84.

Plumpton J. G. The Writing of Lord Randolph Churchill // Finest Hour, № 51.

Riddle H. The Road to Morocco: Retracing Churchill's Footsteps with his Daughter and Granddaugher // Finest Hour, № 117.

Robbins R. C. Churchill as Artist Half Passion, half Philosophy // Finest Hour, № 100.

Rowse A. L. A visit to Chartwell // Finest Hour, № 81.

Russell D. S. The Orders, Decorations and Medals of Sir Winston Churchill // Finest Hour, № 111.

Snell E. Urban myths: Indian forebears // Finest Hour, № 104.

Soams E. Chartwell Childhood // Finest Hour, № 71.

Soams M. Life With My Parents Winston and Clementine // Finest Hour, № 91.

Sterling C. H. Churchill and Air Travel // Finest Hour, № 118.

Thompson H. W. Walter Thompson: An Honourable Record // Finest Hour, № 119.

Thomson K. Racing to Victory: Churchill and The Lure of the Turf // Finest Hour, № 102.

Weinberger C. W. Churchill: Prophet, Pragmatist, Idealist and Enthusiast // Finest Hour, № 40.

Wilkes R. This Demi-Paradise: Lullenden Winston and Clementine Churchill's First Country Home // Finest Hour, № 116.

СОДЕРЖАНИЕ

Содержание

Литературно-художественное издание

Медведев Дмитрий Львович

ЧЕРЧИЛЛЬ: ЧАСТНАЯ ЖИЗНЬ

Генеральный директор издательства С. М. Макаренков

Редактор Н. А. Еремина
Контрольный редактор Л. А. Мухина
Фотография на обложку предоставлена:
Zuma Press/Russian Look
Художественное оформление:
Творческая мастерская Группы Компаний «РИПОЛ классик»
Компьютерная верстка: А. В. Дятлов
Корректоры: *Т. Е. Антонова, И. И. Попова*
Изготовление макета: ООО *«Прогресс РК»*

Подписано в печать 03.07.2008 г.
Формат 84х108/32. Гарнитура «Octava».
Печ. л. 12,0. Тираж 5000 экз.
Заказ № 4606

Адрес электронной почты: info@ripol.ru
Сайт в Интернете: www.ripol.ru

ООО Группа Компаний «РИПОЛ классик»
109147, г. Москва, ул. Большая Андроньевская, д. 23

Отпечатано с готовых файлов заказчика в ОАО «ИПК
«Ульяновский Дом печати». 432980, г. Ульяновск, ул. Гончарова, 14

ГДЕ КУПИТЬ КНИГИ
ООО ГРУППА КОМПАНИЙ «РИПОЛ классик»

Москва
Торговый Дом «Амадеос»
Тел.: (495) 223-01-43
E-mail: leo@ripol.ru

Волгоград
ООО «Гермес-Царица»
Книжный магазин «Диалог»
Аллея Героев, д. 3
Тел.: (8442) 38-19-52
E-mail: smirnov@v1ink.ru

Воронеж
ООО «Амиталь»
Ленинский пр-т, д. 157
Тел.: (4732) 23-00-02
E-mail: mail@amital.ru

Екатеринбург
Торговый центр «Люмна»
ул. Студенческая, д. 1-В
Тел.: (3432) 64-23-69
E-mail: lumna_b@r66.ru

Иркутск
«Продалить»
Ул. Фурье, д. 8
Тел.: (3952) 51-23-31
E-mail: prodalit@irk.ru

Казань
ООО «Таис»
ул. Гвардейская, д. 9-а
Тел.: (8432) 72-34-55, 72-27-82
E-mail: tais@mi.ru

Калининград
Группа компаний «Вестер»
ул. Судостроительная, д. 75
Тел.: (4112) 35-37-65
E-mail: nshibkova@vester.su

Киев
Компания «ДКП»
(на всей территории Украины)
пр-т Московский, д. 6, 2-й этаж
Тел.: (044) 490-99-01 (только опт)
E-mail: machaon@machaon.kiev.ua

Краснодар
ООО «Букпресс»
ул. Товарная, д. 5
Тел.: (8612) 62-81-29
E-mail: dges@mail.kuban.ru

Минск
ООО «Виртан»
Тел.: (10375-17) 261-69-08 (только опт)
E-mail: makkus@belsonet.net

Новосибирск
ООО «Топ-книга»
Тел.: (3832) 36-10-28
E-mail: office@top-kniga.ru
www.top-kniga.ru

Ростов-на-Дону
ООО «Эмис»
Буденновский пр-т, д. 104/91
Тел.: (8632) 32-87-71
E-mail: Emis@ctsnet.ru

ООО «Владис»
Тел.: (8632) 90-71-30
E-mail: vladis-book@aaanet.ru
www.vladisbook.ru

Самара
ООО «Реал+»
Тел.: (8462) 60-78-82
E-mail: realplus@samara.ru

Санкт-Петербург
ООО «Фирма Диля»
Митрофаньевское шоссе, д. 18 лит. «ж»
Тел.: (812) 378-39-29
E-mail: dilya@peterstar.ru
www.dilya.ru

Хабаровск
ООО Фирма «Мирс»
ул. Промышленная, д. 11
Тел.: (4212) 29-25-65
E-mail: postmaster@bookmirs.khv.ru

Челябинск
ООО «ИнтерСервис ЛТД»
Свердловский тракт, д. 14
Тел.: (3512) 21-33-74
E-mail: intser@chel.surnet.ru

Самая достоверная информация о выходе новых книг на ежедневно обновляемом сайте www.ripol.ru